LOCUS

LOCUS

LOCUS

LOCUS

mark

這個系列標記的是一些人、一些事件與活動。

mark 10 **遲來的拳王** ***(By George)***
作者：喬治・福爾曼(George Foreman)／喬爾・恩格(Joel Engel)
譯者：阮志良
責任編輯：陳郁馨
美術編輯：何萍萍
法律顧問：全理法律事務所董安丹律師
出版者：大塊文化出版股份有限公司
台北市117羅斯福路六段142巷20弄2-3號
**讀者服務專線：080-006689**
TEL：(02) 29357190 FAX：(02) 29356037
郵撥帳號：18955675 戶名：大塊文化出版股份有限公司
e-mail:locus@locus.com.tw


總經銷：北城圖書有限公司 地址：台北縣三重市大智路139號
TEL：(02) 29818089 (代表號) FAX：(02) 29883028 29813049
排版：天翼電腦排版有限公司 製版：源耕印刷事業有限公司
初版一刷：1999年5月

定價：新台幣280元

Printed in Taiwan

# By George, The Autobiography of George Foreman

# 遲來的拳王

George Foreman & Joel Engel 著
阮志良　譯

# 目錄


前言 6

第一章 憤怒總是太多，食物從來不夠 9

第二章 世人都必須挨石頭 32

第三章 於是就掏出了國旗 53

第四章 比賽前絕不碰女人 77

第五章 我的兇狠像呼吸一樣自然 103

第六章 輸給阿里，找到爸爸 140

第七章 彌補二十八年的沈默和怒氣 181

第八章　上帝問我需要什麼　208
第九章　錯過的那些歲月，重返……　237
第十章　中年悄悄爬上身　265
第十一章　四十五歲的十回合　292

# 前言

在進入本書正文之前，你應該先知道幾件關於我的事：

第一，我不使用粗俗的語言。年輕的時候，我可以用最棒的粗話來發誓。但那是以前。現在，我換用別的語言來表達自己想法。在本書中若干地方，我用「…」來代替那些不會在我家字典裡出現的字眼。

第二，我不提起別人的膚色。就像我戒掉說粗話一樣，我很早就不使用這種區別人類的辭彙。這些辭彙對我沒有意義，而使用它們只會使我們彼此間有距離。我從人生經驗中明白，關於偏見的問題，沒有大家心中的框框那麼嚴重。人類的膚色不是問題，行爲才是問題。有個叫維多・弗蘭克（Victor Frankel）的人，他在納粹集中營裡受過罪，折磨他的人，和他有同樣膚色。弗蘭克說過：「世界上只有兩種人，正派的和不正派的。」所以，你在閱讀本書時，如果你好奇這個人那個人是什麼膚色，請先問問自己，你爲什麼想知道。

第三，我記性很好，書中所描述的事件，我在事情發生後都有寫下來。但我的人生照它自己的意思展開，而它所選擇的路，還沒有誰走過。我在生命中所作的抉擇，有些你不陌生，有些則是你在和我同樣的處境時所不會做的。我自己置身這些情境，有時候我也說不上來，自己爲什麼這樣決定。我只能把自己的故事告訴你，希望你讀了有感覺。也希望你在讀過這本書後，能得到一些重要的東西。

# 第一章　憤怒總是太多，食物從來不夠

我睡得不多。小時候，夜裡我得半張開一隻眼，提防著有老鼠跑出來時把老鼠噓開。從那時起，我就睡得不多。現在，我通常讀書讀到凌晨，在五、六點時覺得累了，然後睡覺。起來時已不早了。所以，把小孩弄上學這件事，我幫不上忙。

一九八四年的某一個早晨，我才剛剛入睡不久，就被我大兒子喬治生氣的聲音弄醒。我們叫他「小喬治」（Little George），這時十歲。他大叫：「不要！我不要穿這個！穿這個看起來好像窮人。」

聽起來有點意思。我起床，打算去了解情況，這時我聽見我太太瓊恩（Joan）說：「這條褲子沒有問題，它很乾淨，也燙過。你要穿上它。」

太太和兒子都沒有發現我站在小喬治的房門邊。我看見惹來爭執的東西在床上，那是一條褪色的藍牛仔褲，太太本打算用它來搭配小喬治已穿在身上的格子襯衫。我開口問：「怎麼啦？」其實我知道怎麼回事。這孩子住在好地方（休士頓一個樸素的郊區）的好屋子裡，上的是好學校，他壓根兒不知道什麼叫窮。我一直懶得花時間告訴他，我是在哪兒長大的。

那天晚上，我開車載小喬治去休士頓的第五區，這是個又窮又殘破的街區。在小喬治的生活裡，他從沒看過眼前的景象。他不知道有這些寒愴的街，更不曉得，這些街離他所住的地方只有幾公里。而他當然不會想到，他的父親是在這街區長大的。當我把我生命中的幾個重大標的物指給他看時，他靜靜坐著。我想，他一定有一段時間在心中掙扎，到底要不要認我是他爹。

我能理解他這種反應。我在他這年紀時，也沒法子想像自己生活圈以外的事物。我在電視電影上見到的地方，看來都不是眞的。看著電影中的生活方式，是我小時候的鴉片。

◇

從我出生的一九四九年一月十日那一天起，我的年少時光便充滿憤怒與飢餓。在我家，憤怒總是太多，而食物從來不夠。我媽共生了七個小孩，我排行第五，是塊頭最大的——大得她實在很難以她當廚子的薪水來餵飽，而且她有兩份工作，一週工作七天。我媽做小姐時的名字是南西・芮・耐森（Nancy Ree Nelson），自小生長於德州馬歇爾近郊的一處佃農農場，兄弟姊妹共九人。很多人會大老遠跑來看她們這些女孩兒，喝斥著騾子耕田，挖樹根，摘棉花。我外公靠他每一個孩子都出一份力來過活兒。後來，九個裡唯一的男孩惹了麻煩，犯了法，只好離開。這時，女孩兒們得連他那一份工也扛下來。上學這種事，我媽只能在夢裡想。

生下我之後沒多久，我媽就把整家人搬到休士頓。我長得不太像其他四個兄姊：羅柏（Robert）、薇莉美（Willie May）、葛洛莉雅（Gloria）、瑪麗愛莉絲（Mary Alice）。她搬家是爲了避開關於我爹的閒言閒語，也希望多一些掙錢的機會。我們那時的人覺得，休士頓應該是個可以賺大錢，廁所又在屋子裡的地方。搬到休士頓後的情況並不如預期，錯不在我媽，不是她沒有能力，也不是因爲她保守。她是個強悍的女人，天生的領導者。我們不知道自己窮，因爲在我們家裡，聽不到什麼窮不窮之類的談話。我知道有些人可以吃比較多，也天天有衣服換，也見到別人對這些人比較好。但我從來不會比較他們有什麼，自己沒有什麼。看到那些環境好的人，讓我深信，有一天，我們也一定能衣食無虞。

我這種樂觀，是從我媽那兒遺傳來的。我們這一家的爸爸，ＪＤ福爾曼（J.D.Foreman），不在家的日子多過在家的時間。媽媽不能指望靠他。只有星期五的晚上，他把一週的薪水都拿去喝酒喝光光之後，比較早回家。我們是靠媽媽賺的小錢而活下來的。想到母親爲了在人前裝笑臉，自己必須承受多少苦，想像自己假如處在她那樣的境遇，我總是哭，充滿感激與崇敬。當你已使盡全力，但仍然餵不飽自己的孩子，那是什麼心情？（會不會其實孩子裡只有我才老覺得沒吃飽？）

媽媽的幾個姊妹我都喜歡，但我最喜歡李歐娜（Leola）阿姨。我覺得，在我們家小孩裡，李歐娜阿姨也最喜歡我。李歐娜阿姨年紀比我媽大一點，只有兩個女兒，所以她把我當兒子疼。她這份心也感染了兩個女兒，我從這兩個表姊身上得到的關愛，比自己家裡姊妹所給的還多。只要李歐娜阿姨叫我去她家吃晚飯，我總會把自己那一份吃光光，然後裝一副難過的樣子。然後琳達（Linda）表姊會問：「還想吃一些，是不是？」我就點頭，她便把她還沒吃完的給我吃。另個表姊愛瑪（Alma）會說：「不行，我吃的是我的食物。」

琳達就會說：「可是，你知道嗎，他會裝一副可憐樣，所以在他還沒擺出來之前先給他吧。」而她也眞的會給我。

我家姊姊就沒那麼好說話。她們會警告我：「你不可以搶別人的食物。媽，他又想搶吃的了啦。」

在我們家七個小孩裡，就是我從來吃不飽。早餐是一碗調了水的煉乳加玉米片，撒一點點糖。我回頭想要第二碗時，只剩碎屑。我就把殘餘的幾滴煉乳水再加水稀釋，搖一搖糖罐，看能不能掉出幾粒糖，而我明知無望。

每兩個星期，媽媽會在星期日做美式薄煎餅——如果沒有發酵粉，她就做勉強算是薄煎餅的替代品。這天還有培根吃，每人一小片。我非常喜歡聞培根的香味，然而眼前只有這麼孤單單一片，香味倒成了玩笑。我吃完我的份兒後，帶著渴望的表情看媽媽那一份。她說：「好，寶貝兒子，過來吃一些。」

她在工作的餐廳裡，一天要煮上百份餐點，但店裡的人很少准她吃餐廳裡賣的菜色。她通常帶著沙丁魚罐頭上班，把罐頭當午餐或晚餐吃。（當然，假如我早一點到她廚房，盯著她的沙丁魚罐頭看，她也會給我吃。）每個星期五，她會帶回一個漢堡，然後把它分成八份，家裡每一個人都能嘗一嘗。我吃的時候在想：哇，這是有錢人吃的東西耶。那芥茉的強烈味道，猶在我口中。

我大部分的朋友家裡，不致像我家這麼必須勒緊褲帶。不過，假如我在快吃午餐的時間去他們家玩，通常到了他們吃飯時，我得「滾開」。偶爾，他們會領我到另一個房間。我聞著食物香，聽著刀叉響，有如承受酷刑。有幾個夜晚，我站在鄰居家的門廊，望進他們的廚房，見到這些個家庭（孩子都不到七個吧）居然有剩菜，甚至剩下肉塊，我好希望他們發現我站在門口，然後邀我進去。

我帶到學校去的午餐，多半是塗抹了美乃滋醬的三明治，有時候，我媽會幫我弄來薄薄一片的罐頭肉。假如我什麼也沒得吃，我就會假裝拿一個棕色的紙袋，把紙袋吹得鼓鼓的，一副裝滿東西的樣子。我會把紙袋揉皺，弄得油油的，看起來好像用過似的。出了家門，我從來不向別人開口要東西吃，我的自尊使我裝出不餓的樣子。常常，我幻想著自己能喝到那種六分錢一盒的紙盒裝牛奶。

然而，我媽媽沒有讓我們餓死。她有如藝術家，用少少的材料做成佳肴。你不知道她用一根豬骨頭能變出什麼魔術。哪來的豬骨頭？我阿姨們湊錢一塊兒到城外一個農場買一頭豬，在那兒直接把豬宰了。在我媽的姊妹中，只有我媽生了兩個以上的小孩，所以她是姊妹中最窮的。有一兩次，她買得起豬腸，但她一般只買豬骨頭。而貧窮是我媽的老友，所以她不浪費一絲一毫。她可以在豬骨頭上弄出脂肪，用來調水和玉米粉，做成麵包，把麵包拿去炸，吃起來居然有豬肉的味道。她還可以刮出肉末，拿來與豆子一塊兒煮，這就又是一餐。當骨頭沒油又沒肉渣時，她就把骨頭拿來燉，把骨髓熬得又軟又好吃。一直到今天，我都喜歡小房子，因為房子小，廚房煮什麼，香味都可以瀰漫全屋子。

我的名字喬治・愛德華（George Edward）是李歐娜阿姨取的。而她也讓我對自己開始產生自信。小時候她對我說過：「爬上去幫我換燈泡。你長這麼高，你是個很大的小男人喔。」我爬上梯子，覺得自己是個巨人。我非常愛她，一點也不是因為我在她家比較不會冒火氣。

在家裡，我的脾氣很壞。哥哥姊姊老愛逗我，叫我「毛頭」（Mo-head）。我不知道毛頭是什麼，這綽號又哪來的（多年後才曉得），但我知道自己不喜歡。很小的時候，我就會叫他們走開，而且會反擊。他們有時會說：「你不是我們的親弟弟。」我明知道這只是一個差勁的玩笑，但我最不喜歡聽到。「我也是你們的兄弟」，我一面說一面打他們，「我是你們的兄弟。」

看到一個小小孩不肯任自己被別人欺侮，他們覺得好玩。在兄姊眼中，我像是一窩玩偶中天性最好鬥的一個，若你不小心拍到某個點，它就大吼。有時你會故意去拍那個點，看它的反應。

有一次，我哥哥姊姊發現了我的這個點——不只一個，是好幾排。他們便一直碰觸它。我一直一直打他們，不管他們比我高大，比我壞。我根本不停。最後他們累了，但我不累。雖說我很快就長得比他們大，但在我個頭還比兄姊小的時候，他們就知道，逗弄我的後果很划不來。我一旦被惹火，這火就熄不掉。後來他們不叫我毛頭，因為我一聽便會立即開打，他們改叫我猴子——這我倒不覺得難聽，反而覺得親暱。這外號跟著我好多年，現在，我第二個兒子也叫猴子。

我到很後來才知道，那時候我哥哥姊姊們認爲，我父母間出了問題，導致我爸爸後來被趕出去，那都是我的錯。我生下來沒多久，家裡搬到休士頓後，是我爸喝酒喝最兇的時期。然後我父母開始吵，愈吵愈兇，一會兒好，一會兒分開。

但不管爸媽間的問題是什麼，我父親其實一直對我很有信心，從我還是個嬰兒開始，他就認爲我將來一定能成爲冠軍人物。他是愛我的。他和其他人一樣，會碰我的生氣鈕，當然我會爆發，朝他眼睛一拳過去。假如我把哪個個頭比我大四倍的人打倒，爸爸便會把我的手臂舉起，並高喊：「世界重量級拳王！你比強森（Jack Johnson）厲害。你出拳像丹普西（Jack Dempsey）。」他說的這兩個人我不認識，甚至不明白什麼叫世界重量級拳王，但看到他因爲我的怪行怪狀而開心，我喜歡。

◇

我媽不希望我碰運動。她知道我衝動火爆，怕我參與了運動，特別是在競爭激烈的運動中脾氣失控，會遭遇不幸。我們那時候的第五區，許多血氣方剛不怕死的男孩，年紀輕輕就翹了，所以這兒有名「血腥的第五區」。只要是週末，就會有人在格鬥中死於刀下。如果你沒被對手整倒，你就會被警察抓。警察不會去找那些循規蹈矩的人麻煩，而會抓壞角色來以一儆百。警察通常把這些人吊在冰屋，載冰塊的卡車把冰塊一車一車送過來。警察這麼做，目的在於馴服，在於挫你的銳氣，把桀驁不馴的野馬制得服服貼貼。我記得有一個膽子很大的男孩，酒喝太多，又自恃一身以前在牢裡學來的拳擊技巧，竟和警察對上了。他嗓門拉高了一些，警察制住他，狠狠給他一頓好踢，踢得他少了幾根肋骨，小腿骨也壞了，一身散了似的，醫生得重新整頓。另外有個男孩，被打得很慘，挨打後從此不能說話，二十幾歲就掛了。凡是逞強的傢伙，遲早會挨警察揍。

我媽曉得，我決不會向任何人求饒，包括警察；除非對方或第三者把我殺了，我才可能停手或住嘴。所以，她打我，常常打，下手很重，毫不留情。這是她出於愛與關心的策略。她可不是要教導我敬畏上帝，而是要我怕她；她要我知道，如果我不聽她的，那麼她會做出的事，比我在外面惹了麻煩後更慘烈：「我會殺了你。」她的話語轟一聲響起。

有一回，我趁她上班時溜去附近一個游泳池游泳。她再三警告我，不可以去那個游泳池。這個游泳池的救生員，不必經過游泳考試就能擔任，有的甚至不會游泳，曾經有小孩在這兒溺死。我很想游泳，而且覺得一定不會有事，一定能在我媽下班之前早早就回到家，而且把全身弄乾。我沒料到，游泳池畔有人監視著我，而且去告密；我也沒想到，我身上還會帶著游泳池氯水的味道。我媽眼中冒出的憤怒，我一輩子忘不了。我等著挨打。她拿了一條皮帶往我身上和頭上抽，我往後躲，用手肘擋。這時候叫哥哥姊姊是沒用的，所以我喊著鄰居來救命：「救命啊，她會把我打死。」沒人來救我。於是我把皮帶從她手上搶過來，看她怎麼辦——她一面大罵我不聽話，一面像個摔跤選手那樣爬到我身上，用雙拳揍我。

我媽的管教策略奏效。我再也沒有踏進那個游泳池一步。比起來，我不怕溺死，倒是怕她，我相信，除了她以外，沒有什麼別的擋得住我上那兒去。

我十三歲那年，媽媽最後一次打我。那是一個星期六，我從外面回來，我姊剛剛把碗洗好。我錯過了晚餐，肚子餓得很。我打開冰箱，居然看見了少有的景象：冰箱裡有吃的。我一把拿出冰箱裡剩的東西打算做三明治。我姊說，廚房已經打烊，不想再收拾任何亂七八糟。

「走開，」她說。

「你才走開，」我應她。

「你給我走開，」她又說。

我不肯走開，她大叫，要我媽過來。媽媽冒著怒氣過來。

「我又沒有煩她，」我解釋，「我只是要弄東西吃。」

我媽說：「你最好離開廚房。」

「我跟你說了嘛，我餓了，想吃東西。我真的沒有煩她。」

「我跟你說真的，小子，你馬上走開。而且不准向你媽頂嘴。聽到沒？」

這時她拿起她腳上那隻結實的鞋。

我覺得她沒道理，這根本不是大事，不必吵，她居然站我姊姊那邊。我只是餓了。所以，沒錯，我打算離開，而且不只是離開廚房而已。我怒氣沖沖走過她身旁，她抄起鞋子朝我扔過來，打中我，而我不小心撞到她。十三歲的我，個子已經比我媽大很多，這一擦碰，竟把她撞到餐桌。我走出家門，去李歐娜阿姨家，打算永遠不回家了。幾天冷戰，我媽在這期間與阿姨做了商量，然後，我回家了。在我想來，簡直小題大做，我也不想道歉。我媽可沒放過。她說：「你住在這屋子裡一天，就要聽我的。」她的意思是，她再也管不住我，但還是要我尊重她。我們雙方心知肚明，這是說，她不會再打我。我知道她的意思。

◇

喬治・福爾曼這名字一遇到學校，就像冰塊碰上火。不管是哪一所學校。我家那一帶偏偏學校可多了。我不管讀哪一年級，所有的科目都不及格。老師們對我一定印象深刻，認為我沒出息，將來不是早早送死就是關進牢裡。很奇怪，在一次處罰之後，我對於老師留下好印象。那次老師罰我放學後留下來，擦黑板。她一邊哼著：「喬治豬豬布丁派，偷親女生亂使壞。」好好聽。多年後，我曉得這是首童謠，很感謝那位老師。

在我們第五區的學校裡，老師們不把寶貴時間浪擲在壞學生身上。那麼，如何判斷學生有沒有天分呢？最簡單也最快的方法是看學生的外在條件。我猜，他們根據經驗認為，學生的穿著是新是舊，乾淨或骯髒，反映出我們將來成功的機會大不大。也因此判斷我們付出多少努力。乾淨的襯衫和打褶的褲子，比大腦重要。照這個標準，我一定不合他們的要求。

我們家比大部分的家庭窮；在我們家看來，所謂好工作是指碼頭工人或護士；雙親都工作的孩子，就算是有錢人家的孩子了，偶爾會穿新衣服。我們家小孩身上穿的，是我媽餐廳裡的人送的舊衣服，塞在麵粉袋裡送來。哥哥姊姊和我往袋子裡抓，有襯衫穿襯衫，有褲子穿褲子。我一次又一次盼望，能抽出一雙運動鞋，但從來沒發生。我們用硬紙板補綴鞋子的裂口，把襪頭往腳踝處壓低，以遮住破洞。

四年級的開學日，我打算給新老師一個好印象，也開一個玩笑。我把剛從餐廳麵粉袋裡找到的兩條老舊褲子洗乾淨，漂白過，把褲腿壓得筆直，弄出褶線，然後放在瓦斯熱水器上等它們乾。這樣子處理過的褲子，剛穿上身時有一點兒僵硬，不過不必熨燙。（我們家有熨斗，但不是新式的電熨斗。也好，反正家裡沒有電力。）

有一陣子，新老師八成以爲我是碼頭工的兒子，說不定是醫生的兒子。她對我還不錯——課堂中，我舉手時她會讓我表現。不過，沒多久她就發現我的把戲了。我每天穿一樣的衣服，而衣服一天比一天沒樣子，她開始把我定位爲沒出息。她一定沒有想過，一個孩子願意花那麼多力氣，必然很想學東西，或至少想給別人留下好印象。

我還把其他招數用在別的老師身上，有的居然會短暫有效。我會看，哪個男生穿得好，父母都有工作，我就去和他交朋友，保護他，以此換得老師連帶注意我，並因爲我的朋友而讚美我。

沒有。

失望之餘，我不再在自己班上花腦筋。除了我不時惹麻煩以外，也許大家以爲我在桌前死了呢。

所以，我變成蹺課大王。我裝得和大家一樣去上學，但我自己有一套完全逃學路線。我裝一副上學的樣子，在我媽上班的時間過後，我從窗子爬進家裡，然後睡一整個早上。下午則倒過來，由窗子爬出去，裝作和同學一起下課放學的樣子。但是，有一天，就在我由窗子潛入家裡時，看見了麗塔表姊。我嚇一跳，她不應該在這兒出現的呀。原來她爲了找工作而來暫住我家。我裝作是回來拿東西。

「少來，你沒去上學。」她說。

「有，我眞的有上學。」我說，「我忘了帶一個東西。」

「無所謂啦。反正，在你們這個家裡，沒有誰將來會有出息的啦。」她說，而且一個一個數起我家裡的人，「我看你也差不多。」

「騙人。」我說，「我將來會是了不起的人。」

「猴子，」她語中有哀傷之意，「你還是去睡覺吧。」

我不相信她說的話是眞的。我立定志向，要在某一項事物上成功。她那麼快就把我從希望的名單上剔除，我不甘心。難道我做了什麼，讓她這樣認爲？說眞的，我那個時候一點兒都不知道，在有些人眼中，我一無是處。難道說，是因爲我不上學嗎？那別人也不上學啊。於是，我衝向叫我去睡覺，邀我走向失敗之路的麗塔表姊。我不曉得，不上學會把我的生命弄得一團糟。沒有人和我談我的未來，告訴我，學校是和未來有關的。而且，我十歲，未來這字眼根本還不存在。

到了六年級，我的個子比同學大一截，因爲，我留級，大他們一歲。老師努力著教育我，但我沒學到什麼。我們幾個能升級，是因爲年紀。

「你們當中有幾個人沒救了，」我老師說，「看看你們幾個，幾年了才學這麼一點兒，我看你們一輩子都會待在國中。」希望被摧毀了。我十三歲，能運用的字彙大概只有一百個，過去以來懷抱的任何對於學習的希望與期待，此刻起完全放棄。

多年後，我才拋開這股氣餒之情。

◊

我不管功課了。那年秋天，我發現了運動的世界。國中生活裡只有美式足球。

我曉得媽媽絕不讓我碰運動，所以我假造她的簽名，交了家長同意書。等她發現時，已成事實。再說，當她知道，美式足球可以把我留在校園裡，稍感放心。

球隊的布萊恩教練叫我「硬鼻子」，因爲我又悍又壯。我們叫他「大熊」，得名於一位很有名的阿拉巴馬大學教練，保羅・「大熊」・布萊恩。我們這個大熊，脾氣暴躁，聲音粗嗄，而且只要不滿意我們的表現，他會像虐待狂似的用船槳扁人，絕不寬貸。儘管如此，他教我認識了自尊爲何物；而我用球場上的表現來讓他高興，爲我帶來意想不到的收穫：我學會了尊重自己。我擔任前鋒，又高又大，最會攔截對方的四分衛和跑鋒。我喜歡競爭，喜歡贏，喜歡團隊精神，也喜歡教練嚴格的要求。教練有時候會叫我們幾個前鋒在場中的粉筆線上站一排，然後叫跑得最快的中鋒朝我們衝過來，如果我們沒能攔住他，被他跑過去，我們前鋒就會挨教練打。

我們都怕教練，我又特別怕他，因爲他嚴禁我們抽菸。他諄諄教誨，一再告訴我們，抽菸會使運動員的氣變弱，技能變差。如果他抓到隊上誰抽菸，一隻大手揮過來就是一頓打，等他打完，冒煙的可就不只是菸屁股啦，還有你。

可歎我早已有菸癮。我從父母親那兒偷學來的，而且一發不可收拾。我媽知道我抽菸，朋友也曉得，更和我一起抽，只有布萊恩教練被我矇在鼓裡。到我國三那年，有一天我抽菸被他抓到，此後事情全變了。

那天的經過是這樣的：練完球後，我們總是會繞到里昂大街上一家雜貨店去一趟，店裡有一個喝飲料的角落。如果我們錢夠，就買杯汽水喝；如果錢不夠買汽水，我們就買菸，或向別人討個一兩根。那天，我走出雜貨店，嘴裡吐出一口煙，然後看見一個我最不願意在此時遇到的人——布萊恩教練坐在他車子的後座。練完球到現在已經過了兩個鐘頭，他早該回家了才對。

「喂，喬治，」他的吼叫聲從車窗傳出，「我看到那根菸。」

我僵住了。沒錯，我是怕挨打，但我更覺得丟臉，我這麼敬重這個人，而我覺得他也看重我，如今，他撞見我正在做他深惡痛絕並且一再禁止的事。我不要承受這種丟臉的感覺，於是我不再回隊上。

沒了球隊，我完全脫離學校。

學校校長室的人常常打電話給我媽，說我都不上學。我媽求我去學校，但我不為所動。最後，學校說，我已經到了合法退學的年紀，如果我不自動退學，學校將以曠課來處置我。簡單。媽媽也擋不了了。我的正式學校教育到此告一段落，我連張國中畢業證書都沒拿到。

◇

小時候我家搬來搬去。媽一星期帶回家二十六美元，我們常常是付了房租就不夠家用。有時房租不能再賴了，我們就匆匆打包，換另個地方住。不過，搬了又搬，我們還是困在第五區；學校和鄰居一換再換，我也一直結交新的小朋友。

不管搬到哪兒，我都會到李歐娜阿姨家玩，因為她讓我通宵看電視，這在我家沒辦法，因為我們買不起電視。那時我最崇拜洛伊．羅傑斯（Roy Rogers），樂此不疲地學他的表情和姿態，大搖大擺走路。看他表演，我彷彿跳脫了我的生活。只有當他和他一夥牛仔弟兄就著旺旺營火坐下來吃晚餐時，我才猛然回到現實：他們大啖豬肉煮豆子，我還是餓腸碌碌。

我也喜歡《唐納李劇場》（*The Donna Reed Show*）、《小淘氣》（*Leave It to Beaver*），以及所有別的家庭喜劇影集。猶記得我多想有自己的床，像劇中人比佛和威利；或能像他們般伸手關掉床頭燈——從床上伸手關燈的想像，深印在我腦中，它是怎樣的奢望呀。當時，我們屋裡能有一顆電燈泡，就算是福氣了，而那先還得房子有電才行。

我們住過的所有房子都有共通點：都很小，很暗，很多老鼠。附近有一區的房子最叫我嚮往，那兒小孩多半雙親都有工作，對我來說，他們豐衣足食，什麼都不缺。

一天晚上，我飯後跟三個住在那裡，比我大的孩子到公園去，我們玩了一會兒球，就往回走，經過住宅及別的建築物時，他們都抓了一把石頭在手，開始朝窗子丟，愈丟愈快，變成砸玻璃比賽。我先只是看，接著也加入。那是我第一次幹下不良少年的行徑。我對媽媽的愛，對她的尊敬，對她的害怕，在那之前一直讓我循規蹈矩，現在，新朋友取代了她，開始帶壞我。

很快的，我展開了犯罪生涯。某個晚上，我和兩個兄弟出門，看見一個男子在黑暗中獨自走過公園。有一個兄弟說：「我們上吧。」這話倒也不是命令，而是挑逗大家的膽子。我們吵了一下子，最後還是壯起膽子，打算以人數多取勝。兩個制住他，但沒傷他，另一個搜他的錢包，然後拔腿就跑，事後三人分贓。

這種錢很好賺，幾年裡，我維持著用這種方式弄錢。這樣子弄來的錢，我拿去買菸買食物，買車票去探望住另一個城裡的女朋友，買新衣服，買便宜的酒。我喝很多酒，因爲我猜，一個人得喝酒喝得自己的良知不清醒時，才能搶錢。所以這是個惡性循環，我偷錢去買酒，喝醉了之後又去偷錢。

說來也許難以置信，但我那時候眞的不知道，搶人家錢是多嚴重的罪行，我以爲，這和偷摘別人家樹上的蘋果是同一回事兒。我這麼想不是因爲傲慢，根本是因爲無知，大約就像我兒子認爲，穿褪色牛仔褲就是窮人。對於那時候的我來說，所謂的法律就是叢林法則，爲達目的，可以不計手段；而目的是求生存。

也許，教會本來有可能讓我走回正途的。我媽明白，對於管教我，她已完全使不上力，於是她勸我讀聖經，並上教會做主日崇拜，她自己因爲每天工作不得休息，所以沒辦法去。我幾個哥哥姊姊這時已經受洗成爲基督徒了，見到他們在家裡跪著禱告時，我常取笑他們，而在被他們拖著去做禮拜時，看見一群人拍打著鈴鼓跳舞，以此展露神靈同在，我總會上前跳一段吉魯巴舞來加以嘲弄。

爲了讓我媽高興，我會去，反正敷衍了事。但我認爲，宗教是一派胡言，只能騙騙人。軟弱的人才把宗教當一回事；可憐人，失意的人，對人生無望的人。每一次，附近哪個兇悍的男孩被人從背後開了槍，這之後他就會轉向宗教尋找安慰。你只要到這一帶走走，看哪個男孩腦子裡有枚鋼片，他就是下一個去找上帝的人。相信宗教那一套的，盡是無法反擊的男人，以及被生活打垮的女人，反正，都不是我要看齊的對象。

所以，我雖然上教會，卻沒有學到聖經裡教人分辨善惡的道理。我有塊頭（十六歲的我，已經有一百八十公分高，八十四公斤重）、拳頭和力氣，我用它們來取得我要的東西，而我自以爲是個好孩子，不是壞小孩。我記得，有一個晚上，我和朋友尼可拉斯出去，想找個目標弄點錢去看女朋友。我們發現暗處有一個落單的人，於是故技重施，把他弄倒在地上，我制住他，尼可拉斯搜錢包。居然什麼都沒有，只有一條腰帶。這時尼可拉斯認爲，這傢伙一定把錢藏起來了，就把這人的右腳鞋子脫掉。但還是沒東西。尼可拉斯又脫他左腳鞋子，結果這人回踢尼可拉斯。尼可拉斯氣死了，從口袋裡亮出一把我沒看他用過的東西，一把冰鑽，打算戳下去——如果我沒有攔著尼可拉斯，並讓那人逃脫的話，尼可拉斯眞的會捅下去。我覺得，我這麼做才是好孩子。但我這自認是好孩子的自我形象，沒多久就打破了。

一次，尼可拉斯、我和另個朋友查理搶了一個人，在我們得手後，這人居然敢大叫：「給我回來！」我們悠哉走著，邊數著錢，他竟報了警。在我們這一帶，被搶是你為生存所付出的代價，被搶了而去報警，是很不尋常的舉動。他報了警，隨即四處都是警車、警報聲響。我們看到警察來追，追我們？**我們**？我們撒腿就跑，分頭朝不同方向逃。我跑啊跑，最後躲在一棟屋子後方一小片地上。

我趴著，不明白為什麼警察要來找我們。然後我想起電視上，警察巡邏車裡常常有一隻大型的德國牧羊犬。警察找不到我，但狗也許嗅得出我在哪裡。這時，我發現，屋後的污水排水管下方，有一塊水窪，腦中閃過電視影集裡壞人躲狗的方法：他涉過溪水，好把身上的氣味沖掉。於是我也打算效法。我把水和泥攪在一起，弄成污泥，然後把自己從頭到腳抹上一層污泥。這麼一弄，狗兒一定聞不出來。我想等一等，等安全了再回家。

忽然間，我發覺，我和電視上犯了錯的人一樣，他躲狗，我也躲狗；他把身上氣味用水壓掉，我在泥水裡滾；我們都是壞人。我一時覺得又噁心又羞愧，耳畔迴響著麗塔表姊的話：「猴子，你還是去睡覺吧。在你們這個家裡，沒有誰將來會有出息的。」

「天啊，我是一個罪犯。」我大叫出聲。一個十五歲的罪犯。我又躲了一個小時左右。等到天色全黑，我爬出來，有幾個小孩笑笑鬧鬧地，似乎剛從什麼聚會回來。我問他們：「有沒有看到警察？」身上的泥水滴滴答答。他們用怪異的眼神看著我，彷彿我是怪物，然後說警察好一陣子前就走了。回到家，我矢口不回答爲什麼弄得這樣髒兮兮。我沒辦法告訴家裡，我剛剛走了一趟人生的路。

夜裡，大家都入睡時，我哭了。我以犯罪爲業的生活，在那一個晚上結束。儘管我此後仍然希望當一個兇悍的人，當一個硬漢，但我再也不偷不搶。

◇

打從六歲起，或甚至更早，我就愛打鬥。與任何人打鬥。身旁孩子會挑釁：「我賭你一定打不贏他。」我回答：「我賭，我一定可以贏他。」然後我會去激兩、三個男孩，我根本不怕，就是想打架。而我從來沒輸過。還沒上國中，我身體裡就留著暴力的血。大家都知道我有這打架的名聲，也知道這是我刻意營造出來的名聲。

有一天放學時，一個我根本不認識的男孩向我走來，叫我：「猴子，」並指著一個年紀與我們相當，長得好看而且衣服穿得很酷的男生，「去幫我扁他。」

「好。」我說。

我走到那男生那邊，也不警告，就一拳朝他臉上揮，把他打倒在地，彷彿他是中了槍似的。我揍他，只因爲有人叫我去揍他，沒別的。（後來我才知道，叫我揍人的那男孩，他女朋友喜歡上這個好看的男生，所以他要教訓一下這人。）

有些人開始叫我幫忙出力。不過，我從來不爲此收錢，不像其他大個子。我也不用刀，因爲我覺得刀是懦夫用的東西。被刀割了或捅了，要看到血了才知道，我用拳頭，只要看到對手倒下，我便很滿足。對我來說，對手倒在地上我就贏了，不是要看到流血。

當我在第五區和其他兇悍的傢伙一樣小有地位時，我認識了米頓・莫道克（Milton Murdoch），他父母都有工作。這個莫道克結結實實是個殺手，不過拳頭工夫不怎樣，他會裝一副要打架的樣子，然後亮出一把地毯工人用的刀，把對手砍成碎片。莫道克身旁總跟著一個奇醜無比的親信，我們叫他伊奇布（Ickyboo），伊奇布會手持木板片或粗木棍躲在暗處。在這兩人的一樁狠毒事件之後，我們正式交手了。

有個叫湯馬斯的男孩，人長得好看，又認眞。有一天，他放學回家的路上，經過莫道克和伊奇布。莫道克見到一個似乎將來可能有點成就的人，當然不爽，於是上前挑釁，要和湯馬斯幹架。湯馬斯知道，如果自己退縮，就是承認輸給莫道克，於是他和莫道克打。第一回合其實是湯馬斯贏，莫道克被打倒在地。第二回合開始，一塊木板砸在湯馬斯腦袋上，把他打倒，造成大腦嚴重受傷。莫道克拿刀狠狠地戳湯馬斯，而伊奇布站在一旁光是看。湯馬斯出醫院以後，吃飯穿衣都得靠別人幫忙，而且眼睛只能朝上看。

莫道克喜歡我，而隨著我在第五區這一帶的地位漸升，他愈來愈喜歡和我在一起。我把他當朋友，但保持了一點距離。我對他的感覺，不像我對另一個朋友查理那麼好。查理是我兄弟，我喜歡他，我們兩個是有福同享的患難之交。莫道克看得出來，查理對我很重要，所以，我在的時候，他對待查理還算尊重；其實他巴不得看查理死。查理對莫道克也差不多是這態度。

有一天在公園裡，莫道克找上查理：「喂，來場拳賽吧。」如果我在場，莫道克絕不敢這麼做。查理當然知道要防伊奇布，看看眼前莫道克真的只有一個人，於是他接受挑戰。查理很壯很強——他自認比莫道克壯。

如果是一場公平的比賽，我會說是查理贏。但莫道克拿出一些銅指環，在查理頭上敲，結果查理眼睛上方開了個口子，噴出血來。查理哭叫出來。路人看到了，嚷著說要去報警。查理快跑，找到我後向我哭訴。

我想爲查理報仇。在大街上上下下找尋莫道克。他不知道躲在哪兒。

那晚，我去參加一個聚會，喝得略有酒意時，我自己跑出屋外，呼吸點新鮮空氣。暗影處，我看到一張劊子手的面具。那是伊奇布，我知道，也知道他手上有一塊木板。這表示，莫道克就在附近。沒錯。莫道克從另一塊陰影處走出，藉著街燈，我看見他手上匕首的鋒刃，逼近我胸腹前十來公分處。

「老兄，聽說你在找我？」他問，「你在找我嗎？」

我沒有回答。

「你在找我嗎？」他又問一次。

我在掙扎，到底該如何做。回答說是，我在找他，那麼我馬上會被打扁，一身是血，然後死掉；回答不是，我就得忍下這種畏縮且輸給他的丟臉感覺。而我分不出來，哪一種結果比較糟。

我最後說：「沒有。」

「很好，」他收起刀，「再見啦。」他和伊奇布兩人走遠。

我立刻覺得痛苦。這是我第一次明白，什麼叫做懦弱，而我覺得，我寧可死也不要覺得自己懦弱。我以後怎麼活啊？我不是應該就算有兩百人在前都無懼嗎？怎麼，才兩個人我就不行了？一瞬間，我覺得自己不見了。

我其實知道自己爲什麼這樣做：爲了我母親。那幾年她打我，管我，教我。她曾對我說：「寧可聽人家說，他走了，也不要聽到別人說，他翹了。」我想起她這話，彷彿聽到自己的良心開口。但，我自覺不是個男人。

我深深吸一口氣，回到聚會的屋子裡，把經過講給朋友聽——不過，略去了我退縮的那一段。我們幾個出來找莫道克，在兩條街外發現他們倆。這下他們逃不掉了。

我說：「正大光明和我比一場吧。把刀收起來，只能用拳頭。」

「我不要和那個大塊頭比。」莫道克說，「絕不要。我贏不了他。」

他在一群人面前公開表示不願與我比架，然而我覺得，我見到他偷笑我，因為他知道他前面已贏了我。

朋友們把我當英雄。然而，儘管莫道克沒有告訴任何人那晚上我和他之間的事，但我還是恨自己。出於補償心理，我變得又兇狠又野蠻，在學校裡、街上和籃球場上找人打架，隨時隨地，任何人，有時候一天兩、三次。我想打敗任何一個在我眼前走過的男生。我一出來，別人都害怕——我認為，別人應該要怕我。

有一天我去里昂街上的雜貨店，聽到有人說：「安靜一點，大喬治來了。」

然後有人說：「嗨，猴子。」

然後莫道克說：「他，你最好不要惹。」聲音中帶著敬畏，不是諷刺。

這是我的加冕典禮。他們尊我為叢林之王。

十年後，我以重量級拳王的身分回到老地方，再次看見莫道克。他坐在加油站前面的一張長椅上，旁邊坐著湯馬斯，那個被他砍成一株植物的男孩。這加油站是湯馬斯爸爸的店。現在，湯馬斯和莫道克兩人都雙眼呆滯，一個腦子壞了，一個上了藥癮。再聽到莫道克這名字，是說他因藥物過量而死了。

# 第二章　世人都必須挨石頭

輟學之後，我在媽媽工作的餐廳洗了幾星期碗盤，才找到一個像樣的工作和一份像樣的薪水：一小時美金一塊兩毛五，跟著我大哥羅柏在華德搬運倉儲公司搬家具。我們叫大哥桑尼，他是我的偶像。桑尼大我十歲，已經是個辛勤工作養家活口的男子漢。他工資不惡，與老婆和兩個小孩住一棟過得去的房子。他給我找的工作是臨時性質，如果老板看我行，就會正式雇用我，加我薪水，而且，最棒的是，還會發我一套連身工作服，口袋上方一個小圓圈裡繡有我的名字。

搬遷一家公司，從所有大型家具、檔案到事務機器，全部搞定可能要幾星期。要趕八點上工，我六點就得起床，有時要做到午夜。至於工資嘛，算五十小時罷，給五十大洋；那兩毛五零頭從來沒見過。賺的錢都給了媽媽，幫助家用，有時也自己花一點樂一樂。

我很賣力工作，以博取老板好感。憑我一身的氣力，我相信可在搬家這行闖出一點名堂。我也交上新朋友，工作夥伴們收工後會相約喝一杯，喧嘩一番。靠這幫人調教，我從蹩脚白酒改喝蹩脚琴酒。有天晚上我喝多了，因醉酒遊蕩而被關進警局，由於我還未成年，得勞動媽媽來領我回去。我慚愧得不得了，過後好些天都不敢看她。

某週一，老闆說我們接到一件緊急工作，必須從早上八點做到午夜，直到完工。我做到週三就累壞了，週四下午五點吃飯休息，工頭說一小時後再上工。我飯也沒吃，回家倒頭大睡，睡到次日。我沒臉再進公司，連他們欠我的工錢都不要了。

桑尼隔週告訴我，那些傢伙們都笑我懶骨頭。他說：「聽著，喬治，他們要用很多人，如果你去對工頭解釋一下，我認為他還是會用你，而且我想，你要不了多久就可以是正式人員，你身強體健，又工作賣力，他們喜歡。誰都會犯錯，你去道歉，好好解釋一下就行了。」

解釋——我有沒有聽過這字眼啊？想都想不起來；要我嘴裡吐出它來，好像不可能。但如果我還想要這份工作，就得一試，沒有工作，我就一無所有了。

我夾著尾巴去見工頭，他是個強悍的人，令人望而生畏，做搬家這行已二十多年。「葛里姆斯先生，」我說，「我想跟你談談。我還想做，能不能再把工作給我，」

他突然冒出一句，「你擅離職守。」然後繼續處理文件，看也不看我一眼。

「我知道，不過請讓我，我，我，」那個字就是冒不出來，叫什麼「姐四」來著的。

他定定的看著我眼睛，「聽好，福爾曼，」他說，並把我的薪水袋擲過來，「你不用再來了，我要是在這裡再看到你，我就叫警察，我們不要你這種人，帶著你的錢和你的『姐四』給我滾。」

我大感屈辱，像隻鬥敗的公雞。怎麼對媽媽說？我說不出口，但行動說明一切。有大約一個月之久，我在家裡晃來晃去，無所事事。我什麼也不是。事情被她知道了，我恨。我恨自己令她失望。

◇

姊姊愛莉絲不知是看到或聽說了詹森總統向貧窮宣戰的「大社會計劃」，老天保佑她！她說，就業處會讓我報名，有錢領，又可學一項不錯的手藝，譬如洗衣工之類。隔天下午，我就跑去申請，但發現至少要十八歲才行。辦事員看我一臉失望，推薦了另一個出路——職訓大隊。藉著學業和技術訓練，那兒專門提供像我這樣的孩子「再一次機會，成爲社會中有生產力的一份子」。他說，他們會送我到另一州，住在一處職訓中心，供應三餐，教我一些從前學校沒教的，每個月有三十元零用，還再替我存五十元，在兩年課程畢業時給我做本錢。

要不是我在撞球間聽人說起過職訓大隊，我很可能不會去申請。像我這樣，浪費了許多時間在撞球間鬼混，從牆上電視機看球賽的人，一定都看過職訓大隊的公共服務廣告：巴爾地摩小馬隊的四分衛尤尼塔斯（Johnny Unitas），以及了不起的克利夫蘭布朗隊跑鋒吉姆·布朗（Jim Brown）在那個廣告片裡說，「你可以再得到一次機會。」他們都是我心目的英雄，特別是布朗，所以「職訓大隊」幾個字引起我的共鳴。我索取了申請表，回家告訴了媽媽。

「吉姆·布朗說，要是我加入，就有再一次機會，」我告訴她，「可是得離開家，媽。但我不要離開妳，妳覺得呢？」儘管我那麼興奮，但心中有一點——很大一點——希望她說不。我才十六歲，雖然惹過那麼多麻煩，不過想到離家——有媽媽在的家——還是會打哆嗦。

「兒子，」她開口了，「如果你去，我會爲你高興，離開這裡可能會改變你的一生。那兒有新的機會。」

我把申請表放到她前面。並說，「那妳就要簽名。」

她拿起筆並看著我說：「你要去我才簽。」我狠狠嚥了口水，點點頭。她簽字之前，也用力咬了咬牙。

我的朋友洛伊・哈里遜（Roy Harrison）跟我一夥去參加這個哥兒們計劃，職訓大隊將把我們一起送到奧勒岡州格蘭帕斯市外的溫尼堡訓練中心。對當時的我們來說，去那兒和去阿富汗沒兩樣，我還得問人奧勒岡在那裡。

媽後來告訴我，我離開時，她躲到浴室裡哭。其實我也哭，在洛伊媽媽的汽車後座，從上路一直哭到里昂大道。望著車外的舊遊之地，想著媽媽和朋友，怎麼他們能留在第五區過好日子，我卻必須離鄉背井。

洛伊媽媽在萊斯飯店把我們放下，職訓大隊有部廂形車在那兒等著載我們去機場；他們也在機場幫我們辦登機手續，送我們上飛機。洛伊和我從未接近過一架飛機。空中小姐友善又耐心，教我們怎樣扣緊安全帶，放下餐板以便吃飯（我好喜歡機上的食物，所以吃了雙份午餐），鎖洗手間的門，以及清除空氣壓力——耳鳴。一切又新鮮又奇特，需要有人教，也得學習，像是剛出生的小寶寶。我離開一個世界，進入另一個新世界。我所離開的那個世界，大家看起來都跟我一樣，現在這個呢，只有洛伊一樣，其餘沒有半個。

我們在舊金山降落，另一名職訓大隊人員等著帶我們轉搭飛往奧勒岡梅弗德的班機。她陪我們從機場這一頭走到另一頭。我好想花一年功夫，觀察機場裡形形色色的人，他們看來都是大人物，在某些我從未到過的地方匆忙來去。我不知道第五區以外有如此花花世界，我暈頭轉向。外面還有些什麼？

第二班飛機上的機員比第一班的更親切（但沒有餐點，我大失所望）。我們降落後，被載到格蘭帕斯。我只在電影和畫冊上看過這麼美麗的地方，未曾期望有一天會置身其中。青翠的山岡，蜿蜒的溪流，還有，啊，那清新甜美的空氣。深吸一口，彷彿聞到洛伊・羅傑斯所生起的牛仔營火；彷彿是童子軍露營的地方，我的英雄和幻想所在之處，而我現在也住了進來。

◇

但是，我發現，第五區的習性在我身上根深柢固。我幾乎向宿舍裡每一個少年挑釁打架，只爲了讓他們知道：不要搞錯，喬治・福爾曼不是好欺負的；很快我就被封爲中心的蠻牛。誰要是斜眼看我，或不管用哪種眼光看我——只要看我，結了——就會惹來一頓海扁。我承認，這不是交友之道，而我好長一段時間沒交半個朋友。

甚至在餐廳，我最崇敬的場所，我也逞淫威。未在最初幾週就被開除，算是我走運。職訓大隊對學員的行爲定有高標準，並嚴格執行；這個計劃的用意正是如此，教導我們謀職所需的自律。感謝上帝，他們知道像我這種孩子都不是乖寶寶。倒不是所有學員都愛動拳頭；我只是少數當中的一個。但我們全體，顯然都面臨某種麻煩，才不得不在青澀的年齡離開家庭。所以，些許寬容是一定會有的。再說，輔導員們也不是爲發財才來管我們。他們相信，社會應該向窮人伸出援手，他們不會太快抽回張開的臂膀。

我在餐廳裡遇到穆恩太太（Mrs. Moon），她是廚子，年近五十，後來成爲我心中母親的替代。她似乎與我有緣，挑中我特別照拂。她對我微笑，我排隊捧著餐盤通過時，她總是這個那個的額外多舀一點。如果她看見我欺負別個孩子，就會責備我，但總是和顏悅色。甚至有一回我把餐盤整個兒砸到別人頭上，她也只說，「我說喬治，你一定要控制那種脾氣。」

「遵命，夫人。」我可不打算頂撞這位決定我食物份量的人。

過後不久，穆恩太太丟下一顆炸彈，「喬治，」她說，「看看哪個週末，我帶你回我家。」我不知說什麼好，只感覺幸運和一點困惑。

過了幾星期，她用她的小貨車載了我，在蜿蜒於遍地野花的綠色丘陵之間，繞了快一個小時。她丈夫很友善，看來就是會跟穆恩太太結婚的那一型。雖然年齡較大，又有點衰弱，他還是在我尚未下車就迎上前歡迎。她們的兒子在家裡，非常可愛。穆恩太太作飯時，穆恩先生陪著我，談我和他自己。

晚餐太棒了，濃濃的肉燉洋芋和蔬菜，以及可用來抹起最後一滴美味湯汁的厚片麵包。除了這種只有媽媽才做得出來的好味道之外，穆恩太太還頻頻說著我最愛聽的話：「喬治，要不要再來一些？」

要，夫人。

我要多少她就給多少，我吃了個盡興。「我特別給你煮的，」她說。她八成是買了三鍋肉，因爲我吃撐了她還有，這種情形以前好像不曾發生過。

晚餐後，我帶她的孩子到外面玩耍，像小哥哥似的逗他。

「你記著，」穆恩太太在她先生載我回去之前說，「小心你的脾氣，星期一見，下個月你再來。」

我問穆恩先生，他們是不是每個週末都帶不同的職訓隊孩子回家，他說這是第一次。我啞口無言。我沒有做任何刻意討好她的舉動，好讓她特別對待我。穆恩太太硬是讓我覺得自己與衆不同，她就是喜歡我。而最後我發現，我是他們唯一邀回家晚餐的孩子；在奧勒岡的半年內，我至少一個月去一次。她的話縈繞我耳中：「當心你的脾氣。」她帶著微笑講這話的樣子讓我相信，她知道某些我不知道的事情，這令我願意照她的話做，最重要的是，我想討她歡心。

但我忍不住要欺負人，我相信，我只在這件事上拿手，其他方面我都不出衆。我害怕要是不揍人，就沒有人把我瞧在眼裡。我甚至捏造理由來整人，「你說我什麼？」「沒有。」「你有，我聽到的。」然後一拳，碰。或罵「你看什麼？」一拳過去！這與我現在已經處在一個威脅性最小的地方並不相干。我打架不爲生存，我活著就要打架。

除了穆恩太太讓我溫暖之外，我覺得十分孤單。連朋友洛伊都受夠了我的氣。此外，生活單調，格蘭帕斯每個月能有兩部新電影就不錯了，再有的娛樂是滑冰，而我對此一竅不通。在休士頓老家，我喝酒打架；在這兒，我年齡不夠進酒吧，只能打架。

由於大家看到我就躲，所以我想找個地方一個人偷偷想家掉淚不是難事。「喂，」洛伊說，「你老是講家鄉老掉牙的事，我不想聽，這兒是現在。」他不太甩我，猜想是認爲我不夠酷。我寫信給媽，騙她職訓中心沒有廣告中那麼好，說我想回休士頓，像大哥一樣，找個工作養家活口。我要博取她同情，但媽回信來說，「兒子，沒有一樣事情和先前講的一樣，你也不要管桑尼，你只要做你自己，做喬治。」

終於我交上一個朋友，並透過他發現整個世界。李察‧奇伯（Richard Kibble）是個徹頭徹尾的嬉皮，來自華盛頓州的塔柯馬，靈魂裡沒有一點侵略性，這對他是好事，因爲在他的長髮和鬍鬚底下只是一把骨頭，不見一條肌肉，然而他天不怕地不怕，我們正因此才結識的。有一晚我回宿舍，和平常一樣弄得乒乓響，八成干擾了他讀書。「嘿，」他喊道，「輕一點，別吵。」（我們隱私少得可憐，宿舍兩邊各排十六張床，分成四床一組，中間只有櫃子隔住。）我停下來看誰在挑戰我，「來吧，你，」我說，兇狠地走過去，「我要揍你，現在就要。」

李察視若無睹，盤坐在床上，書本放腿上，異常平靜。「你只會打架，」他說，「難道你沒有腦子講話？爲什麼你不跟你的嘴巴打一架？」

這可新鮮，「你說什麼？」

「坐下，」他說，「我講些事情給你聽。」

我依言坐下，他則摸到唱機，把唱針放上一張唱片，嘎嘎放出一首搖滾歌曲。我說，「帶著這個一塊兒滾吧，」我站起來要走開。

「聽呀，」他鍥而不捨。

我聽了，唱的是：「你不管對他們怎麼好，他們還是向你丟石頭／他們會丟，他們早說過……但我不再覺得那麼孤單／世人都必須挨石頭。」

我聽完這首巴比．狄倫（Bob Dylan）唱的歌，又聽下一首，然後聽完那張唱片第一面。我們談狄倫的歌和詞，談搖滾歌曲裡表達的人生哲學。這對我很新奇，但也很有吸引力：談論思想，以及事物的意義。

李察那時二十一歲，是職訓大隊規定的上限，無論如何一年後他必須離開。他說他家裡問題一大堆，料想這兒是個「理出頭緒」的好地方。我沒聽過這種講法，但了解他的意思。他這個人，他講話的方式，他的用語，當中有某種我喜歡的成分。

某次，我在修理某人時，他正好走過，也沒有停下腳步，彷彿沒有我這個人似的。他不發一語，但見我發顛，他的鄙夷溢於言表。他碰都沒碰我一下，但我有如遭到鞭笞——精神上的鞭笞。那是我第一次感受到來自心靈的力量，而非肌肉的力量。

我對他日益敬重，當他是《法網恢恢》（The Fugitive）影集裡的落難醫生，我們經常一塊兒聽他挑選的歌曲，特別是狄倫唱的。這些歌我漸漸聽熟，也愈來愈理解並喜歡它們。喬治．

福爾曼眞正的教育，就此開始。

和李察交上朋友，讓我結識了其他的人（沒有女的，因爲她們在另一區），他們多半被我揍過，現在我也算嚐到另一種「被揍」滋味，大家扯平了。有一次，大家在交誼廳裡聽收音機轉播卡西爾斯・克萊（Cassius Clay）對佛洛伊・派特森（Floyd Patterson）的拳賽，某人大聲說，「嘿！喬治，你總是挑人打架，如果你以爲你那麼兇，你幹麼不去打拳？」

這款逗弄，在我聽來像是挑戰，令我想起莫道克兇巴巴質問我是不是在找他時的情景。這次，我不會退縮了。「好呀，我去，」我說，「我會成爲一個拳手，你等著看吧。」我不認爲他們有人當我是講眞的。

不久，我加入他們的晚間龍門陣，不能吸毒或喝酒，大家只是講話，聽各人述說家鄉的故事。我雖以身爲德州人爲榮，卻拙於言辭，無法表達。我要媽媽用我寄給她的錢去買一頂ＬＢＪ史特森帽，就是詹森總統以前喜歡的那種牛仔帽。當我離家時它正是大流行，我想用它向新朋友展示怎樣才叫風格。但收到帽子時，我成了笑柄。

「不要戴那個，」李察警告我，「他們會當你是鄉巴佬。」

「嘿，德州佬！」有人這麼喊。

「你們講什麼外行話，老哥？」我說，「這可是一頂正牌ＬＢＪ史特森帽子呀。」

我只要載上這頂帽子，一定被喊「德州佬」。我氣壞了，也就很少再戴它。這是我受到的許多教訓之一：風格並非放諸四海而皆準。

基於某種原因（也許是顯而易見的原因），這些傢伙中有許多來自紐約，看他們那樣，好像在紐約侮辱別人的家人沒什麼大不了。可是在休士頓，你如果用「你媽」這種字眼，是不可能全身而退的。李察等人就用那些字眼，企圖激我冒火。

他們的嬉笑怒罵並不高明，起初我克制不住，總想掐斷他們的喉嚨。後來，發現了我是唯一對此生氣的人之後，我漸漸能忍受他們的油嘴滑舌；畢竟，他們是在幫我學著自制。

「你媽媽好嗎？」他們這樣開始。

「還好。」

「那麼，告訴她我要她回來，你爸爸要她。」

我就說：「好啊，那我是你老爹。」於是我們笑成一團，並研判我有了長進。事後，我會走到外面去做深呼吸。我不能讓他們知道我氣得要殺人。畢竟，這也是一種進步。

◇

中心的課程對我啓發甚大。教師們堅持職訓學員要精通基本的知識。這眞是我的「再一次機會」。簡單如名詞和代名詞的區別這種概念，都使我興趣盎然。我連寫字都很注意，練了又練。「嘿，喬治，寫得眞不錯，」我的老師說，「繼續努力。」

他們要我讀書。我以前從未讀過一本書。起初我假裝讀，只把眼睛在書上移動，後來卻欲罷不能。讀了夏莉·傑克生（Shirley Jackson）的《彩票》（*The Lottery*）這種短篇故事後，我會興奮莫名跑去找老師，傾訴我的卓見。他鼓勵有加，並提示我更多思考材料，例如：「如果彩票只是個象徵，一個隱喻，作者怎樣用它來反映眞實世界？」我喜歡躺著讀書，動腦筋想答案。象徵和隱喻太妙了，一個宇宙就此展開。我愈讀，書中角色愈變得鮮活，情節如在眼前。我發現自己在揣摩扮演。

文字，文字化思想爲魔術。我有時讀書只是爲了尋找不曾見過的文字，然後查字典，唸幾遍，讀一讀它們的定義，再自己造句。對了，還有字典，我想所有知識都在它裡面了。字字相連，連成一條無止境的長鍊。書本漸漸像糧食，我狼吞虎嚥，尋找答案。

我漸漸進步到傳記和歷史，馬康・X（Malcolm X）的自傳令我戰慄，他的一生改變和救贖過程是如此漫長。寫給媽媽的信變成我精彩的讀書心得，要不就是新字大集合。我知道她一定喜歡看。

但當我學到更多實用課程，例如築圍籬和木工等，我起了一種想法：這些老師當中的一個或全部，也許只是假裝喜歡我和在乎我。可能是不安全感導致我這樣想。但即使他們是裝的，又何妨？如果我的小學老師也這樣假裝，對我也許只有好處。平生第一次，喬治・福爾曼穩穩自立了。以前爲了活下去，我要吃很多苦，不僅是在學校裡。在這兒無需如此，只要做我自己就夠了。

我們整天捕魚、遠足。我涉溪而過，天空碧藍，空氣清新，水潺潺而流，我想起四年級時讀的圖畫書《四通八達的路》（*The Road to Everywhere*），那時哪兒都沒去過，我就盯著書上這般景致的圖畫，把印象烙在腦海裡。而現在，想像中的溪流就在眼前。

不過我欺負人和打架的事兒依然不斷。錯看我一眼，甚至笑得不對，你就有麻煩了。我自己嫌惡自己這樣，李察亦然，他無法了解那種侵略性，也不懂爲什麼我控制不了它。

過了四個月，他說要離開職訓大隊，也許回家，也許搭便車隨便到什麼地方。他已快二十二歲，他說，要開始生活而不能老是爲生活準備。

他離開時把我叫到舖位前說：「拿去，」遞給我一張狄倫的唱片。「你開玩笑？」我問道，彷彿他送的是一件無價的傳家之寶。他說：「你一定要停止用手與人鬥，要開始用腦筋。」只有在電影裡，才會在這種對白之後出現大團圓。我珍藏那張唱片和他的友情，至於忠告則當成耳邊風。

◇

第六個月，我轉到加州普利生鎭外的帕克斯職訓大隊中心。我選擇去那裡接受職業訓練，是因爲我從職訓大隊消息報上得知，帕克斯有第一流的運動設備，包括一套紮實的拳擊課程。哥兒們激我去打拳，這事縈繞不去，我決心做給他們看——即使我們此後不曾再見。

帕克斯中心是里頓工業（Litton Industries）開辦的。里頓是七家與政府合作提供職業訓練的大公司之一，爲一家大國防承包商，專門設計與製造高科技裝備，包括先進的飛航系統。我們的訓練相形之下簡單得多；我們學裝配線上的技術，日後可用這手藝找個正當工作。

某天我在線上工作，有人指給我看，一個叫查爾斯．布洛德斯（Charles Broadus）的人。他矮小但肌肉發達，場裡的安全和炊事廚工由他一把抓，學員惹事由他訓導，任何體育活動也是他包辦，大家叫他「博士」。

「我想當個拳擊手，」我緊張兮兮地問博士，「你看行不行？」他上下打量我，一付不屑表情，「你塊頭夠大，」他說，「也醜得可以，到體育館來吧，」丟下這句話後他便逕自走開。

我就到體育館探一探。沒看到博士。我向拳擊教練毛遂自薦。四下只見訓練中的人，對打的，打沙袋的，跳繩的，個個像是打職業的。「博士布洛德斯要我來學打拳，」我說。

「你以前打過嗎？」教練問。

「只在街頭打過架。」

「街頭，嗄？」他頓了一下，深吸了一口氣。「看看那幾個人，他們都知道怎樣打拳，他們在訓練，我要陪著他們。你什麼都不懂，可是我沒時間給你從頭學起，抱歉。」

不久，我碰到布洛德斯博士。「嗨，」他說，「我不是叫你去體育館的嗎？」我告訴他之後，他就安排了一個時間讓我們見面。

他一言不發看我打沙袋，對空比劃出拳，然後說，「你想當拳擊手，就得要打拳。」他指著對面一個瘦小子，「我讓你到擂台上跟他過個招。」我差一點笑出來，心想這傢伙會被我一拳打飛。

我信心十足並且迫不及待，要室友都來見證，我宣布：「我就要成爲拳擊手了，」想像著我即將搬演街頭小霸王那一套，我希望他們親眼來看我痛擊對手。

博士綁好我的手套，我就和這個身高大約只到我胸口的傢伙登上擂台。他繞著我轉，我則追著他，一拳又一拳猛揮，只想把他立刻擊倒。但沒有一次命中。我不但打空，而且煞不住腳跌倒。這可奇了，街頭打架時我像這樣揮拳從不落空，現在我卻除非像角力般抱住他，否則就連碰都碰不到他。而我抱他時，他就出短拳，又使我站不穩而跌倒。台下笑成一團，有的甚至笑得搗住肚子，看得不亦樂乎：欺侮人的惡人遭報應。而這件事，那個惡人最清楚。

錯以爲打架可以和拳擊相提並論，我又羞又愧，不敢再進體育館。稍後，我碰到博士。

「你怎麼不去了？」他問，「怕了？」

「不是。」

「那爲什麼？」

「因爲我沒有鞋——拳擊鞋。」虧我掰得出來。

「你在路邊坐一下等我，」他說，「我馬上回來。」

幾分鐘後他從辦公室取了一雙嶄新的拳擊鞋回來。沒了藉口，我跟著他一起做練習操。但當他建議再打一場時，我又不去了。

我的室友沒人敢提喬治・福爾曼曇花一現的拳擊生涯——至少我在場時不敢提。我在普利生鎮已是出了名的兇悍，就像在格蘭帕斯一樣。我要全體學員——有兩千人——對我敬而遠之，而他們大多也如了我的意。他們不敢亂來，知道如果我聽到他們取笑我，可能被我打得五臟離位。

但說不定我不會這樣。穆恩夫婦——老天保佑他們的好心——大老遠從奧勒岡開車來，路程少說也要八小時，只爲了看我，並確定我在新家已經安頓好了。他們帶我去光顧一個家庭式餐館，穆恩太太又是以她那笑盈盈的方式說：「聽著，喬治，我要你注意你的脾氣。」要是令她失望，不就等於令我媽媽失望。

◇

而我仍不免令她失望，因爲暴戾之氣還在喬治・福爾曼裡面。但在其他各方面，我都覺得自己變了，而且每天在變，這乃拜書本和學習之賜。開始自己思考後，我放棄了宗教。閱讀加上質疑使我相信，宗教是給窮人的東西。我認識的信教的人誰不窮？唱〈奇妙恩寵〉(Amazing Grace) 的人哪個不窮？聖經是什麼？只不過是牧羊人的手冊，但我要的是眞知識。

我喜歡上課，喜歡老師。數學課上，他們費心講解我多年前錯過的技巧。一個技巧講完又一個，像是梯子上的橫木。當我開始了解代數時，甚至去驗光想配一付眼鏡，戴眼鏡的人不都看來挺聰明的嗎；可惜，我的眼睛驗不出一點毛病。

我也接觸到人類學和歷史，甚至還選過拉丁文。拉丁文的唯一作用只是教英文字根。而學習從字的一部分去定義這個字，令我興趣盎然。我是不知饜足的。中心裡有一位兼職的輔導員蓋爾（George Gale），也是舊金山的一名歌劇演唱者。當我表示好奇時，他帶我去看排練和表演。「你不簡單，」他對我說，「看你對每件事都有興趣。」他說得對，我是重生了。

那年聖誕節我回家看媽媽，帶著我的書本，以及要教她認的生字單，我給她看我電子課上裝配的電晶體收音機。這是我兒子嗎？她不敢相信。而我也幾乎不認識自己。我想，這就是為何好勇鬥狠那一部分仍揮之不去。因為當我的身分改了之後，我便需要某些東西——任何東西——讓我落實。暴力，隨時準備打架，是現在的我和過去的我之間的連繫。

過新年後不久，這種性格又告浮現。當我在宿舍上樓時，一個同學迎面下來，我赫然發現兩個月前在晾衣間被偷的網球鞋穿在他腳上。我對他說，「這是我的。」「噢，」他說，「沒問題，拿去。」並脫下鞋，穿著襪子揚長而去。

我取了鞋走向房間，才想到，「這傢伙偷我的新鞋，現在都穿舊了。」我就回頭，幾分鐘後找到他：「我不能讓你這樣就算了。」

「你在說什——」他還沒講完，我已開打。他一狀告到了訓導處。

第一個見我的老師是蓋爾，他眼裡閃著淚光，「我不懂，」他說，「我真的不懂。」他無法把眼前這個打人的壞蛋與他當朋友的那個人連在一起，哪個才是眞的喬治．福爾曼？

見到蓋爾先生對我大失所望，是可怕的懲罰，我懊悔不已，有如令穆恩太太失望，有如令我媽媽失望。這些失望都有代價。他與我雖漸漸復歸於好，但總和以前不同。一旦見過混蛋喬治，他就不能完全信任模範生喬治。我了解。

同時，職訓大隊的當地贊助者——里頓，打算要視我爲無可藥救而開除。我得以留下，應爲天意——我這一生中有許多個像天意般的點，一個點連結下一個點，彷彿連線圖似的形成圖案。中心主任是職訓計劃的主要推動者之一，尤斯南（Stephen Uslan），他力排衆議，不理警告，要再給我一次機會。

而我差一點點又把那次機會搞砸。

我們和另兩個宿舍一起舉行泛舟及野餐半日遊，在回中心的巴士上，每人都拿了幾盒剩下的點心回宿舍，我也捧著我那一份下車。這時，一個站在車門口的孩子突然一拳打在我臉頰上，並叫著，「我的餅乾還我。」我有點頭昏眼花，放掉點心去捉他，他又打過來，當我兩臂把他箍住時，兩名職員過來拉開我們。

走回宿舍途中，我盡量不去想剛才的事，但就像球鞋被偷那次，它觸犯了我的大忌：我被耍了。我告訴幾個死黨，愈想愈火大，沒有李察等人勸阻，我一心要討回公道。

我們打聽出這不入流的小子住哪棟宿舍哪間房，一伙人就前去算帳。我敲門。裡面一個聲音叫道，「是誰？」我總不能說是一幫打手，我低吼：「開門。」裡面還在問：「是誰？」

「你心裡有數。」說著，我右拳已向門搗去——連自己也吃驚，就這樣把門打了個洞，轉鎖開門之際，我看到幾個傢伙奪窗而逃，幸好這兒是一樓。

和我一起轉到這兒的老友洛伊，抓住其中一個傢伙，我稍微教訓了他幾下，因他不是太歲頭上動土的人。我出了一口氣，至少已有人當了替死鬼。

沒想到次日警察找上門問話，有人告我持槍破門而入，並在他們面前揮槍逞威。警方並不採信，但我的職訓隊學員身分更岌岌可危，看來就要被開除，連主任尤斯南都傾向於把我踢出去。

但博士布洛德斯向長官們說我是拳擊冠軍的料——看過我唯一那場拳賽的人，都會懷疑他的說法，幸好還有一人站在我這邊。

◇

他就是史丹福（Gordon Stanford），一位舊金山的心理學家。他和蓋爾一樣，也是中心的兼職輔導員，也一樣庇護我，信任我。他講話有英國腔，並用一根細長的菸管吸香菸。在我眼中，他是個飽學之士，當傳言說我可能得捲鋪蓋時，我便搭巴士到舊金山他的辦公室求助。史丹福聽我述說如何後悔，如何不顧一切想留下時，也許很驚奇（我同時故作鎮靜，假裝對一切不在乎），因爲從認識他以來，我就一直向他抱怨食物、設施、社交生活、室友，還有天曉得別的事情，一副待不下去的樣子。但或許因爲他是個心理學家，一旦聽我說心底是愛著職訓大隊，想要有所作爲，讓母親和自己驕傲時，並不覺得詫異。

史丹福載我回家，他的妻子做了一頓豐盛晚餐。即使面對如此危機，我的胃口不改。我們談了很多關於夢想的話，然後他送我回中心，並答應寫一封信爲我說好話。

過後幾天我魂不守舍，不知命運如何。終於消息傳來，我得到最後一次改過自新的機會。史丹福的信起了關鍵作用，他後來取副本給我看。雖然我經常惹事生非，可他寫著：「但喬治有些特別……讓他留下來，對喬治和職訓大隊都有利。」

凡是「最後機會」都附有條件：我必須聽命於博士布洛德斯，接受按步就班的拳擊訓練，以疏解我的戾氣。這看似有道理，至少起初如此。「一切遵命，博士，」我說，「我練習絕不缺席。」就這樣，我開始打拳。

博士布洛德斯把我操得半死，榨出我最後一絲精力，免得我還有力氣課外打架。我從練中悟出拳擊和街頭打架的不同，其中之一是策略——我街頭打架從來沒有策略，憑塊頭大，拳頭狠，總是無往不利。而在拳擊裡，勝負決定於技巧，不是蠻力。

用一到十來評分，我的技巧勉強只有半分，但博士對我的天分和進步還是深具信心。他替我報名參加中心裡舉辦的「鑽石腰帶」拳擊賽。我覺得他有點操之過急，而且老實說，我怕再遇到難堪。不參加我說不出口，我乾脆不出現。那天深夜他打電話給我。

「你沒來還對了呢，」他小心翼翼地說，「他們沒給你排對手，說不定你不動拳頭就可以抱回獎盃，」他解釋說，在有些年份，特定量級中就是挑不出一個選手。不過，「過幾星期，還有一次比賽。」

他一定看出我多麼想要一個獎盃——拿去向第五區的孩子炫耀，自己打敗了一個拳王。一點也沒錯，每當我看到別人贏得的獎盃——真有不揮一拳就到手的——都嫉妒不已。我下定決心，下次我一定要到場，領取我的重量級獎盃。所以幾星期後我上了擂台——發現對面是一個強壯又英俊的海軍健兒。爲了獎盃，我上了。

我很緊張，但此時我基本技巧已經不錯（以一到十評分，大約是二），加上天分和氣力，第一回合我就擊倒對手。我繞著繩圈又跳又叫，宛如贏得世界冠軍。這次拳賽比我預期的有趣多了。

我攀出繩圈時，注意到前排有幾名職訓中心的人，被我破門而入的那一個也在其中，「打得好，老大，」他眞誠地說，「你會成爲一個很棒的拳手。」

「謝謝你。」我回答，希望我的語氣同樣彬彬有禮。

那次比賽深印在我腦海，鮮活得一如今天才發生一般。那一刻，我看世界顚倒了過來，並發現我也是頭下脚上。敵人恭維我，而我謝謝他。現在他不再是我的敵人，他代表了我所有的「敵人」，我可以住手不和他打鬥，也可以不再和其他的人打鬥，我無需向鄰室或鄰座，或另一排，另一條街的任何人證明我自己。從六歲以來，這是第一次，我不那麼覺得需要傷害別人；事實上，這種感覺消失了。

那一晚我變了個人，看淸楚了我將不會走投無路。有沒有拳擊無所謂，我也看不了那麼遠，而且，我並不特別喜歡拳擊。前途茫茫，但我知道總會有個地方可去；我會有所成就。而那正是我要奮鬥的目標。

# 第三章　於是就掏出了國旗

一夕之間，我成了職訓大隊的模範，從一個國中輟學生變成勤奮K書的小夥子；從不能任事的少年郎變成一技在身的工廠工人；從殺手變成人道主義者——其實嘛，還談不上人道主義，但在一頭鑽進書海的同時，我漸漸能將心比心，體會別人的感受。

不管博士帶我到哪裡打拳——事實上幾乎到處打遍了——都只有一個結局。開賽鈴聲一響，我就欺身而上，從各角度攻擊對手直到見效爲止——通常只要幾分鐘——不然就是一拳打中要害。我在「金手套」圈內因而博得了揍人者的名聲，而不只是個拳擊手。當之無愧。我並沒有照博士的那一套去苦練技巧，幹嘛費事？何況，我學到了基本功夫，已經夠管用了。再說，我從未想過當個職業拳手，沒有必要精通技巧。

父親的連襟辛普森法官有一次來看我打拳，我對他所知不多，事實上，他並不住在休士頓，而住在舊金山灣區。由於我跟辛普森法官的孫子交上了朋友，他年齡與我相仿，於是辛普森法官想看看我是什麼貨色。那一場我贏了。幾天後，他把我叫去。他說：「聽著，我不要你同他混，」這個「他」是指他的孫子。「你看來是眞的要有一番作爲，那個孩子可不。你可以闖出一些名堂，但他不行。離他遠些。」聽到家族一員這樣的褒獎，令我好不震驚。

我在舊金山這場仗是一場入門賽，後來博士帶我參加拉斯維加斯的金手套錦標賽，才首次在高級賽登台。要是打贏，我就入圍了在密爾瓦基舉行的全美金手套錦標賽。像以前一樣，我狠狠追著對手猛打，想快快結果他。但他很有技巧，被教得一套閃躲騰挪的本事，我掄著臂膀，不斷揮出重拳，企圖結束比賽，卻一再打空，並且因此重心不穩而顛顛躓躓。（那時我們穿的帆布鞋踩在膠面地氈上，一晚幾場比賽之後，就會打滑，跌倒不免。）裁判把我的一次顛躓視爲被擊倒。我因那次「被擊倒」而落敗。

我不是隊裡唯一被淘汰的成員，我們十一人當中，倖存的只有瓦爾德茲（Jesse Waldez），一個六十四公斤重的傢伙。我們輸掉的人還不能回旅館，要留著看瓦爾德茲是能一場場贏到底呢，或也被淘汰出局。等待的當兒，我看了那個可能會贏得這次比賽重量級的紅褐頭髮小子比賽，克雷・霍吉斯（Clay Hodges），他約有一九三公分高，混身肉肉的。不久之後，他對我這一生起了重要作用。

這第一次落敗，滋味卻並不難受。拳擊已經對我非常，非常好了，我以爲已得到它所能提供的一切，我就快要從職訓大隊畢業，可以回家重拾我的生活——博士和我在此事上意見相左。他看我是一塊重量級的好料，有拳王遠景。而我只想回休士頓，拿一整袋獎牌向哥兒們炫耀，並找個電氣接線的工作，好照顧媽媽，並和大哥一樣養家活口，博取大家敬重。

博士說，「聽好，你，別走。要是你從職訓大隊畢業之後想打職業拳擊，有一群人會幫忙，你有薪水和開銷可領，你只管打拳就好。」（合夥關係可以比照喬・佛萊瑟贏得一九六四年奧運重量級金牌之後的經理集團模式。）「如果你想問鼎奧運，我們可以朝它下功夫。」

就我而言，沒什麼好下功夫的。我對奧林匹克一無所知——從未注意過，不曾聽過多少人談起——也不想多知道一點。即使在金手套比賽裡輸了，我也不覺得需要追求勝利。在我想法裡，我已經走完拳擊的光榮之路。謝了，不用了，我這麼告訴博士。

從職訓大隊畢業沒有任何特別儀式。我們塡了幾張表，領到離隊許可、一張電氣技術證書，以及一張大約一千兩百美元的支票。帶著這些戰利品，我歸心似箭，沒有向博士告別就走了。在我心中，再跟他爭辯我未來所造成的害怕，強過我對於他的感謝之意——我欠他太多了。幾個月前，他透過奧克蘭徵兵處，安排我參加陸軍入伍測驗。他相信，從奧克蘭入伍，比較不會被抽中到越南打仗。那時，我是已經準備——也期待著——盡我的當兵義務。但博士算計的一點不差，因爲我第二次體檢後，判定體位低於一A，接著再也沒有聽到徵兵處的消息，迄今我還搞不懂，究竟我爲什麼成爲漏網之魚。

◇

我趾高氣昂地抵達休士頓，離開時的孩子已成爲男子漢。我有錢給媽媽，有錢添衣裝，有錢到處炫耀。媽很驕傲這個孩子變好了，而我相信我的麻煩日子已經逝去，深埋地底。我的朋友和舊識大多在等當兵，並可能開往越南戰場。我，經歷一次冒險，被他們視爲凱旋英雄，眞是意氣風發。

第一件要做的事是通過GED考試，我一面緊張能否過關，一面訂定自己的複習計劃。不過我發現，職訓大隊還眞是教了我不少東西。我一看考題，就知道會通過，而事情果然如此。

接下來：找工作。休士頓有幾家我的技術可派上用場的工廠。但他們並不都是採用現在所謂的「平權雇用」（Equal Opportunity）精神。我轉向其他有這種標示的地方求職，急急塡了幾份求職書，就回家等消息。

很不幸，我不只在等待，我也喝了起來——一些啤酒，幾瓶葡萄酒，幾品脫的琴酒。我已有兩年不碰酒精，不是因爲戒了這玩意，而是因爲職訓大隊是「乾」的。感謝主，那兒沒有酒，否則我一定畢不了業。現在我愈喝，就愈不想做事，也愈好勇鬥狠。記得在一次聚會上，我調戲起另個傢伙的女朋友，男的兇我走，我就單挑他出去，幸好有人悄悄勸他別幹。他訕訕說，「好吧，算了，」就走掉了。他的女朋友也跟著。酒醒後，我覺得好丟臉。

酒精泯滅我的良知。一個晚上在朋友家裡，我碰到一位漂亮小姐，男伴與他弟弟都在。喝多了的我挨近她。「我有同伴，」她說，她的男朋友兄弟倆挺身而出，「她是和我一起的，」男朋友說。

我把兩兄弟都海扁了一頓。

次日我忘得一乾二淨，只有手指節痛痛的。第三天我收到郵寄來的逮捕令：兩兄弟告進了官裡。我按照指示到警察局報到。「我們應該把你關起來，」值班的警佐說，「不過你可以選擇，要罰一百塊或是被關，」」。

「我不知道怎麼回事。」我對媽說，我又難過又沮喪。隨隨便便的，兩年努力和學習就毀於一旦，我又墮回了蛇窩。

「兒子呀，」她說，「要怎麼做已很清楚，你一定要離開這裡。」她當然是對的，但我往何處去？一千兩百塊錢已揮霍一空，媽借錢交了罰款，讓我免於坐牢。

過後不久，命運來問訊，博士布洛德斯找到了我。從我離開後，我們沒有講過話，因此我以為他來電話只是禮貌性的問候。但電話是媽先接的，而且她做了一個令我震驚的決定——震驚，尤其是她認為拳擊根本與街頭打架相去無幾。

「布洛德斯先生，」她說，「你能幫幫我兒子嗎？請你，帶他去跟你做點事，只要離開這裡就行。」

我真希望能看到博士的表情。驚訝歸驚訝，他還是一口攬下這件事。他顯然拿出了自己的薪水，為我買了一張往奧克蘭的單程機票——惹惱了師母（你做了什麼？給誰？）。這當兒，媽四處告貸，湊了幾塊錢塞進我口袋。這回，她告別的眼淚中帶著感激。往後還有更多要感激的呢。

博士載我從機場回到普利生鎮，他在職訓大隊中心給我找了一份工作，供吃供住。我當起了洗碗盤和抹地板工，我拼了命做，想成為加州洗碗和抹地第一高手。我總是快快做完自己的份，再幫別人做。我要是看到有人搬重物，定助一臂之力。要是大廚需要幫忙，我自告奮勇。我開始懂得感激我所擁有的——工作和食物——以及棲身之處。

在營中的健身房，博士嚴格訓練我，他說怎麼做我就怎麼做。（除了抽菸，我躲著他偷抽，就像在學校時躲著布萊安教練。我抽菸是個打不破的死硬嗜好，我戒了又戒，把成包的香菸丟掉，結果還不是又回到菸灰缸裡翻找，點著揉爛的菸屁股解癮。）博士說去哪裡打拳，我二話不說就去。我看他為我犧牲，並對我這麼有信心，覺得欠這個人——但我到底欠他什麼，這麼聽話，當時我懵懵懂懂，只希望原因有一天會明朗。不久果然如此。

博士說，要我準備參加一九六八年在墨西哥舉行的奧林匹克運動會，時間剩下不到一年。他解釋，原名卡西爾斯．克萊的穆罕默德．阿里（Muhammad Ali），在一九六〇年奧運贏得金牌，喬．佛萊瑟（Joe Frazier）在一九六四年奧運也贏了一面。他倆都名利雙收。我如果贏到了，也會找到在彩虹彼端等待著的金山。問題是，我一點也看不出我有可能進入奧運代表隊，更別談什麼重量級金牌。但博士相信我可以。且不管怎樣，他的計劃就是我的計劃。拳擊是我為媽媽賺個體面生活的最佳途徑，我只關心這個，事實上，我關心到菸都給戒了。

不久，在我十九歲生日那天——一九六八，一月十日——我把酒也戒了。原因是在為我舉行的一個聚會上，我喝過頭了。次日，我問一個朋友，他的黑眼圈和別的瘀傷是怎麼來的。他說是被我揍的，而他錯在只不過是輕輕勸我冷靜。「你跟誰講話呀？」我對他飽以老拳之前還這麼問他。

我含著淚，向他道歉並承諾絕不再喝酒。我這個承諾守了二十五年以上。

◇

雖然我下功夫苦練，技術卻總還不到家。博士口口聲聲強調速度和技巧的重要，我也學到他教的所有動作，但還沒有開竅。我站起來一八五，體重約九十一公斤，混街頭的歲月令我很難放掉主要的武器——純粹又簡單的蠻力。我仗著它，自信無人可擋。

所有想進奧運代表隊的拳手中，我的比賽經驗最少——大概只有五場。而既然經驗是最好的老師，博士就要我多多比賽。我在一個月內打敗三個傢伙，都是快速將他們擺平。此時博士與一個叫溫斯頓（Henry Winston）的拳賽撮合人搭上線，這個溫斯頓爲沙德勒（Dick Sadler）做事。沙德勒則是一名頂尖中量級選手席卜斯（Charley Shipes）的經理，而席卜斯剛剛挑戰過拳王寇克斯（Curtis Cokes）。一九六八年二月初，席卜斯想再挑戰一次，在奧克蘭一個俱樂部的排名賽中內定第一，博士和溫斯頓向沙德勒爭取，讓我也在那個排名賽亮相。他們勸沙德勒，我一擊就可打昏對手的重拳，會使我出頭，直接成爲職業選手，無需經過奧運。沙德勒一心想物色一名擊倒專家，好爲他引來腰纏萬貫的金主，於是聽從了他們。他甚至建議在奧克蘭廣貼海報，宣稱「業餘重量級紅星」喬治·福爾曼來到本地俱樂部首演。（那時業餘和職業比賽可以同場進行，只要業餘的賽完後緊接中間休息即可。）

比拳那天，我和職訓大隊別的工人同去參加一次罷工。我並不了解他們爲何罷工示威，但我直覺相信，身爲勞工，我應該和他們一起，何況，稍後他們還會來看我打拳。但反過來看，我又欠資方人情，因爲我成爲一個專職的拳手，於是白天拖地、洗盤子的工作——如果有的話——就需找別人代勞，而我只擔任一個特別爲我設計的工作：不管我多晚回來，都要爲中心的娛樂室關門，通常我搭最後一班巴士。（後來我成爲受薪的拳擊指導，外出的次數更頻繁。）他們也讓我搬進中心的單身宿舍，這再好不過，我喜歡一人住，想吃什麼就吃什麼，錢夠付巴士和生活費。所以照說我兩邊陣營都應效忠，但我還是和朋友參加罷工。

「喬治，你該休息。」他們說。

「我不走，」我堅持。才十九歲，休息什麼。而且我喜歡和會來看我打拳的人們分享罷工抗爭的期待和激動。有人帶來一份《奧克蘭論壇報》，我們一起對我的照片和圖片說明「重量級紅星」哈哈大笑，令我想起父親的話：「未來的世界重量級拳王，比強森厲害，出拳像丹普西。」

我的對手就是霍吉斯，我一年前在全國金手套拳賽裡看到的那個高大，肉肉的金髮拳手。（我當時並不知道，他也是一九六四年奧運國手選拔賽輸給佛萊瑟的亞軍選手。）自覺信心十足，我仍在想，他肉再厚，也抵不住我彈雨般的拳頭。開賽鈴一響，我就箭步上前，不到幾秒，就揮出一記右拳，正中他的下巴，把他打跌到帆布上。他在數到八時站起，第一回合剩下的時間他一直退讓，躲我不停的拳頭——大概有兩百下——並用短拳牽制我。

業餘拳賽最多打三回合，每回合三分鐘。每回合由裁判決定誰贏，給他一分。由至少贏兩回合，或是擊倒對手的一方獲勝。因爲我每場比賽都以擊倒收場，我想不到霍吉斯挨了那樣的重拳之後，還能再站起來，一時不知該怎麼辦。

於是我亂了套，第二回合才打一分鐘就放盡氣力，接著幾乎一拳都揮不出去。在上氣不接下氣之中，我用上博士教給我的全部技巧（而我沒有好好練），來擋他不斷搗進來的直拳和短鉤拳；挨的拳比擋掉的拳多，世上再沒有比這場更容易得分的拳賽了。

後來和我混得很熟的卡普蘭（Bill Caplan），是那一場的主審。「贏的是！」他吼道，「霍吉斯，二比一！」賽後，我坐在按摩檯上好久，默想這一場敗仗。在職業賽開始之前的休息時間，裁判卡普蘭走了進來，拍著我的背，「別氣餒，」他說，「你一定會成爲一個好拳手。」他的話很管用，尤其正當我想著自己令所有的朋友、職訓大隊、博士，以及我自己失望。

我們幾個人，包括職訓大隊的杜倫特醫生，後來一同去補吃晚餐。我的臉和眼睛開始發脹。杜倫特醫生說，「也許，喬治，只是也許，你應該忘掉拳擊，去讀大學。」

「絕不，」博士斷然說，「他在這場比賽學到很多，是不是，喬治？」

「是呀。」

「他下次會大有進步，」博士說。其他人也交相鼓勵我，說著「他鐵定會進步」云云，我勇敢地點頭，心裡卻寧願他們都沒有來看我，後悔誇口要成爲重量級拳王，並希望當時人在體育館裡，咬牙苦練。

博士沒錯，我得到一些很重要的教訓，而且沒有受傷。新的喬治・福爾曼學乖了，豎起雙耳，打開心胸，接受指導。輸了好，沒錯。以前贏得太容易，現在我理解到必須下功夫。

這兒不是休士頓的里昂大街，我要進的是聯盟賽。我要好好調教自己，學著防衛，我將來還是揮得出重拳，仍然自信十足，但我也將獲得一些別的。

博士喜歡我這個改變。我是塊硬土，但現在好塑得多了，我看得出博士的欣慰。那很不尋常，按照賽前他的期許來看，他應該是第二失望的人，說是第一失望也不為過。我還打不打？我真的有天分嗎？會不會博士只是一廂情願？我們倆都想找出答案。

◇

我的下一場比賽，事關我有沒有希望入選奧運代表隊：這場比賽就是舊金山地區的金手套拳賽。贏了，即入圍全國金手套錦標賽，或全國業餘大賽；而這兩大賽的冠軍，就取得奧運國手選拔賽（該量級）八強賽的資格。我過去一年的勝利都不作準，因都是初級比賽；而高級賽，特別是在奧運年，鐵定更是硬碰硬。好消息是，重量級只有我和另一人報名，一戰輸贏立判；壞消息則是：我的對手是個一路贏上來的年輕好手——當然那是在碰到我之前。結果，我大開大闔打贏這一仗，而且又是擊倒勝。我要進軍在佛羅里達舉行的全國業餘大賽啦——

但博士硬是要我先打熱身賽。他要我參加另一次金手套的地區錦標賽，這次是在拉斯維加斯。口頭上我抗議說我已經入圍，卻還是提醒自己：知子莫若父。他摸透了我嗎？

我第一場的對手又碰上霍吉斯，他此時還需要贏一場，才能入圍全國性的錦標賽。而我呢——我喜歡說是因爲自己已經入圍，所以對霍吉斯放水；事實上，我第二次和他交手從一開始就是上次的翻版。我掄臂揮拳，三兩下就將他擊倒——可是，彷彿我和他說好了似的，他又像上次一樣站起來。我沒頭沒腦猛攻，再猛攻，直到精疲力盡。然後他點放，又點放。「——二比一，克雷．霍吉斯。」兩場敗仗，我至今僅有的兩敗——兩個月內，敗給同一人。

我從未如此沮喪。我就是打不贏這個年輕人，要怎樣才能打敗他？而如果我打不敗他，我就去不了奧運。即使我直接投入職業比賽，可是有一個人隨時能打贏我，這又有什麼意思？我擺不平他，便永遠成不了拳王。如果成不了拳王，就永遠發不了大財，那有什麼意思？在我心裡，我有兩個對手：霍吉斯，以及其他人，而其他人全都不是我的對手。

全國業餘大賽的日子到了，我緊張兮兮地在參賽名單上找那個金頭髮的名字。謝天謝地，沒有他！那種高興，那種解脫，眞難以言喻。霍吉斯一定是在拉斯維加斯的錦標賽輪掉了。我沒有留下來看他打贏我之後接下來的比賽。我從未想過他也會被人打敗，並因而不能來和我作對。於是我擊倒一個再一個，贏了業餘錦標賽。

後來我才知道，霍吉斯是贏了拉斯維加斯錦標賽，而且是以一次擊倒打得對手不省人事，拿下決賽。他沒有參加業餘錦標賽，是因爲他隸屬的陸軍國民兵後備隊——他是個少尉——那個週末在越南出任務。我猜想，越戰時，要請特別假是很難的，軍官尤其困難。我常在想，如果霍吉斯不是當值，事情不知會如何演變……或許他也會這樣回想。

◇

奧運選拔賽之前，業餘大賽的主事者安排各級冠軍到德國，讓我們打幾場國際比賽；他們認爲這是開眼界。一點也沒錯。國際賽規則的唯一目的：不讓美國人贏。規則第一條：當美國拳手是大頭。規則第二條：美國拳手被當作大頭也不會生氣。

我第一仗是在漢諾瓦對一個左撇子，他動不動就彎下去；我想那可能是他的風格。但只要我出拳，裁判就發出警告，說我打下面 (low blows)。弄得我無計可施。最後我被判失格。轉戰柏林時，我一而再，再而三擊倒對手，裁判第一回合就制止了比賽。

德國說起來是個好地方。這是我第一次出國，見街道那麼乾淨，嘆爲觀止，每個角落都有花圃和獨特的古老建築。我是來到異鄉作客，受到德國人好得不能再好的接待，被邀請到他們家吃晚餐，住宿，去迪斯可消遣。在休士頓和加州，我是最不想跳舞的，在此，他們卻不相信我跳得那麼好，他們說：「哇！喬治，再表演一下那個新舞步。」如果我現在再那樣扭擺，準會傷筋錯骨。

回程與首次歐遊同樣興奮，不下於德國的引人入勝，當機長說我們即將在紐約的甘迺迪機場降落時，我起了雞皮疙瘩。美利堅合衆國到了，機上每個人都歡呼。我體認到我打骨子裡是美國人，一陣顫慄從脊骨衝上來。

奧運選拔賽的每個量級有八名選手參賽——全美業餘大賽冠軍，全國金手套冠軍，東、西區冠軍，以及四個軍種的冠軍（陸、海、空軍和陸戰隊）。重量級裡面，被看好的是陸軍冠軍，他的塊頭（比我大），他直來直往的風格（合國際賽的口味），出拳的威力（所有對手都被他擊倒），以及國際賽經驗（豐富），在在是奧運代表隊教練所要的人選。我感覺教練們看不上我，非因他們不喜歡我，而是他們要派出最有機會帶回金牌的拳手。在他們的評估中，我不是那個人。

在我打到決賽的過程中，我擊倒了一個來自華盛頓特區的巨無霸，以及一個左鉤拳厲害的左撇子。接著面對的就是那位陸軍冠軍拳王，他也同等兇悍。我和他打了一場老式的惡戰，兩個大塊頭互毆，在挨了許多拳，也狠揍他許多拳之後，我最後乾脆閉上眼，手臂向後方能伸多遠就伸多遠，再揮出去，把我的右臂當一根球棒揮。我猜想，他看見拳頭過去時愣住了，像是一頭被車頭燈照到的鹿。那拳正中他的太陽穴，他的兩眼上翻，搖晃後退，我撲上去乘勝追擊，比賽就此結束。但因爲他是亞軍，按規定我們要再打一場決賽。第二次交手有如重播，同樣的出拳，同樣的反應。這次是我全勝。

不管奧運教練要不要，我，選拔賽裡經驗最少的一個，現在是美國進軍墨西哥市的重量級國手了。

◇

我們將待在新墨西哥州的奧運訓練中心，直到開賽，但在住進去之前，全隊齊往丹佛置裝。一個衣冠楚楚的人走過來找我，自稱是尼克森（Richard Nixon）的競選代表。尼克森剛贏得共和黨總統選舉提名。「你是個贏家，」那人說，「我們也認爲找你找對了，我們想要你到幾個場合站台，替尼克森競選。」我對政治的了解，少到在一個別針的頭都放得下。我對他說，我受寵若驚，但我時間不夠。這是我首次察覺運動和成爲名人的力量。

在新墨西哥州訓練營裡，指導我的不是博士，而是代表隊的教練，高爾特（Pappy Gault）。他的訓練嚴苛而且毫無歇息，他要我們精通贏取國際比賽所需的純粹拳擊技巧。我只有在打電話回家給媽時才有一點「下課」的感覺。我和媽媽談天氣，談兄弟姐妹，談職訓大隊——無所不談，就是不提拳擊；這兩個字眼她講不出來。我知道她已經接受了拳擊，但又怕又期待。只要我沒被打死，並且鼻子不流血，她勉強忍受得了與這個魔鬼打交道。

「你還好吧？」她問。

「是，媽媽，我很好。這兒伙食很夠。」

「你沒有沾惹什麼麻煩吧？」

「沒有，媽，我早就不惹麻煩了。」

「那就好，喬治，那就好，我只要知道這個。」

母親的態度令我想起那有名的禱告——祈求上天賜我勇氣，能去改變可以改變的事，賜我平靜，以接受一切改變不了的；並請賜我智慧，以明察兩者之不同。我這麼做是爲了她，她也知道，但她不是非得喜歡不可。

《運動畫刊》(*Sports Illustrated*)一名記者來到新墨西哥州，要寫一篇美國拳擊選手的專題報導。我通常是最出風頭的重量級，自然成爲專題的焦點，但論原因，我的嘴巴也有一份。自從我的拳頭只在擂台上發言，我的嘴巴就開始話多。我已從動武升級，現在是用伶牙利齒和惡作劇來整人。再加上我對右拳的自信，難怪《運動畫刊》的記者會對我這個初出茅廬，在選拔賽過關斬將，預言將爲自己和美國贏得金牌的選手大感興趣。適逢一年來因阿里拒絕服兵役而被取消拳王頭銜，拳壇被攪得天翻地覆，全看他一人表演。不僅拳擊選手相信，不作點秀就得不到注意，記者也在拼命挖掘誰會塡補拳王空缺。

我效法阿里，也發明了自己的一套順口溜，諸如：「喬治靈巧，喬治快。看我喬治倒不了。」或者：「小心你右邊／我整晚打／小心你左邊／打到你趴。」我也模仿阿里一項有名的奚落：特瑞爾不肯接受阿里改掉原名卡西爾斯．克萊，所以阿里在對此君之戰中，每賞他一拳，就逼問他一聲：「我叫啥名字」。

「說起從前一位好手／大家記得卡西爾斯．克萊／要是被他在擂台上逮到問名字／好啦，可憐蟲準羞死。」

不過，再怎麼曝光，我還是未受矚目。因爲選手在六八年奧運不是主新聞，杯葛才是頭號話題——美國頂尖運動員該不該因抗議國家，而不參加奧運比賽。領導杯葛的愛德華茲(Harry Edwards)，是加州大學荷西校區的一名社會學教授，也是黑豹黨(Panther Party)的一員。「不管你是跑是跳或別的，」他說，「如果你爲那人而做，你們就是一丘之貉。」

愛德華茲等領導杯葛的人，拉的主要是一旦缺席，就有新聞價值的明星選手，例如籃球選手阿不都-賈霸（Kareem Abdul-Jabbar）。愛德華茲等人來到我們訓練營，瞄一遍拳擊隊，就開始演講。但他們沒看到任何大牌明星選手（或許他們該去丹佛，向尼克森的手下打聽），講完就走人，像一列貨車無視於流浪漢而開走。沒有要我們拳手中的誰加入杯葛活動。

事實上，他們的號召對賈霸等人很管用，這些大學生很習慣激進主張，因爲大學校園裡早就充滿抗議越戰的活動。大學是個年輕、多彩多姿的空談世界——而非現實。學生的憤怒屬不屬於正義我不知道，我只知道他們的世界與我所見的不同。或許我無知，但即便是在最絕望和暴力時，我所長大的世界也沒有令我瘋狂。我從來不覺得自己低人一等，從來沒有。沒錯，我是曾經吃不飽，但我一直相信我會學到一技之長，養活自己和家裡。我怎能去抗議政府——那個爲了像我這種處境的孩子舉辦職訓大隊的政府？我曾被一架飛機載離貧窮，到一個平生第一次每天有三頓熱騰騰飽飯可吃，並學到自謀生活所需之技能的地方。此外，我所曾經歷過的外人偏見，愛德華茲之輩或許不曾遭遇。要知道，我的家人和小學老師都擁有和我一樣的外在特質，卻還是會對我有偏見，認爲我一定會變成怎樣的人。這些往事，讓我把那些會引起人與人隔閡的形容詞從我的用語中除掉。

◇

設置在墨西哥首都墨西哥市的奧運選手村，封閉得像個繭。除非外出打聽外面發生了什麼事（而我沒有），否則不會知道城裡發生了激烈暴動，警察和學生打成一團。而本地的電視新聞對外面報導，卻不對自己人多加說明。所以當我聽說，在兩百米短跑中分別得到一、三名的史密斯（Tommie Smith）和卡羅斯（John Carlos），因爲在領獎台上舉起握緊的拳頭而被逐出選手村時，我一頭霧水，然後很反感。我不曾和他倆談過話，但我在運動場上跑步時，看過他們練習或在草地上作柔軟操，讓遊客拍照。短跑選手是徑賽中的天之驕子，隔著一段距離看，他們都顯得有些自大，像昂首闊步的公雞。

史密斯和卡羅斯沒有退賽，但發表了一篇政治聲明。他們知道，全球的焦點集中在他們身上，但他們不知道，因爲自己的少不更事，他們的抗議激起多大的風波。

我看到記者和攝影師像兀鷹般圍著卡羅斯，這時才察覺，外面世界已闖進了選手村。然後有人告訴我，卡羅斯和史密斯都被驅逐出訓練營。我走近卡羅斯，見他一副傷心模樣——比傷心還傷心，如喪考妣。我不知道別人是否也看出來，也許沒有。我從小就懂得察言觀色，會分辨人神色中是害怕或有自信，卡羅斯受挫的臉讓我看出悲哀，而且我猜，還有懊悔。我覺得有和他同聲一哭的衝動。

不見報紙頭條或晚間新聞來「解釋」及誇大他們的行爲，我以爲，卡羅斯和史密斯的抗議，只落得是時代裡一篇追逐流行的聲明——有如奇裝異服，披肩長髮，褪色牛仔褲，非洲裔美國人。把他們趕出去，看起來不公平。爲何非趕他們走不可？他們怎能如此？不公平。

那個晚上，卡羅斯的面容在我心中揮之不去。於是我向一些朋友說，「我不打了。」

那時我已經打贏三場。第一場對一名波蘭選手崔拉（Lucjan Trela），他把身子屈得很低，一直出短拳打我腹部，很難纏。第三場的對手班比歐（Bambio）更加難纏——他是個高大的義大利左撇子，一記左直拳打得我腦袋嗡嗡作響，昏昏沈沈。我揮動手臂，想把眼前那些亮亮的，轉動的金星清除掉，當他停下來看我怎麼回事，這時我醒過來，一拳將他擊倒。現在只剩決賽。目標在望，但憤怒蓋過了一切，不講話，他們當作沒有你存在。好，我要發動自己的抗議，向造成卡羅斯如此痛苦的人和勢力抗議。

「我不打了，」我又說了。

喬治．福爾曼不打了的消息以音速傳了開來，馬上就有十多人講話，親自來找我或打電話來，企圖要我打消此意。博士和其他選手提醒我，這是在自己斷送前途。「喬治，」博士說，「你不是一直在追求前途的嗎。」

「你看到他的神情嗎？」我問，「你看到嗎？」我幾乎要哭出來。

大家愈講，我愈鐵了心。我的抗議像是自己有了生命。但解釋是愈描愈黑。消息傳到美國官員耳中，變成我加入了有組織的抵制，而不是我自己個人的抗議。

來找我的人當中，有個歐菲德（Barney Oldfield），他是里頓工業的老闆索恩頓（Tex Thornton）的助理，主管公關、社區事務及特案。歐菲德安排我參觀市郊外一個製造電腦零件的里頓工廠。所有工人都是女性，絕大多數從未接近過「要人」——而且還是個美國人。她們興奮的反應，讓我體會到世人如何看待奧運選手，也讓我憬悟，自己這一路努力了多久。我想到卡羅斯和史密斯。我和他們都活在自己的天地裡，見這些婦女這麼尊敬我，有如醍醐灌頂，過去從未有人這樣看重我。

那晚回到選手村，有人說與卡羅斯談過，「他說，你還是繼續做你的事，」他告訴我，「繼續打，把金牌贏到手。」

「他這樣說嗎？」我問。

「是呀，他不要你放棄，他爲你加油，你一定要打。」

現在我長大了些，也聰明了些，我認爲卡羅斯是否眞的傳了那些話，非常值得懷疑。我一直沒有機會求證。我只在一九八四年洛杉磯奧運再見過他一次，他在爲飛毛腿路易士（Carl Lewis）加油，路易士剛得到一面金牌，舞著美國國旗勝利繞場。

不管如何，策略奏效。我不久就在更衣間和另兩名打進決賽的美國選手研究，策劃我與俄羅斯大個子切普利斯（Ionas Chepulis）的決賽。我想要贏，但大家都說他國際比賽經驗豐富。那時是一九六八，冷戰正酣，我對俄國選手的所有可怕印象全浮了上來——在及腰的雪中機器般苦練，拳頭似原子彈。要〇〇七和一只神奇皮包才有勝算。如果我想贏，就得擊倒他，美國選手想用計點獲勝是不可能的，裁判會找理由不讓我們贏，大家心知肚明。

這話是眞的。美國的羽量級選手羅賓生（Albert Robinson），是我們心目中的最佳金牌人選，但他帶淚奪門而出。他說，就在他要擊倒對手——擊倒的幾秒前，被裁判取消了資格。

我給媽媽打電話：「就算我輸了，還是有一面獎牌。」我已作好準備。我看到貝蒙（Bob

Beamon）脖子上掛著金牌（他跳遠跳過了八公尺八三，超出過去紀錄六十公分），金牌顯得那麼神秘而美麗，令我胡思亂想；我太想要它了。

媽一點也不在乎任何獎牌，她說：「趕快回來吃飯。」對話結束。

得知世上最好的人並不非要我贏不可，心理很舒服。媽媽永遠是媽媽，不管怎樣都愛我，隨時給我安慰和豬腳。

一名輕量級選手哈里斯（Ronny Harris），面帶微笑走進來。他逆勢以點數獲勝，「沒什麼了不起，」他說。

我一邊默想高爾特教練強調過的所有重點，骨頭一邊在打顫。「你一定要用刺拳（jab），」他說，「刺拳，刺拳，刺拳。」它是最有效的貼身打法，配合著左右開弓，可把對手逼成守勢，為自己累積點數。

◇

上陣之前，我在拳擊袍的口袋裡塞滿一位女性朋友送的豆子，再加一位助理教練給的一面小小美國國旗，祈求它們帶來好運。

碰巧，切普利斯前一回合打敗了地主國選手羅卡（Joaquin Rocha），這時的墨西哥人，恨不得他碰上個開膛手傑克。我從未獲得那麼熱烈的歡呼，覺得全墨西哥都站在我這邊。

訓練派上了用場，切普利斯向前，我就揮左刺拳；他一直向前，就一直挨我拳頭。好笑的是，我怕被打到，所以每次出拳都閉上眼睛。左拳打得他節節後退，以致我的右拳都無用武之地。我只擔心他們會找個理由，把我取消資格。最後，我睜開眼睛，開始打出右拳，拳拳到肉，裁判制止了比賽。

我贏了。觀衆都在爲我尖聲喊叫，重量級金牌屬於我的了。

爲表示運動員精神和謙遜，冠軍要向裁判和四邊的觀衆鞠躬。鞠躬之前，我從口袋拿出那面小國旗。不管後來報章怎麼寫，大多數人怎麼想，我揮國旗並不全是因爲愛國，也不是對史密斯和卡羅斯的反示威，眞正原因要費一番口舌。

我在選手村的幾星期裡，看過幾百個與我兄弟沒有兩樣的年輕人。「嗨，你好嗎，同鄉？」我遇到練習回來的人總會這麼問。但他們嘰嘰咕咕講的不是英語。我很快就學到，國旗才是辨別的方法。當我打贏，站在台上時，胸前的字母USA還不夠。

於是就掏出了國旗。

「你明白吧，我揮旗子是在表示，贏得金牌的是個美國人。」

不錯，我的舉動之中，愛國心佔很大的成分；在奧運中，你自然會比平常多愛國一點。但我是說，就某方面來看，它比普通的愛國心包含更多，它涉及認同。我是在表明我是一個美國人，揮國旗是爲國家，也爲自己。我讓大家知道我是誰，同時也表示我以身爲美國人爲榮。（我把奧運制服視爲我從未穿過的軍服。）

當時我並未想到有人會誤解。但次日，尼克森在麥迪遜廣場花園有競選活動，他提到了

「那個在奧運令我們與有榮焉的年輕人，他勇敢表現出愛國心」。（後來，我收到一封從中西部寄來的信寫道，在賈姬・甘迺迪的行爲之後，我爲國家又帶回了光榮和尊嚴。有好長一段時間，我在想賈姬和拳擊能扯上什麼關係，卻沒想到他指的是賈姬嫁給歐納西斯這事兒。）

韓福瑞（Hubert Humphrey）的人員打電話來，問我能不能助選。我對政治競賽仍渾然不識，也對韓福瑞一無所知。後來有人說，他是現任副總統，如果他選贏，或許職訓計劃可以繼續；可如果尼克森勝選，這計劃就要被砍。這倒是個爲韓福瑞跨刀的好理由。但我承認，要是尼克森打電話來，我或許也會倒到他那邊。爲人助選最大的好處是可以廣結名流，諸如強生（Rafer Johnson）、切克爾（Chubby Checker）、梅傑斯（Lee Majors）等等，他們都聽過我名字。

演員吉尼・巴瑞（Gene Barry）過來搭訕，「嗨，喬治，」他說，「你好嗎？」想不到——連貝特・麥絲特生（Bat Masterson）都知道我，我還打電話告訴媽媽呢。

韓福瑞沒有選上，但幾週後，我見到了他即將卸任的老闆詹森總統。我是奧運選手中唯一有此殊榮的。他是因爲職訓計畫的關係才同意見我。赴白宮前，我想到這類儀式裡總統都會頒個獎什麼的；我認爲他自己也該獲頒一個，所以我送了他一塊牌子，上面寫著：

致林登・拜尼斯・詹森
喬治・福爾曼贈

一九六八年奧運重量級金牌得主
感謝創立職訓大隊計畫
給了像我這樣的年輕美國人
希望，尊嚴，和自尊

就在那一個週末，某人把我介紹給教練龍巴迪。他的綠灣包裝人隊正在華盛頓與紅人隊比賽。龍巴迪就是講出「勝利非全部，而是唯一」此一名言的人。在一個餐館裡，他走到我的桌旁，但在相互介紹後，他一語不發，瞪著我，好像在研究我似的。我看得出來他欣賞我，但總有些奇怪。最後他客套地說，我在奧運的表現他是如何驕傲，我是個好美國人云云。離開時，他問我要了地址。幾週後，他寄來一張他自己的照片，和一封大談勝利及成就的長信。並表示對我的讚賞。他讓我開始體認到，我有了些許成就。

◇

但返鄉後，我掃了別人的興致，把一個高高興興的場合弄得頗尷尬。我讀過的一所小學——阿瑟頓小學——為我這個奧運金牌得主舉行頒獎式。我比照對詹森總統的作法，也來個反贈獎，以奧運花環回贈。我的用意是提醒大家，對每個小孩一視同仁，不管有錢或貧窮，「因為你永遠不知道將來如何。」我致詞時說。

我在第五區，走到哪裡都掛著金牌，讓大家分享勝利。但我猜很多人不以爲然。我看到許多家庭掛有史密斯和卡羅斯的大幅海報，上面他倆垂著頭，卻高舉緊握著的拳頭，顯然與我格格不入。

在學校和社區應邀講話時，我常碰到黑豹黨人向我投來奇怪的眼光，臉上表情擺明說我背叛他們；但我並不十分了解他們要的是什麼。我們打的是不同的仗。我的軍服就是一條褲子，而且在贏得奧運金牌之前，對於沒有當過眞正軍人，一直有些罪惡感和遺憾。

我開始感覺不屬於任何地方。某個晚上，我碰到一個奧運以後就未見面的「朋友」，這種感覺更重。

「嗨！兄弟，」我說，「過得如何？」我仍是脖子上掛著金牌，他看見時，板起了臉。

「老兄，」他說，音調既慢又痛苦，「兄弟們都在做他們的事情，你怎能那樣舉旗子？」他說出了大家心裡的話，我像遭錘子重擊。眞的，我不屬於這裡。

這是什麼衣錦榮歸，你想——奧運重量級冠軍，卻不被接納。除了退進自己內心，別無他處可逃。我開始退縮，沒多久，我變成大家噓聲的對象。

# 第四章　比賽前絕不碰女人

在決定何去何從的當兒，我搬進媽媽在丹恩街所租的破舊房子。這屋子的三個狹小房間已經擁擠不堪，住著我兩個弟弟，洛伊（Roy）和甘尼斯（Kenneth），還有我老姊葛洛莉雅，她才生下孩子不久。媽媽仍在張羅生活；少了我的職訓大隊津貼，她更辛苦。但她並不在乎多一張嘴吃飯——就算是我這麼大一張嘴。她喜歡孩子在家裡住——只要不惹事就行。

隨著雜誌和報紙記者從世界各地前來採訪，拳賽主辦人和經理人也開始勸誘我轉成職業選手。其中一個人是佛雷德・霍夫海因茲（Fred Hofheinz），他父親是建造休士頓太空巨蛋（Astrodome）的羅伊・霍夫海因茲（Roy Hofheinz）。佛雷德剛入拳賽這一行，和曼尼克斯（Mike Mannix）及阿魯（Bob Arum）兩人一起主辦拳賽，並安排在收費電視上播出。他帶我參觀太空巨蛋，並告訴我，如果我跟他們簽約，他們將把鄧迪（Angelo Dundee）請來，此君正是襄助偉大拳王阿里的訓練師。

佛雷德送我回家。在到達我家之前的一公里多，我就說要下車走路。他堅持要送我到門口，但我說需要運動和新鮮空氣。其實我是羞於讓他進到破房子，並怕他見到之後，會以爲幾毛錢就可以擺佈我。當然，他不必見到破房子就可知道我缺錢，看這兒環境便明白了。雖然如此，我仍極力維護自尊。

聽我口口聲聲說媽媽多好，一定有些人想到，可以向她下功夫。艾斯林（Jimmy Iselin）就是其中之一。艾斯林是馬提斯（Buster Mathis）的經理，且是紐約噴射機足球隊的小開。在一個星期天，艾斯林用豪華禮車載我媽到太空巨蛋去看油人隊與噴射機隊的比賽。讓她坐在客隊的隊主包廂裡，用美食和無微不至的招待把她捧上了天。然後艾斯林送她回來，陪她進屋裡，開始說明他們準備「爲喬治」做些什麼，並堆了一大疊鈔票在桌上——我媽從沒見過這麼多錢。

「這只是開始，」他補充道。

「聽著，」媽媽說，「就算在桌上放一百萬，也不會有一點差別。第一，我不要喬治打拳。第二，反正這孩子只做他要做的事，所以我也沒法子替他做決定，他自有主張。等他決定時，你自會知道。」

◇

我沒有下任何決定，只知道自己不屬於休士頓。奧克蘭的藍尼學院（Laney Junior College）提供我一項足球獎學金，我想受教育，於是怦然心動。但想到這麼一來，我沒辦法幫媽媽買新衣，更別說買房子和汽車，此外，若沒有新的更大的拳賽，很快就不會再有人向我要簽名，不能躋身名流，電視節目也不會再邀我。當年情況與今日不同，那時候得一枚奧運金牌不代表得到百萬美元贊助和廣告，在六〇年代，你有一塊金牌掛在脖子上，不會因此有一分錢跑進你的口袋。

過幾個月，我又回普利生鎮的職訓隊中心教拳擊。博士爲我辦了一場歡迎歸來的遊行，還安排一架直升機從奧克蘭機場飛進中心。他和我都知道，我能拿這面金牌，他居功厥偉。

「我這兒有幾個拳賽主辦人對你有興趣，」博士說，「我們可以談談。」

我知道他要談什麼，而我不想面對它。兩年前，博士擬過一份合約，其中有條文說，他當我的經理，而我未來所賺的一半歸他；有感於他的照顧，我就應付著，簽了字。後來只有拉克蘭空軍基地拳擊教練到職訓隊找我那一次，曾含糊提過這份「合約」。那個教練，比爾·羅斯（Bill Ross），曾在舊金山看過我比拳，特別帶來誘人條件，邀我投效空軍。

「你（在空軍）只要打拳，」羅斯那一次這麼承諾，「這兒有很多對練靶子和一流訓練，你可以整天準備奧運選拔賽。而且不會派你去越南。」

我有意認眞考慮羅斯的提議，但當博士察覺我有可能接受時，大爲光火，揮著那份合約喊小偷，並把羅斯攆走。

我一笑置之。可是，這次看來是要玩眞的了。我的金牌和它所帶來的名氣，迫使博士和我必須解決這個棘手問題。

「博士，」我說，「我已經和幾個主辦人談過，還沒有任何主意要怎麼做。」

「這個嘛，我手上倒有一份合約，」他說，「我要履行它。」

「哪有什麼合約，博士，那個合約無效。你不能和一個才十七歲的孩子簽合約，對不起。」

我爲那誤解使我們的友誼變質而難過——不管剩下的這些算不算友誼。尤有甚者，他眞拿出那合約，還想當我的經理一輩子，這令我傷心失望。他看我是小孩不懂事，欲加利用。

幾個月後，去休士頓比賽的回程，我在奧克蘭機場與沙德勒不期而遇。他正在訓練李斯頓（Sonny Liston）那個過氣拳王。李斯頓在一九六四年一場衛冕戰敗給卡西爾斯・克萊，現以三十七歲之齡，他又掙得重量級前幾名，找機會東山再起。沙德勒還記得我，上個春季，博士曾帶我去奧克蘭他的拳擊館與李斯頓練拳，那時李斯頓正準備與克拉克比賽，缺個練拳靶子，而我也需要與李斯頓這樣的大塊頭交手，爲進軍奧運累積經驗。

沈默了一下，我說，「嗨！沙德勒。也許你可以幫我的忙，我還需要多學一點拳擊，我在想，是不是可以打幾場表演賽——你知道，善用一下我的獎牌。行不行？」

「沒問題，孩子，」他說。

「只打表演賽，」也就是說，我想謹慎行事。「表演賽。一言爲定，你可以和李斯頓一道四處走，與同一個排行榜的選手打，我們會打響你的名氣。」

我正準備用公餘時間跟李斯頓與沙德勒開始練習時，消息傳出，職訓大隊中心就要關閉。尼克森入主白宮，於是某些詹森的施政被縮減或取消。即使我是職訓隊最出色的成功個案（我的拳擊袍背面寫著「喬治・福爾曼，職訓隊拳擊手」），也不免失去住處和工作，但最可惜的還是眼看一個良好政策就此腰斬。

◇

沙德勒幫我在海沃（Hayward）租了一間小公寓，與他在奧克蘭的拳擊館相去不遠。我沒有車，除了沙德勒偶爾開他的大車載我之外，其餘時候我到哪裡都走路。走在路上，不時有人停下問我，要不要搭便車。我一定說：「不用，謝謝。我運動運動。」奧運重量級拳擊金牌得主窮得買不起汽車，我好自卑。再怎麼說，我也是有名氣的人，上過電視。我的朋友只做普通工作也能有汽車。我想讓別人以為，我是故意選擇不要四個輪子的。

我整天跟著李斯頓訓練，他做什麼，我也做什麼。我們經常一起吃晚餐，餐後一起散步。說李斯頓是沈默寡言的人，一如說太陽是溫暖的。平常，他只目光炯炯看人。所以在某次散步中他突然講起他自己，我豎起耳朵不漏一個音節。

他講到一九六四年，他在邁阿密與卡西爾斯・克萊交手，那一仗，他輸掉了兩年前他從派特生手上贏來的重量級拳王頭銜，迄今仍有人以那一仗為由，指稱拳擊是「打假的」，事前都套好了。但我所知道的李斯頓個性太直，又自視甚高——而且辛辛苦苦贏得拳王頭銜——不會故意丟掉拳王寶座。

據他說，他打敗派特生之後，拳迷視他如糞土。他相信，奪去他拳頭威力的，不是克萊，而是拳迷的厭惡；而與其說克萊討喜，不如說是李斯頓討人嫌。聽他講來，那一仗他還沒有爬上擂台就已經輸了，他背負著一個超大號的心結。

「當我從派特生手上贏來冠軍，」他沙啞的聲音說，「大家的樣子卻彷彿我是偷來的：『你當什麼拳王？像你這種人哪配掛拳王腰帶？』」

派特生被認爲是個紳士，終其拳擊生涯備受愛戴。一九五二年贏得奧運中量級拳擊金牌後，轉入職業拳賽打重量級。四年後，他還未滿二十二歲，就打敗亞契・莫爾（Archie Moore），成爲當時最年輕的重量級拳王。一九五九年，他把頭銜輸給強納森（Ingemar Johansson），又在第二次交手時贏了回來。一九六二年，李斯頓第一回合就把他擊倒；同年再戰，情形如出一轍，只是賽事比上次長了七秒鐘。

與派特生的魅力和高雅相反，李斯頓是個下等大老粗。他因持械搶劫坐過牢，個性孤僻，從來不會完全相信一個人。成爲拳王後不久，他被指控與黑社會掛勾，檢察總長羅伯・甘迺迪的打擊組織犯罪特勤人員還來調查過他；傳言李斯頓曾是個搶匪頭目。（甘迺迪的人曾勸派特生不要跟李斯頓比賽，但派特生堅持，於是他們就公開詆毀李斯頓。）後來李斯頓未被起訴，但名聲已壞。他認爲，從這項調查可證明，所有人串連起來與他作對。

他對我說：「我還是拳王的時候，總聽人說我不配，後來我輸給克萊，這一批人又說我應該贏的。我知道我該贏；該贏，可以贏，怎奈他們全都表現得不要我贏。」

很難相信一個重量級拳王會因不得人好感而受創這麼深；大家都以爲頂尖拳手是對這種事情免疫的。但我立刻了解——他的話說進了我心坎，觸及深埋的記憶；我唸小學時，老師也覺得我格格不入，不該存在似的。我把李斯頓的自白解讀爲一種屈服，他下意識犧牲拳王頭銜，以滿足那些說他不值也不配的人們。現在年齡大了他更難受，一心想把它奪回——且要保住它。

李斯頓與我經常對練，對我是再好不過的訓練。他固守陣脚，不向我強過他的氣力及高他五公分的優勢退讓。他的境遇我感同身受，我敬重他，想要獲得他的肯定和友誼。當我聽到他對沙德勒說，「你叫那個大混球來給我提袋子。」我受寵若驚。但之後沒有聽過他就任何事講過一個字，直到有天，我們都在更衣室裡。

他叫我：「嗨！喬治。」聽到他喊我名字我差點跳起來，「你想成爲世界重量級拳王，哼？」「是呀，李斯頓，我是想，」我說，「你看我行嗎？你認爲怎樣？」我像隻小狗般靠過去，等著他給建議。

「這個嘛，」他說，「等你成了重量級拳王，你在人行道上吐口痰，他們就會寫到報紙上。」他住口並空瞪前方一會兒，「我嘛，我管他三七二十一。」

過後三個月他未再跟我講一句話——直到一天他帶來一本知名雜誌，其中有一長篇寫他的文章。「拿去，」他說，把它丟給我。「臭記者，說我一直跑來跑去，不斷喊『媽咪，媽咪，媽咪』。胡說八道！」

我翻目錄時還不曉得他在說什麼，找到那篇文章時，就讀下去。「嘿，李斯頓，」我說，「寫得太好了，他說你應該和那些總統們一起被刻在拉須摩山上（Mount Rushmore，位於美國南達科他州，雕了四位美國總統肖像於山壁），我希望也被人這樣寫。」

「噢，拿過來，」他搶走那本雜誌，並走開，一面嘀咕著，「媽咪，媽咪，媽咪。」而我還是不懂他的意思。

幾天後，我們同坐在沙德勒的豪華大汽車後座，去赴李斯頓約定的按摩。我帶著一本占星術的書預備邊等邊讀。我對天文一無所知，但聽過一些引人入勝的說法，想一探究竟。當我讀到我的星座摩羯座時，見書上說的好像都吻合。

「哇，」我說，「占星這玩意兒眞準，一點不差，嗨！李斯頓，你幾時生的？」

「得了吧，你，」他說，「別相信那些，全是胡說。」

「不，李斯頓，我告訴你，拿去，看一看。」我把書遞給他。

「拿開，別把這混帳書擋住我的臉，」他說，並用手一把撥開。

我往後靠，心裡一寒，我的朋友幹嘛這樣？李斯頓走出汽車，沙德勒注意到我悵然若失。

「別難過，喬治，」他說，「那個大個子不識字。」

我應該猜到的，當我們一起出現在公衆場合，人們過來要簽名，我簽了十個他才簽一個。他用筆愼重在紙上刻，就像別人教他怎麼簽名之後，他強記下來似的。

「他以爲你知道，」沙德勒說，「而如果你不知道，他又不希望你知道，他不喜歡任何人知道。」

幾個月後，李斯頓和我到拉斯維加斯去打同一排行榜的拳賽，角逐北美拳擊總會的拳王。我對哈佐頓（Bob Hazelton），李斯頓對馬丁（Leotis Martin）。如果他贏，接著可能就是與艾里斯（Jimmy Ellis）決賽。我和李斯頓自從那天在汽車裡的對話之後，幾乎沒講過一句話，李斯頓突然叫我到他的旅館房間時，我頗感驚訝。

「你過來，喬治，我要跟你談談，孩子。」

「是嗎？」

「讀給我聽，」他把他的合約遞給我。

「你應得到百分之五十。」

「合約確實是這麼說的嗎？」

「是，百分之五十。」

「我想也是。」

李斯頓信任我，向我求證合約內容的程度，這已是我的最大榮幸。對於他撥開書本所殘留的些許怒意，頓時消失無蹤。還有一件事：原諒他，也讓我了解不識字的殘酷——不識字可以扭曲一個自負的人。我從李斯頓身上看到，命運只要再稍微不仁慈些，我會變怎樣。

那晚，我第一回合就擊倒哈佐頓。李斯頓本佔上風，也看似要贏了，但突然不知怎的被馬丁一拳擊倒。

後來，他妻子邀我去他家小聚，結果變成一次令人傷感的造訪。李斯頓深深陷在沮喪之中，他坐在後院裡，瞪著前方，腿上蜷著一隻狗。他曾對我說「管他三七二十一」，但現在我覺得這一定是假話。他坐著一動不動，在大房子後院游泳池旁，心知永遠不必再工作——且內心受創深重。他的妻子告訴我，他一直是這個樣子，回到家裡就不說話也不動。我取一罐汽水給他，在他旁邊蹲下，他也無視我存在。他的妻子已在低泣。「你們打拳的一定要知道有時會輸，」她說，「你不可能全贏，沒有人只贏不輸，你聽清楚了，喬治？你會輸，每人都會輸，但你不能就這樣死掉。」

後來我再未見過李斯頓。一年之後，他不明不白死了，只活三十八歲。

◇

沙德勒替我在亞歷桑納州安排了一場表演賽。接著在休士頓又有一場，是在以佛萊瑟爲首的排名賽內。沙德勒說對了，媒體會把我名氣打開。

接著某天，他沒頭沒腦地宣告，「你該轉成職業選手了，」好傢伙。「我在麥迪遜廣場花園弄到你的第一場比賽，佛萊瑟是重頭戲，你會有五千現錢進帳。」這個好傢伙。「幾場比賽後，你就可以角逐拳王。」

「拳王？」這些話令我飄飄然；可是，聽來不大可能。我知道沙德勒說對了，我遲早要轉入職業拳賽，還有五千大洋——這可是一筆大錢。但任何說我就要爭奪拳王的話都言之過早；傻瓜才看不清楚這一點——即使這樣，再差勁的謊話也會有人相信。

「好傢伙，」除此之外，我說不出別的。

比賽前一星期，我們到達紐約，有人遞給我一份厚厚的經理對拳手的合約。沙德勒和我握過手，但並沒有書面協議，這樣，麥迪遜廣場花園會不讓我比賽。我帶著疑心把合約看了一遍。在沙德勒旗下打拳是一回事，把這個安排正式化，又是另一回事。沙德勒要獨佔我的經理權三年半，收入我拿三分之二，他三分之一。大家都說這是標準，也許比標準還稍好一些。有的拳手——我想起李斯頓——是五五拆帳。

我不知道該問誰，我只相信媽媽，但這件事她也幫不了忙。我知道她會說，「喬治，你是大孩子了，你覺得怎麼對就怎麼做。」

我衡量情勢：反正沙德勒一直在付我的開銷，我領他這份情。如果我跟他簽了約，我就能繼續和李斯頓練拳。如果不簽，就得另謀出路，到頭來還是要簽約，但跟誰簽？在哪裡？與其他找過我的經理人相比，沙德勒安排的比賽較容易接受。跟他，至少在選擇對手時我還有發言權。佛萊瑟（他要在此與奎里一戰，衛冕紐約世界重量級拳王）和其他由公司經紀的拳手，要跟誰打，幾乎完全不能自主。

我簽了。但因紐約這邊認為，二十歲就簽合約太過年輕，我必須把合約寄去休士頓要媽媽簽名。我現在有經理了。

一九六九年六月二十三日，在麥迪遜廣場花園，我在第三回合擊倒華德漢（Don Waldheim）。在此之前，我還以為我是奧運金牌得主這事兒會引起媒體多大騷動。其實不然，我猜是因為職業拳賽裡，得過金牌的隨地都有，這就是沙德勒懂得門道，靠它醞錢之處。我和華德漢的比賽，搶盡了佛萊瑟與奎里之戰的風頭。此後沙德勒更容易安排我出賽——一場接一場應接不暇。

不過，後來我發現，麥迪遜廣場花園可能是唯一給錢多的比賽地點，每次我在那裡打拳，都挺有賺頭；而別處如史奎恩頓市（Scranton）和日內瓦湖市（Lake Geneva）只付我四百或六百元，還有兩百元的；即使稍大些的城市，如西雅圖和邁阿密灘，也沒多多少。沙德勒應該只能拿三分之一，他卻拿走一半。我沒有異議，因爲他的開銷遠大過我的進帳；有幾場拳賽，賺的錢只夠付旅館電話費（打給媽媽）。不過，重點是要打贏——這個我辦到了，而且總是以擊倒獲勝。我勤於訓練，全心投入，每向顚峰接近一步，我就更想向上。

◇

在那個年代，傳統看法主張，訓練中的運動員應該不近女色，說那會令人「氣虛腿軟」。喬路易（Joe Louis）曾親口對我說，每次比賽之前，他至少禁慾一個月。但有一次，在比賽前十天，他被一群朋友架到鎭上玩了一晚，而次日，他說，他跑得更遠，打沙袋也更有力。

「你幹嗎打那麼重？」他的訓練師問。「沒什麼，」路易停下拳頭說，「只不過想把身體練好。」帶著罪惡感和一絲擔心，他一連九天拚命練。

比賽鈴聲一響，他就衝上前，兇猛發動攻擊，兩回合之間在角落歇息時，訓練師問他搞什麼鬼。「只是打拳，」他回答。但他其實是想盡快結束比賽，他說——要在腿發軟，或接不上氣之前趕快打贏。

我當然也不想斲傷氣力，我把喬路易的經驗牢記在心。大體上，避免女色在我並不困難，我沒有車，也自覺在衣香鬢影的派對場合不受歡迎——在東灣的紐頓（Huey Newton）和黑豹黨大本營，每個地方的牆上，都掛著史密斯和卡羅斯站在奧運受獎台上抗議的海報；揮國旗的福爾曼，不合女孩兒的味口。再說我那時也很害羞。

只有一次我向誘惑屈服。在與特恩伯（Mel Turnbow）交手之前十五天，我與朋友介紹的一個女孩——一個漂亮女孩——約會。但後來我後悔，且害怕得要死，擔心會對我這一生造成什麼後果。畢竟，我起步不久，如果輸了，可能拳擊生涯就到此為止；而且，追究起來竟是為了這麼愚蠢的原因，才眞是愚不可及。

次日，我像喬路易一樣，復仇般埋頭苦練。與席卜斯到山坡上跑步（他也將要打同一項排名賽），我在轉彎處打了個踉蹌，來了，我暗忖，那是眞的，我的腿已發軟，喬路易的經驗在我身上重演了。查理回過頭看我怎麼回事。糟糕，他也知道了。

心慌意亂，就這麼簡單。接下來的兩星期，從來沒有拳手比我跳繩更久，打沙袋更重。好像每隔幾秒我就要檢查一次呼吸，看是不是喘不過來？也查一查腿力；慌亂比苦練更令人精疲力竭。特恩伯體型高大，技巧嫻熟，以前常和阿里練拳。我詛咒自己，為何冒那麼大的險？為何屈服？兩星期不夠，我還需要兩星期。

開打之前在台上，沙德勒不厭其煩地叮嚀要點，「不要急，」他說，「上前去，穩穩出刺拳，讓他變被動挨打，打他身體，消耗他。不要想一下擊倒他。」我一直點頭，是，那是以前的計劃，絕佳的計劃——但恐怕不適用在體力衰弱的情況。我一定會上氣不接下氣，他不知道我和那個女孩過夜。

鈴聲一響，我就流星趕月般衝向特恩伯，碰啪碰啪，左右開弓不停出拳，他倒下，我退到另個角落，大口喘氣。耳中聽到沙德勒在講話。

「嘿，老兄，」他說，很擔憂的語氣，「你這混帳在幹嘛？不要急，聽到嗎？不要急，你有機會的，你有機會的。」我點頭說好。

特恩伯一站起來，我像彈弓射出的石塊般躍過去，一失控，把臉頰撞上他的頭，當場顴骨上就腫起一個包，我能感覺到。但不管三七二十一，碰啪碰啪，我知道沙德勒坐立難安。一分鐘後，啪一下！我又擊倒了特恩伯，把他打昏了過去。

今天，腫起那個包的地方還有一個小小的凹印，看到它就想起那次教訓。這是拳擊生涯在我肉體上僅留的一個可見記號。

其後三年，我每月平均打一場多，所以談情說愛方面是乏善可陳。沙德勒是最後一批以大吹大擂手法到處巡迴的拳賽主辦人，他帶著旗下拳手出征一次，大約要五星期，跨三到四個州。他的拳手當中，我比賽最多，因爲我經常很快就把對手擊倒收工：一九六九，七月一日，艾斯丘（Fred Askew），第一回合，擊倒。七月十四日，杜萊爾（Sylvester Dullaire），第一回合，擊倒。八月十八，文普納（Chuck Wepner），第三回合，擊倒。九月十八，卡洛（John Carroll），第一回合，擊倒。不勝枚舉。十二月這一個月內我打了三場，後兩場只隔兩天，而且第二場我打了十回合，才以計點勝。

我比賽如此頻繁卻不是爲了錢；我們的收入靠票房，且常是入不敷出。我是爲了汲取經驗，以求成爲一名完美的拳擊選手。因爲在攀爬重量級階梯的時候，每個拳手通常只有一次機會，他最好隨時準備著全副本事，因爲爬得愈高，對手更強。

◇

一九七〇年二月十六日，我在麥迪遜花園廣場打另一次以佛萊瑟爲首的排名賽。那時我職業賽已經有十四場全勝戰績。那晚，佛萊瑟要向艾里斯挑戰世界重量級拳王，而佛萊瑟在此前半年多沒打一場比賽。至於我，全部只有兩場打滿十回合，其餘的只有一場不是在五回合以內結束。可惜那晚我十回合才打敗裴拉塔（Gregorio Peralta），現場那麼多記者採訪佛萊瑟的比賽，要是我有更像樣的表現，份量一定連跳三級。

賽後我有點不爽，覺得失去一次機會。但沙德勒勸我，一步步慢慢來。「你現在賺不了多少錢，」他說，「不過你正在入行，這才重要。錢將來會有，大把的錢，但你非得先摸清拳擊的門道。」

到八月，我所學到的東西已足夠把丘瓦洛（George Chuvalo）在第三回合擊倒，此君曾與每一個頂尖重量級拳手對壘，不是獲勝就是打滿十回合，而且從未被人擊倒。

沙德勒和我有個默契。他把知道的全教給我，我全力吸收。他教我做什麼，我就做什麼。

我把他視爲率軍攻向柏林的布萊德雷將軍（General Bradley）。

他叫我「孩子」，聽來很貼心，尤其因爲這時的我有點把媽媽擱在一旁；媽媽是會令我分心的一個因素。但我不知道沙德勒叫每一個人「孩子」。不論如何，就是知道也沒關係。我願以他爲師；他在繩圈以外所教的，我也樂於接受。碰到一個最單純又全心想學的弟子，他也把所知的拳擊哲理毫無保留傳授出來。在沙德勒的世界裡，拳擊選手應該提防女色；人財兩失的故事，我聽他講過何止一百個。「每個地方的女人都不一樣，」他說，「你應該拿得起放得下。」

而且不能忽視失敗的教訓。他也舉出上百個令人難過，要我引以爲戒的拳擊場典故——一個個因未把握機會而糟蹋金錢或天分的故事。每個過了黃金時期但還沒有達到顚峰的人，不論是州冠軍、冠軍賽選手，或有實力但機會不好的——都有不用費事即可看出的問題，至少有九成是酗酒。無需沙德勒嚇唬，我也會避免重蹈覆轍，我避之猶恐不及，生怕沾染同樣的噩運。

回想起自己把自己孤立起來這段往事，眞不堪回首。我就像個早產兒，蓋在塑膠罩子裡面避免感染。我躲避一些像那種在休士頓質問我揮舞國旗的「朋友」，不讓任何人與我太過親近，以致又談起那件事。會搾取男人元氣的女人，醉酒駕車被警察射殺等等，都在逃避之列。凡是我認爲想佔我便宜，或是會在我面前掏出大麻煙（那個時期普遍得很）的人，我都敬而遠之。就這樣，我幾乎是樣樣逃避，我必須保住我好不容易贏到的，以及未來將贏得的成就。

我訓練，我比賽，我向沙德勒請益。我也讀書——上千本的書，出征時手提箱裡滿滿的書，歷史，哲學，冒險故事，甚至法律書。

沙德勒認爲，以他的力量，我該聽他的話，把生命交給他；他不了解那只是我的意願。當一個女子介入時（一如歌曲常敍述的），眞象即告浮現。諷刺的是，那女子是沙德勒介紹的。

◇

一九七〇年底，我們去明尼蘇達州的明尼亞波里，沙德勒想弄清楚一個「商業機會」的底細。他老是策劃著一些快速發財的點子。他和一個夥伴計劃買下一家微縮軟片公司，利用聯邦再訓練的基金，雇用少數民族工作，再以七千美元脫手。我也被算進一份，名字並且可以印在公司的信頭上。但他的眞正用意，是利用我的名氣來博取信用。他要帶我這個奧運金牌得主，這「未來的重量級拳王」，向各銀行尋找投資。

他擔心我在明尼亞波里待久會無聊而想回加州，就介紹我認識一位小姐。我興趣缺缺，他便安排了一次約會。她原來年輕貌美。

「哇！」我驚爲天人，値得爲她冒險一次。她名叫艾君・卡洪（Adrienne Calhoun）。我們去跳舞。哇！我從未見過有誰像她跳得那麼好。我涎著臉請她共渡良宵，「不行，」她說。我的失望中夾著鬆了一口氣的感覺，但又捨不得，我要求明晚再見，她說好。到了第二晚，她不再拒絕。好在我沒有比賽。

沙德勒不久就開始擔心我這股迷戀情懷。他又講起女人在拳手生涯中的地位等等，但我不聽，並認爲現在他該了解我不吃他這一套。他不死心，就做了唯一能隔開艾君和我的事：一九七一年二月，他安排我在聖保羅與一個叫波斯頓（Charlie Boston）的拳手打了一場，我第一回合就把他擊倒。

一個月後，艾君與我在紐約見面，一起去看佛萊瑟與阿里的第一戰。場邊報幕員把我介紹爲「下一個頭號挑戰者」。我的紀錄是職業賽二十六戰全勝，其中二十三次是擊倒勝。

賽後，沙德勒敲我的旅館房門。我開門後故意往一旁站，好讓他看到艾君，並問他還記不記得。他滿臉不高興，起先假裝不記得，然後承認，「噢，對了，」他八成想到了場邊報幕員的介紹詞，「那麼，頭號挑戰者，你明天要訓練了。」

我懂他的意思。事實上，這句話太有效，他只要看到艾君和我在一起，一定會說。他有時會稍微換個字眼，千方百計想拆散我倆。

到年底我只比了六場，而只要走得開，我就飛到明尼亞波里去找艾君。我們在海沃或其他城市見面，但都是在比賽之後——而且下一場還未定之時。

當我們更親蜜時，我向她表明，我顯然已經娶了拳擊爲妻。她了解，也講明她喜歡她現在的文書工作，不打算辭去。我們大概打電話的時間比相處時間還多，每天電話不斷。

我不確定，如果不是因爲沙德勒，我會不會娶艾君。我恐怕只爲了讓他知道我自有主張，所以和她結婚。

沙德勒逮到機會就說：「街上遇到的女人，還是把她留在街上的好。這女人有什麼用，她只想要你的錢。」銅筋鐵骨的拳手到頭來可憐兮兮待在家裡，這類典故我聽爛了。「他們碰到女人之前都是好好的，女人拿走了錢，令他們一文不名。」

我早能倒背如流，可還是不信。在我心裡，願天下有情人都成眷屬。我一定要讓沙德勒知道，此女不是拿著鐵鍬淘金，她只是個女人，而我是個有錢男人，如此而已。

艾君對我下了最後通牒，「聽好，」她說，「這樣下去不是辦法，除非你娶我，否則我不再見你。」

於是我們在一九七一年十二月結婚，在媽做禮拜的浸信會教堂。沙德勒氣瘋了。（媽也氣哭了，因爲婚禮總共只有三位賓客，她是其一，另外就是艾君的嬸嬸和姪子，難怪媽這麼氣。）當然，還好艾君未離開明尼亞波里，到海沃與我在一起，否則沙德勒一定更生氣。或許他把艾君留在明尼亞波里，證明他還管得住我。如果他這樣想，他就大錯特錯；他不想想，是因爲我肯學，才顯得他是好老師。而我從未認爲婚姻一事比重量級拳王事業更神聖。

◇

在阿里對佛萊瑟的比賽之前，幾個拳賽主辦人帶我到紐約哈林區一處據說值得一探的爵士餐廳。我們坐到好位子。我環顧一周，地方眞夠大。尼克隊超級後衛佛瑞哲（Walt Frazier）也來了，這位半年前第一次拿到NBA冠軍的「俐落先生」，算得上那時的最佳後衛，我上前去自我介紹。

「噢，幸會，」他漠然以對，「我看過你打你的拳，你看過我打我的球。」

話不投機，到此為止。

佛瑞哲不把我當回事，令我受挫。但好歹我學了一課：成了明星後就不必跟人太熱絡。我銘記在心，以備不時之需——例如，將來我當上拳王之後。

過後約一小時，我看到吉姆・布朗（偶像四分衛）在另一張桌子，我還蠻天真的，我怎能不過去打個招呼？也許有機會坐下來，傾訴他對我的重大影響：要不是他啓發我加入職訓大隊，我恐怕不是死了就是在坐牢。我該怎麼謝謝他？我可以給他看，我學他在電影中所留的小鬍子，說我做過多少伏地挺身，多少仰臥起坐，只因想練成他那樣；或在鏡前花過多少時間，學他走路的樣子。

結果，吉姆・布朗並不想和一個力爭上游的年輕拳擊選手打交道。我只得到他禮貌的微笑，以及不著力的握手，連視線都沒有接觸。

原來明星真是這樣當的。

這就是喬治・福爾曼自我塑造的歲月。我把這塊泥塑成沙德勒要的形狀；捏弄成像書本和電影裡的角色；擠壓它以複製英雄——卻不管他們符不符合我自己的期望。不論如何，吉姆・布朗和佛瑞哲都表演出我想像中「正確」的樣子。如果他們親切而可敬，我也會學；所以，見到他們恰恰表現出親切可敬的相反態度時，我也拿來作榜樣。我的下意識並未說，「他們應待我好些，」而是說，「原來如此」。布朗加上佛瑞哲版的喬治．福爾曼，隔天晚上就現學現賣，在阿里對佛萊瑟之戰的場合展現。

◇

我若想得到挑戰拳王的機會，就必須用心看。即使不是我在台上打，也要像是我比衛冕的佛萊瑟更夠格當拳王，或比阿里更投入——阿里在被取消資格之後四年，正要收復江山。顯而易見的，我在角逐拳王之路上，至少會碰上他們兩個之一——要與一個曾四度當上拳王，已賺八萬四千美元的高手過招，感覺上最後總會功虧一簣。我想當拳王，但老實說，我壓根兒不想跟他倆任何一個打。

佛萊瑟經十五個回合拚鬥獲勝，看得我不寒而慄。我歷經多少難纏對手，難纏的人通常拳技欠佳，但佛萊瑟的難纏是拳王級的，好比一堵牆，多數拳手是東一個洞，西一個洞；佛萊瑟這堵磚牆，卻連一條裂紋都沒有。他打拳有某種節奏，他吞得下重拳，像電動遊戲的小精靈，再多豆子都吞得下。你愈打他，他愈來勁。如果你打空了，就換他發作。有時他會從蜷屈姿勢突然彈起，照著你下巴就是一拳。他的左拳犀利，沒有破綻，我找不出弱點。

我和佛萊瑟之間惺惺相惜，他顯然希望我輸給別人，失去挑戰者地位。因爲之後兩年，他一再拒絕跟我打。在阿里之後他又兩次衛冕，我都在場邊激他。

「跟我打，」我要求。

「會輪到你的，孩子，」第一次他這麼說。「隨時候教，小子，」第二次他說。但他只是在應付。沙德勒說，「要跟佛萊瑟打，只有擊敗阿里，那時他自己會找上我們。」我覺得不對——不必要的冒險，我不願意去想，我必須把他們兩個都打敗。我希望他們最好一起封拳退休。

我那年的七場比賽都是提前獲勝。兩次在第一回合結束，兩次第二回合，三、四回合各一次，只有一次——又是對上裴拉塔——打了十回合。次年，一九七二，我全部五戰都在第二回合獲勝，二到五月連打四場，然後到十月才打第五場。

沙德勒全心全意想製造一場冠軍賽。他沒有問我，就與歌手芭芭拉·史翠珊的經理艾利克曼（Marty Erllichman）合作。沙德勒說，此人與各大公司關係很夠。我不懂大公司與替我找冠軍賽有何牽連，他解釋說，艾利克曼正居中牽線，安排我當福特的廣告代言人，類似可口可樂與阿里簽約。理論上，我在電視上出現得愈多，拳迷就愈多，拳迷愈多，要我與佛萊瑟一戰的聲浪就愈高，對佛萊瑟而言，這是難以拒絕的大撈一票機會。我不能說這個邏輯不對，但仍認爲一派胡言。那時候我就知道，不先當上拳王，沒有人會得到廣告；他們是在本末倒置，並在空中畫個大餅賣給沙德勒，他再轉賣給我。

我的直覺反應是不簽。我們一路走來，沒有人佔過我便宜，或收買插手的權利。沙德勒力主簽約。我想他是因爲佛萊瑟拒絕而受挫，企圖攪和看看有什麼變化。而且，毫無疑問，不論我贏或輸，他都有一大筆收入，這也是他考慮的一部分。爲了交換我拳賽全部附屬收入

（包括廣告費，和閉路電視轉播）的一半，艾利克曼集團要付我高額年薪，為期十年。

這錢對我是夠誘人的，我要為媽媽著想，為我妻子，還有即將出生的寶寶著想。我三月間趁剛打贏一場，距下場拳賽還有五星期，而在明尼亞波里住了三天，我妻顯然是在那時懷了身孕。

於是我勉為其難，簽了賣身契。

當大餅硬是不從空中掉下來，艾利克曼即把合約轉賣給東岸一個商人集團。沙德勒仍說轉賣於我們有利，把它比作銀行間的質押買賣。他說，「支票從哪裡來，有什麼分別？」

我還是沒有在任何廣告中出現，也沒享受到任何大型的公關造勢。但等到十月，我們聽說WBA（世界拳擊協會）已在向佛萊瑟施壓，要他不能再不理會號挑戰者。

與索雷爾（Terry Sorrels）在鹽湖城交手之前，我週末在當地職訓大隊中心訓練。博士在普利生鎮中心關閉之後，調來此處。自從為那假合約不歡而散，我們這三年形同陌路。見到他，我不僅察覺到短短時間裡我變化多大，自己多麼關心他，我暗下決心，一旦當上拳王，我一定拉他共事。

到踏上擂台迎戰索雷爾時，我已經閒了五個月。不過比賽結果還是老樣子——第二回合擊倒。賽後，沙德勒把我喚到一個角落。

「今晚沒多少人來看，」他說，「不過你還是有進帳。」他看看左右沒人，就數起二十元鈔票來，「一，二，三，四，一百。一，二，三，四，兩百。」

看著他數錢，我忽然反胃起來。這就是我的夥伴，我的經理，我的訓練師，戴一頂邊緣蜷起的迪克・崔西帽子，好像在街上打劫之後正在分贓似的。我覺得太過草率。在這當兒，我與他的全部關係，以及那個公司合約，都顯得不對勁。他怎能把我納入這麼一樁買賣？我絕不能再和他合作下去。

當然，我們合約仍在——但只剩下幾個月了；合約期滿，我要永遠擺脫沙德勒。所以當佛萊瑟終於答應一戰時，我藏起不高興，投入訓練。大賽定一九七三年一月二十二日在牙買加的京斯頓舉行，我只有兩個月多一點的時間，為挑戰最強的對手作準備。

◇

訓練歸訓練，和沙德勒在一起還是不舒服。我必須另找一個像他這樣能幹強悍，但信得過的人。甚至在我上電視為這場拳賽打廣告之前，對他的嫌惡還揮之不去。這令我分心，有害無益。

這時我看到了我需要的人——全能的經理，安排行程，做朋友，當顧問，此人無所不包。他這時是詹姆斯，布朗（James Brown）的經理。詹姆斯也在上這個秀。

我一九六九年在拉斯維加斯初見此人——摩爾先生，直到他逝世我都這麼尊稱他。當時我正在參加李斯頓排名賽的副賽。詹姆斯・布朗則正在參加拉斯維加斯的歷史盛事「希爾頓」。每天我都看到摩爾先生在旅館餐廳裡擺龍門陣，所有人他都認識——特別是名流。我有時坐下開他玩笑，他不以爲忤，但也不特別注意我。不管對誰，他都笑呵呵開玩笑，用形影不離的一架昂貴尼康照相機不停拍照，裝進他幾十本相簿裡。

我去打招呼：「嗨，摩爾先生。」我還不知道他的大名。「記得我嗎？我是喬治·福爾曼，奧運金牌得主，記得嗎？我們幾年在拉斯維加斯見過。」

「呀，呀，」五十來歲，胖大的他若有所思。「你過得如何？喬治，」

「很好，嘿，我要和你談談，因爲我就要成爲世界重量級拳王了。」

「呀，好的，」語氣好像這句話他聽過不止一次，「當上拳王時給我打電話。」

「我會的，」我說，「下個月我當上拳王就打給你。」

我佩服這個人。爲什麼，我說不上來；那是本能的感覺，我的生活中需要像他這樣的一股力量。

與佛萊瑟的比賽一天天逼近，我對公司合約愈來愈清楚，也更加不滿。我仔細研究那些小字，並做了些計算，發現東岸那些傢伙分到的比我還多；我最多只能拿到十萬。怒氣一直積壓，終於達到沸點，最令我生氣的是，沙德勒竟敢接受這樣的合約，他沒有爲我著想。

我從紐約雇了幾名律師。在雙方主辦人與牙買加總理曼利（Michael Manley，他推動這場大賽，打算讓牙買加出風頭）協商當中，我宣布不跟佛萊瑟上擂台。即使目標已近在咫尺，我還是決定掉頭，不讓這些不用每天清晨五點起來跑步的傢伙中飽。聽來瘋狂，我決定不打拳了。

這表示我需要另謀生路。

我打電話給朋友及有時充當顧問的歐菲爾，希望他在里頓工業幫我找一份工作。他說，我從墨西哥市這樣一路走來，好長的一段路，第五區的日子就更不用提了。而且，把千載難逢的機會丟棄，未免對不起以前所下的功夫。

「是沒錯，」我說，「但我不能讓這些傢伙得逞，我才不要步上喬路易的後塵，如果一輩子打拳卻乏善可陳，我寧可不打。」

「嗯，」他說，「我看，你只有去打，而且要把拳王頭銜贏到手。你先擊倒佛萊瑟，再回來到法院上討回公道，我覺得，任何一個法官都會站在你這邊。」

歐菲爾或許察覺了我的行爲模式。畢竟，當我在墨西哥市拒絕出賽爭奪金牌時，他也在場。他不會從這場拳賽撈到好處，應該信得過。他關心的是怎樣對我最好，不是他自己的私利；而且不論多大的酬庸，他也不要我受傷害。如果他相信我能打敗佛萊瑟，我就能。他不知道我多麼需要信心，我已經把他對我的信心轉化成我自己的信心。

「你眞的認爲我會贏？」我這是在問拳賽或是官司，連自己也分不清。

「絕對會。」他說。

這番話，促使我去鬥佛萊瑟。

# 第五章　我的兇狠像呼吸一樣自然

「我再也不要信任沙德勒。」我告訴席卜斯，「我不要他當我的訓練師了，你認爲如何？」

「這個嘛……」席卜斯在動腦筋。「我不要跟他一道工作，」我又說一次。

「你何不另外拉個人進來？沙德勒可以靠邊站，只做經理的事。」

「拉誰進來呢？」

「我知道一個好人，」席卜斯說，「亞契・莫爾。」

這個亞契・莫爾（Archie Moore），曾經也是世界輕重量級拳王，到五十多歲還在比賽。但我那時不知道沙德勒也訓練過莫爾，而莫爾則訓練過業餘時期的卡西爾斯・克萊，也就是日後改名叫阿里的選手。

席卜斯找到亞契並且安排會面，好讓我當面解釋問題所在。「你能幫我嗎？」我問他。

「我願意幫你，」他答。

「多少錢？」這是我第一次談生意，從沙德勒手中接管自己的事務。亞契還沒回答，我就講出一個數字。他不肯。我再提出一個金額，打贏時外加豐厚的分紅，這次握手成交。「我一星期跟你六天，但星期六不行，」亞契說，「我是安息日會的教友，要上教會。」

他把我照顧得非常好，每天練習前後，我都躺在舖著乾淨床單的訓練檯上，由他按摩全身。這種感覺令我陶陶然，還未開打就像一個拳王了。

「你是在角逐重量級拳王，老弟，」亞契說，「機會難得，超乎你想像，你我年歲加起來，都不及拳王之戰歷史悠久。」

我想起小時候父親的話，「比強森厲害，出拳像丹普西。」我開始對於即將投入的拳賽心懷敬畏，但我仍然沒信心：你憑什麼爭拳王？佛萊瑟和阿里這幾個傢伙都是神奇的；你不神奇，你跟他們沒得比。

這種造成我懷疑自己的心理訓練，比肢體訓練更重要。亞契是過來人，穿過短褲和帆布鞋；他的話是經驗之談，我奉之爲聖經。他講到我要怎樣揍那個「…」佛萊瑟，出口又惡毒又卑劣，並硬要我相信。那一陣子，我是活在他的勇氣當中。

「你碰到佛萊瑟時，直視他雙眼，」亞契說話的樣子如在低嗥，咬牙切齒。「你頭不要動，盯著他眼中你的影子，你聽到沒有？」

「聽到了。」

「你聽到沒有，」

「我聽到了。」

我本來就一直是以威脅的眼光狠瞪我的對手，但從來不曾顯示那麼多的恨意。恨，就是亞契認爲要當拳王必須擁有的素質。只要有恨，不管你多無知，多沒有自信，恨意都會變成一股強大的驅動力。誘發恨意不難，我只要想起回國後就要面對的官司即可，一想到這官司，我立即血脈賁張。

◇

等到我抵達牙買加的首都京斯頓時，我的兇狠已像呼吸一樣自然。賽前過磅那晚，我用冷厲的眼光瞪佛萊瑟，試著照亞契的方式搶上風。事實上，我談不上不喜歡佛萊瑟，他也一向敬重我。而現在，我瞪了他才幾分鐘，他就發起火來。「老弟，你這把戲我看多了，」他隔著場子喊，「少來，我一脚把你『…』踹回家。」他朝我跨步過來，好像現在就要幹一架。

過程中亞契都站在我後面，爲我按摩脖子。佛萊瑟直走到我面前——走到不致顯出他比我矮十公分的地方。「我應該現在就殺掉你，」他說。這情景似曾相識：莫道克和伊奇布，我在休士頓退縮的那個晚上。佛萊瑟踩上了一顆塡裝仇恨的地雷。我立即暴跳起來，「閉嘴，」我叫道，「你敢再講一個字試看看。」

如果他繼續罵，或不出聲地瞪，甚至掉頭回他的坐位，我都會認爲他在玩相同的把戲。但他說，「你不能叫我住嘴。」他不該有那麼禮貌的舉動，暴露了裝甲底下的怯意。

那天下午，幾個好事之徒來報信，說星象顯示時機已成，喬治．福爾曼就要成爲拳王。然後我又聽說，佛萊瑟已開始在晚上捧讀聖經，而不是扯淡或打牌。我信心大增，直到不小心看了一篇報紙報導，預言一九七三年一月二十二日某時某刻，「你會聽到『碰』一聲，那是喬治・福爾曼倒地發出的巨響，他找死，去鬥佛萊瑟。」一看之下，我又冷了半截，信心三百六十度轉彎，全部從大門溜走。

老哥，我不該看那篇東西的。佛萊瑟是歷來最偉大的拳手之一，被叫作「燙手喬」絕非浪得虛名，我看過有些叫得出名號的人，狠狠把佛萊瑟揍得看來已經半死，然後他卻突然振作起來，好像從所挨的每一拳中吸取了力氣似的。馬提斯在前九局滿擂台追著他打，第十局卻遭他擊倒。燙手喬，一個打不敗的人。二十九場比賽，二十五次擊倒對手。

世界重量級拳王賽，座無虛席，冠蓋雲集：霍華・柯塞爾（Howard Cosell）就在場子右邊。我走經過道，上階梯到擂台時，怕得雙膝抖不停，不得不跳來跳去，因爲若我站定的話，大家一定會看見我兩腿抖顫得像果凍，或許就會取消比賽，他們不會讓怕成這樣的人打拳。

佛萊瑟，大家愛戴的拳王，在沸騰的喝采聲中彎腰從繩圈間鑽進擂台。我第一次眞正身歷其境。拳王賽眞的比生命還大——超乎想像，亞契這麼說過。我感覺好像是看一個叫做《世界重量級拳王爭霸擂台》的電視節目看了很多年，突然自己跑進節目當中。佛萊瑟那個角色就在眼前，與螢幕上完全一樣，剛強，石頭般的臉，同樣的鬍渣，同樣跳上跳下放鬆肌肉。我在第五區碰過一些傢伙——外表看來像阿里，打架以多欺少，或動刀子；我也看過像佛萊瑟這樣，別人不會無故招惹的角色——以一當十，拳頭如重砲。

亞契站在我後面，按摩我的頸子。「看著他，」他下令，「看著他，瞪他，看進他的眼睛，在他的眼睛裡找你自己的身影。」

我顫抖著膝蓋，舉步唯艱地走到擂台中央聽取裁判指示，我用力跺地板幾下，試圖讓腿穩定。佛萊瑟和我終於面對面了。我捕捉他的眼睛加以鎖定。亞契教過我，在這種瞪眼比賽中，如果令對方先移開視線，你就贏定了。但在此時，如果佛萊瑟先示弱低頭向下看，他就會看到我膝蓋在發抖。我一直告訴自己不要怯場，但兩個膝蓋硬是不聽。

這是看我表現的時刻，但我惶惶然不知所爲何事。這些年來，我大吹大擂要當世界拳王，聲稱可以擊敗任何對手。現在我想把那些話全部收回並且道歉：「我並不當眞，沒錯，我講過這些話，但只是說著玩的，我並不想和佛萊瑟過較量。」他不是阿里，阿里會踩著他出了名的花步閃躲對手；眼前這個佛萊瑟可是會緊追對手不捨，是個會逼人到角落裡飽以老拳的獵食者，對佛萊瑟你只能認輸，別無他法。

不過，儘管膝蓋打抖怯場，我還是對這個現在沒有自信的人懷著信心，我相信這個克服過一兩次逆境的人。你是和一個想傷害你的人一起在擂台上，你不會讓任何人傷害你，喬治，知道嗎？你要和任何想打你的人鬥一鬥。

鈴響前，在角落裡，沙德勒說，「去！先打他一拳，好像立刻要抓著他打的樣子，但是一拳後馬上停止。」

我照辦，上前虛晃一拳，馬上退回擺好架勢，我刺了幾拳之後，突然佛萊瑟亮出絕招——不知擊敗多少對手的左鉤拳，呼嘘一聲！沒中，好一顆子彈。行！現在我們認識了，有名的佛萊瑟打出了一拳。

亞契和沙德勒教我的，我一直勤加練習的身手開始源源而出。佛萊瑟又揮出一拳，我撥掉一半。我打出一拳，被他擋掉。我出刺拳，再刺，再刺，決定抽冷試一次上鉤拳。碰的一聲，佛萊瑟倒下了。

我滿驚奇的——而且擔心。佛萊瑟倒下，代表他會被激怒。但在我接近三年的職業拳賽中，沙德勒教我的全是擺平對手的招數，而我又是個終結者。佛萊瑟站起來時，我又賞他一記上鉤拳，令他跪倒在擂台上。

直到第三次把他打倒，我才眞正覺得佛萊瑟有麻煩了。第五次擊倒他時，我望向德爾罕（Yank Durhan），佛萊瑟的經理兼訓練師。「還行嗎？」我問，他未回答。佛萊瑟顛晃得厲害。「好吧，讓我來結果他。」如果沒有別人爲他作決定，那就只好打到他爬不起來。結果，到第二回合裁判制止比賽時，他一共倒下六次。眞糟糕，他們讓比賽進行那麼久，但裁判所以讓比賽繼續，也許是因爲他和大家一樣，認爲不管比賽開始時如何，到頭來一定是我力氣放盡，而佛萊瑟會像對付馬提斯一樣的對付我。

過了一會兒，我才舉起雙手。拳賽本身令我精疲力盡，以致多花了些時間才回過神來。我已經當上電視劇世界重量級拳王裡的新主角，那些個若是我輸就會棄我不顧的人，現在爭相要當我最好的朋友。在「拳王！拳王！拳王！」喊叫聲中，我聽到有人說我是「人中之龍」。一下子我像坐上了魔氈，來到另一個世界，而對於一個缺少眞心朋友，又沒什麼道德方向的二十三歲年輕人來說，這個新世界很快就變成一處鬼屋。覺得能夠打敗任何人並不正常，把這事兒當眞，也不切實際。

◇

我帶上更衣室的門，大聲禱告了一會兒，感謝每一個有助於我成爲拳王的人，念出他們的名字——甚至包括沙德勒。在勝利的榮耀中，沙德勒不再是我的沙德勒——因我已有了亞契——但沙德勒仍可當我的朋友和經理。

以我現在的標準，我那次禱告眞是微不足道。諷刺的是，在那以前的所有比賽，我都「禱告」沙德勒遭受鞭笞，想像著他如何如何被碎屍萬段，以此激勵鬥志。沙德勒這瘋子，會在咒罵發誓並口沒遮攔吐盡所有髒話時，突然抓住我的手說：「我們來禱告」。才禱告一會兒，他又加上一段不堪入耳的謾罵作爲結束。而現在，沐浴在勝利的榮耀裡，我盡釋前嫌，不把他當敵人。

我到這時刻才對剛降生的女兒米琪（Michi）感到喜悅，她在十六天前來到世上。我從未想過要小孩，坦白說也沒有計劃要生。現在回想起她的小臉，平靜和高興油然而生。還是記者拿給我看從明尼亞波里電傳來的照片，我才初見米琪的模樣。艾君生產後和我通過電話，我也聽到米琪的哭聲，但那時我的心思被別的事佔據，就像我曾對艾君說過的，拳擊是我的大老婆。

不過，我一眼就認得米琪，在我們兩個都還沒有出生的時候，在前世，我們就已經相識，這是我的寶貝，我美麗的小女兒。

我後來因爲一些法律手續必須留在牙買加幾天。我參加了京斯頓一家夜總會爲我舉行的慶功會。佟京（Don King）也在場，「喬治．福爾曼，拳王。」他不斷奉承，一直送酒過來。當然，我只喝可樂。不知何時，全牙買加最好看的女人已坐在我身旁，我覺得飄飄然，一點也沒有想到她的興趣不在喬治．福爾曼，而在「重量級拳王」喬治．福爾曼。

◇

回美國的第一站是休士頓，然後才到明尼亞波里，去看米琪。學會換尿片之後，新的世界重量級拳王就開治爲他的小寶寶擦屁屁，撲粉，洗澡和換衣服。我愛上了這個小東西。但是甜蜜中也有苦味——如此疼愛米琪，讓我體會到我對艾君的情感竟比不上。這當中也有愧疚的成分。

拳賽結束在京斯頓那個晚上，我欺騙了艾君，心中羞愧無比。我使自己和婚姻都蒙羞。我既難過又失望，因爲我知道自己做了破壞家庭的事——在尚未把米琪抱在懷裡之前，我甚至不知道我要這個家庭。我記得那晚事後必須把衣服全部扔掉的感覺，淋浴再久也洗不回乾淨。由於自慚形穢，我不讓妻子碰我。艾君顯然感到不對勁。但剛有了小孩，丈夫又當上拳王，這是非常時期，很容易把困惑和絕望搞混。

我只在明尼亞波里待了一星期，就回到在加州海沃所租的小房子。不用幾週，我已變成典型的重量級拳王——凶神惡煞的樣子。如果有人在餐廳問我要簽名，我會說：「拜託，你要我在吃飯時停下來，爲你簽名？」並把眼光惡狠狠四下掃一遍。這和通電圍籬阻止閒雜人等進入，是同樣有效的招數。原來名人是這樣幹的，我自以爲是在學吉姆・布朗和佛瑞哲的樣兒，那晚的記憶栩栩如生。我沒想到，如果他們當時接納我，我就會成爲一個友善的拳王。反正我要吃到苦頭，才曉得應該好好待人，因爲報應很快就來到。

在班尼斯特（Roger Bannister）之前，沒有人在四分鐘內跑完一英里，但他開例之後，接二連三就有人跟進。背叛妻子也像這樣，第二次比第一次容易，第五次簡直已經易如反掌。女人紛紛投懷送抱，我出軌時愈來愈心安理得，界線已經只剩一道模糊的印子。畢竟，我小時候就是靠著身邊的人來引人注意，而漂亮女人比比皆是。「嗨，喬治，」她們會說，「我可以坐下來嗎？」可以，可以，愈來愈可以。甚至有人直接找上門來，敲門：「哈囉，喬治・福爾曼是不是住在這裡？」

可是我愈不忠，就對艾君愈慚愧，漸漸不敢直視艾君的眼睛。如果不是想親近米琪，我可能根本不回明尼亞波里，或是把艾君接來。看來似乎得離婚了。

◇

某個晚上，艾君和米琪都在海沃與我在一起，我請附近教會的老牧師過來，大家都稱他「胖爹地」。我對艾君說：「他或許可以給我們答案。」他在艾君和我之間坐下，我就把已向艾君承認的事情和盤托出。我說：「最痛苦的是，我不喜歡覺得自己是個壞人，而每次我見到艾君，我就有這種感覺，我也不喜歡把別的女人當成比我妻子低下。」這個想法，出自一個邏輯混淆的年輕人，但比那位牧師講的話更有常識，也更實際。

胖爹地請艾君到廚房拿點吃的，支開她之後，他就用他的智慧開始說教。「聽著，喬治，」他說，「先有男人，再有女人，男女有別。男人眼中的負擔，在女人眼中不是。男人就要像男人，你懂我意思吧？」他把手掌一拍，講出他的辦法：「只要別把事情帶回家就好。」

我啞口無言，這哪算幫忙。如果宗教是這樣，我幹嘛信它。他甚至沒有要我衡量，比較愛事業還是孩子，也沒有指出我是在摧毀家庭。反而說，我想吃多少餅乾就可以吃多少。

「但它困擾著我，」我不死心。「只要別把它帶回家，喬治。」艾君從廚房回來，胖爹地起身要走，「就這麼辦，」他說，「你們自己解決，不需鬧到離婚。」

他走之後，艾君想知道他的高見，我告訴了她，並且說：「我做不到，我不能因爲是男人就不同，我覺得這不是答案。我快瘋了，非解脫不可。」一種打從心底的無知，促使我迅速作決定，我以爲可以離開艾君但保有米琪，從未想到過小孩也屬於母親。

艾君死也不肯離婚。於是，介於胖爹地的別當一回事和艾君的不計代價委屈求全之間，我的苦惱找不到出路。然而我的內心又隱約覺得活該——就算我是世界重量級拳王，就算大家都認爲拳王可以不按規則行事，我還是覺得苦惱。

能跟誰談？媽媽不行，首先，我沒臉見她。我寄錢回家，並且支付弟弟洛伊在加州上大學的費用，部分原因就是要她認爲我已經成熟。我自己知道自己不成熟，但我要維持我在她心目中的成熟形象。無論如何不能向她吐露。身爲重量級拳王，我有如孤伶伶在外太空一片雲上，和底下的衆人隔絕。我想到媽媽坐在我買給她的新房子門廊上，等著電力公司的人來接上開關，那是她贏得的冠軍大獎，她現在什麼都有了——只沒有兒子。貧窮讓我們團聚，富裕卻把我們分開。她現在要找我，必須透過電話留言系統。

孤獨又無所適從，我一個勁兒要離婚。這時艾君和我開始變得水火難容。我們惡言相向，過了一年多終於離了婚，其間兩人沒講過一句好話。我想起爸爸和媽媽，他們見面就吵。男人絕對不可動手打女人，我警惕自己，同時想著父母的情景，以及兒時玩伴查爾斯，他父親經常毆打他母親。我聽過他們爭吵打架，也看過警察來。查爾斯常說，「我要宰了那個人。」

「你如果強壯了，可以殺男人，」我告訴過查爾斯，「但絕不可打女人。」

一九七三年九月，我在東京打首次衛冕賽，挑戰者是喬・羅曼（Joe Roman）。東京報酬最高，賦稅最低。而在我對他飽以老拳之後，也有很值錢的發現：我威力大到不打下巴也能令人倒地。我拿他開刀，看看如果打他耳朵上方會怎麼樣——轟！他成了我的人體試驗品。打在頭上通常效果不彰或毫無效果的拳頭，也可以把他擊倒。我還在他往地上倒時跟進再打，我變成了某種兇殘的東西。拳賽第一回合，他倒在我脚下時即告結束。我仍虎視眈眈不想罷手，直到裁判把我推開。當他舉起我手臂時，我笑都不笑。我滿腦子想的是自己拳頭一擊的力量，想著自己是拳頭力道最強的打擊者。看我這樣，難怪觀衆噓聲四起——對世界拳王開汽水。稍後，我對記者的問題一概答以「對」，因為我還沈迷在自己的神力當中。超人的邪惡雙胞胎，難怪大家開始認為我是殺手，我做得太像了。

然後我又碰到吉姆·布朗，並又偷學了一課。我去太空巨蛋，看所謂的網球兩性大戰——金恩夫人（Billie Jean King）對瑞格斯（Bobby Riggs）之賽。吉姆就坐在附近，這回我就裝著沒看見他，我可不讓自己再被踐踏。事實上，我故意恨他——直到他過來打招呼。「嗨！老哥，」他說，「你把那些傢伙都擊倒了，哇！」我可樂了，他忘了我在夜總會毛遂自薦的事，現在對我伸出了友誼之手，英雄惺惺相惜嘛。

◇

那年九月，我去看諾頓（Ken Norton）和阿里在洛杉磯的拳賽，那是他們那年第二次交鋒，諾頓六個月前打贏第一場，兩人都想得到與我一戰的資格。為了提高收視率，ABC邀請法蘭克辛納屈去作彩色電視轉播，也請我去對鏡頭講幾句話。當我抵達時，看見布朗的顧問摩爾先生。自從將近一年前那次電視秀後我就未再見過他。布朗一定也來了。

「嗨，摩爾先生，」我說，「記得我嗎？記得我說過要當重量級拳王嗎？」

「當然記得，」他說，「我怎麼找你？」

「我在海沃，加州。但你一定找不到我家。」它是一棟小房子，但附近沒有別的建築物，你不知道在哪裡，就很難找，所以我把電話也給了他。

「在海沃，沒有我找不到的東西，」他說，「我的名字就叫海沃・摩爾（Hayward Moore）。」

果然，過了幾週，海沃・摩爾來敲門了。方向感一流，可是時機不對。我開門時，手上抱著米琪。

「我現在不能跟你談，」我說，「我正要離婚。」他看到玄關有隻大皮箱。「你要去哪兒？」他問。

「休士頓，」

「從哪處機場去？」

「奧克蘭。」

他眞有辦法，訂到了我和米琪隔壁的座位。這個辦事積極的傢伙。他肚子太大，向空服員要了一段延長安全帶。

從那天起，摩爾先生就跟了我，直到他去世爲止。我們常常通宵長談，再次擁有朋友的感覺眞好。在休士頓和我一起長大的哥兒們查理和洛伊，都已離我而去，說我變了。他們沒錯：我已菸酒不沾。

別人看摩爾先生，好像他頤指氣使惹人厭。在我看來，那只是他講話的方式，他不是眞心如此。常有人問我爲什麼容忍他，我是在友誼之外更需要他的意見。

「你爲喬治做些什麼？」他們問。

「我不爲喬治做什麼，」他說，「我幫他花錢。」

由他幫忙，我在加州利沃莫（Livermore）買了一處佔地五畝的美麗莊園，是我曾擁有的最美麗的家。就算我沒有再賺進一毛錢，那莊園也是一項聰明的投資。而我就是要聰明的投資，因爲我這個重量級拳王相信，用折扣價買下的任何東西，都帶有失敗的氣味。相信我，花錢我學得很快，喜愛豪華且高級的汽車是我最大的弱點。（對衣服、珠寶、女人和動物，我也一擲千金——特別是狗，我曾花兩萬一千美元買一隻狼狗。）摩爾先生是我認識的人當中最聰明的一位，或許他見多識廣，他的建議初看不怎麼樣，但時候一到就突然很管用。

舉個例子：某晚，我們在好萊塢一家喜劇院看李察·普萊奧（Richard Pryor）表演，沒有人比普萊奧更能逗我大笑。只要有機會，不管普萊奧在何處演出我都會去。節目後，普萊奧找上我：「我要你到我家來，從未有別人來過，請務必賞光。」他給了我地址。我沒有告訴摩爾先生，因爲我怕他的粗魯把人嚇跑。（約一個月前，一位女士在山米·戴維絲家中對我說，如果我要到她家，不准帶摩爾先生。）我開著我的拉風敞篷車赴約，抵達他家後，我敲門，期望他親自迎出來，然後我們坐下來談話，讓我疏解他的孤寂。

窺孔打開來，一個不是普萊奧的聲音問我是誰。

「我是喬治·福爾曼。是普萊奧要我來的。」

門打開來，裡面是一個鬧哄哄的聚會，中間桌子圍著幾個人，桌上一個鞋盒盛滿了白粉。我幾乎驚慌失措，這時我想起摩爾先生的話，他告訴過我，萬一我碰上這種場合，只要故作鎮靜一會兒，「坐下來閒扯幾句，然後就走。但要從容自在，這樣，如果有事發生，警察來了，他們也不會懷疑是你告密。」

普萊奧抓住我的手臂，「多謝賞光，老哥。」他騙了我。「不客氣。」

他把我介紹給前廳所有的人，然後指著粉末。「不，謝了，」我說，「給阿里好了，因爲我在訓練中。」引起了哄堂大笑。

「那麼，你自己玩一玩，」普萊奧說。

我隨意走到後面房間，只有電影明星的毒品供應量能多過這兒。佛雷迪・普林茲（Friddie Prinze）在打撞球，他說：「喬治，我的偶像，打我，老哥，來呀，打我，打我，我只要被拳王打一打。」不必說，我沒打。我笑，當然他是開玩笑。幾年後，他吞槍自殺了。

我又走來走去一會兒，笑一笑，互相打趣，保持冷靜——腦子裡鬧鐘上緊發條，等時機一到，我就告辭，急急離開。如果那個聚會被警方查獲，我的事業和生活就全毀了。

回到旅館，我告訴摩爾先生來龍去脈。「你這個大土包子，」他叫道，「我不是警告過你，永遠不要去這些人家裡嗎？」

後來我從未再犯，甚至拒絕過歌手馬文・蓋依（Marvin Gaye）的邀請。我還是透過摩爾先生才認識此人的，我頗仰慕他。蓋依絕對不是拘泥守舊的老古板，但他知道我是。當我告訴他，我聽說錄音工作室的利潤多好多好，有意買下一間時，他指點我：「如果你要一間好錄音工作室，且要做得有聲有色，就必須由著他們去。」

「你是說？」

「你知道的，喬治——嗑藥呀，特別是那些搖滾歌手，他們付大錢用錄音室，放鬆一下是應該的，你要替他們把風警戒。我不是澆冷水，但事情就是這樣，你不用淌這個渾水。」

我才不呢。我看過毒品和酒精摧殘我的朋友所造成的醜態，甚至我大哥桑尼也是。我回休士頓看媽媽時，撞見他站在外面，襯衫沒紮進褲子，蓬頭散髮，舉著一隻半品脫的瓶子灌威士忌。看這個以前昂然的大丈夫像個流浪漢般大口灌黃湯，眞覺得可憐。當他終於看到我時，笨拙地把酒瓶蓋回去，企圖往後口袋裡藏。我說：「老哥，你怎麼搞的？」

「沒什麼，」他說。是啊，沒什麼。現在我明白爲什麼每次我在電話裡提起，從職訓中心回休士頓時，要像桑尼一樣努力工作，養家活口時，媽總是支支唔唔的。「兒子，」她說，「你做你自己就好了。」我還以爲她是鼓勵我——而不是隱瞞什麼。但眞象呢，現在我知道，早在當時，他已經沈淪於杯中物。我看到他時，他已經妻離子散。

「我來照顧你，」我說。次日我就派一部豪華轎車到工地接他，並對他說，即日起他爲我工作。我帶他到莊園，要醫生替他體檢，過了好久，他才能再中規中矩工作。其後，他不嫌累的替我處理事情，即時有時喝喝酒，也不妨礙工作。一九八六年，我已退出拳壇數年，他向我借了兩百元，「我知道這不對，」他說，「但我實在需要它。」一年後，我復出時，他還沒有還錢。他說，「我會每天給你按摩，整理你的衣服。」他也這麼做了。然後他又開始爲我處理事情，成爲一個負責任又上教會的人。一九九一年他中風一次，就在我和賀立菲（Evander Holyfield）爭拳王之前。所幸，那一場拳賽我賺的錢他分到一百萬美元，所以兩年後他五十二歲時，一連串中風要了他的命，他的妻小還算生活無虞。

◇

毀了佛萊瑟之後，我沒想到還有人懷疑我的拳技。但硬是有「喬治打的是個爛腳色」這類的批評。解決羅曼之後，又有人說，「他幹嘛這麼害怕？」

我明知這叫樹大招風，卻無法釋懷。在很多方面，我還是第五區的那個孩子，不斷打鬥要當叢林之王。即使只剩最後一個人質疑，我也要他心悅誠服。我打定主意要宰掉一個這樣的傻瓜，然後大家就會閉上嘴巴。

我選中的「傻瓜」是諾頓，他剛在一場點數接近的比賽中輸給阿里，不過，我在場邊目睹，在我看來，裁判判決錯誤。那年春季，諾頓贏得第一戰，而且打裂了阿里的下顎。雖然阿里因為贏了第二場，躍為頭號挑戰者，他本人卻並不急著要和我交手。那也可以，在我看來，諾頓那時是比較好的一個：兇悍，而且，強壯得多，塊頭也和我相稱。他該得到挑戰機會。此外，宰了這樣一個對手，我一定會得到舉世的敬畏。

那是我的想法，其實，我到底需要什麼，我是一無頭緒。我感到可怕的空虛。照理說，下個成就——上次是當上拳王，現在是揍死諾頓——應該能為我彌補這種空虛。但事實上，成為拳王後，空虛感卻更強烈——以為贏了就大功告成，實則不然。於是惡意填補了空虛，我心地變得愈來愈壞，練拳的夥伴遭我兇猛毆打。為了對前妻示好，以博取週末與米琪相聚，我也必須極力自我控制才做得到。

不過，我的舊金山律師群傳來了好消息，他們利用一個法律漏洞，幫我廢掉了公司合約。他們發現，職業拳手的所有合約都必須經由居住州的拳擊委員會批准；而我這份吃人合約並沒有這道程序。我巴不得歸還合夥人一年半前預付的全部款項，並拿回他們從佛萊瑟及羅曼這兩場比賽所分走的百分之五十鉅款。比拿回錢更爽的是感覺——我不再是受賣身契束縛的傭工。有趣的是，儘管我對沙德勒有所怨懟，認爲他的指引錯誤，但恢復自由使我的憤怒立即消除了大半。在佛萊瑟之戰前，我已解除了沙德勒的經理職位；亞契進來後，沙德勒只是名義上的訓練師。現在官司獲勝，我發現自己想重新展開我與沙德勒的關係。訓練時，我愈來愈聽沙德勒的建言，愈來愈少聽亞契的。這是我一貫作風，誰是新寵，我就聽誰的。

對諾頓的比賽安排在委內瑞拉，一九七四年三月。我心無旁鶩受訓，彷彿諾頓是拳王，而我是挑戰者。我賽前七十五天開始不近女色，而不是只從賽前十五天開始。這對於一個二十五歲，衆多美女爭著投懷送抱的人而言，是極度困難的。每當我覺得意志力減弱，就趕快到最近的鏡子前檢查臉頰上那個小疤痕。最後，當我們抵達卡拉卡斯比賽時，禁慾和挫折感，已把我的兇狠放大到極限。

我已無需亞契再叮嚀我威嚇對手的藝術，我瞪諾頓的眼光熾烈且凌厲，有如金手指瞄準龐德的雷射。眼神中說：我要揍死你。諾頓不向我回瞪。在旅館裡，如果我踏進電梯，他剛好要出來，也是一聲不吭。

直到我登上擂台和諾頓隔著場子對角相望，才終於看見他的眼睛。天呀，竟是綠的！發現自己以前竟都沒有注意到，倒令我嚇了一跳。當然，他總是避免和我四目相對，但我也或許是第一次注意到諾頓的體格眞是好，有如人體標本。他肌肉發達，看來更像是舉重選手，而非拳擊選手。宰掉他，一定比我想像中更難。

我們在場中央與裁判會合。我在胡思亂想，不知不覺出拳試探他頭部。我知道他曉得我意欲何爲，因爲我看出他在害怕。觀衆一定也感覺到，一陣噓聲如下雨般向我擲過來。

開賽鈴響。

鬥佛萊瑟時，我立刻欺身而上，可這次我步步跟隨著諾頓——像個耐心的獵者，掌握著終極武器，品味著征服的過程。

諾頓見我頭抬起，便甩來一記鉤拳，落空。又一拳，又落空。我打他的身體側邊，一拳正中，感覺像是全壘打時球棒接觸球那樣結實。他再試一次鉤拳，還是不中，我上前對他頭部擊出右拳，他應聲而倒。他靠在繩圈上時，我揮拳又打中一記。裁判在計數前對我發出警告，觀衆席上傳來更多噓聲。諾頓及時起身，第一回合正好結束。

第二回合，我變成一個惡毒的殺手，瘋狂揮拳，幾乎拳拳命中。他第二次倒下時，裁判制止了比賽。諾頓幾乎神智不清，頹然無助。「你幹嘛制止比賽？」我問，因沒有解決他而生氣。

我向下看阿里，他在擂台邊與柯塞爾一起作電視轉播。「我要宰了你，」我說。我未能如願揍死諾頓，所以我想，把阿里給揍死也不錯。一週以來，他到處說諾頓打得比我好，說什麼諾頓打贏過他，所以也會打贏我；說喬治・福爾曼從未跟頂尖高手過招；還說如果我僥倖贏了，他將痛擊我而奪回拳王寶座云云。他兩個月前才跟佛萊瑟苦鬥了十二回合而獲勝，現在正是滿嘴阿里大話。我在噓聲中再大喊一次，「我會宰了你。」這次，我看出他也怕了。

◇

次日，我和我的公關人員卡普蘭搭禮車去機場，工作人員有的還在收拾行李，拆運裝備，將在幾天後跟來。我們到泛美航空的櫃台，要領取託櫃臺保管的機票。不曉得爲什麼，職員開始用西班牙語交頭接耳，然後出現兩名穿著差勁西裝的傢伙，每個人都在竊竊私語。當然，他們大可以用西班牙語高聲講，因爲卡普蘭和我都聽不懂。最後，職員之一說話了，「抱歉，機票不能給你們。」

「爲什麼？」卡普蘭問。她說：「這個嘛，」頭朝那兩個穿西裝的人偏，「那兩位紳士是委內瑞拉政府的代表，他們說，福爾曼先生還不能離境，他必須付所得稅給委內瑞拉政府。」

卡普蘭解釋說，這違反我們和委內瑞拉政府的書面協議。委國政府促成這場比賽，藉衛星作電視轉播吸引世人注意，開發觀光事業。並以免除所有稅捐作爲交換。這當然就是把比賽放在此地舉行的原因。「那是我們講好的，」卡普蘭又說了一遍。

「那些條件，」兩人之一說，「是老總統許下的，我們現在換了一個新總統。」

我猜是政府換了而我們沒有注意，現在全部心機白費。委內瑞拉索取二十五萬五千美元稅金，付了才放我們離境。換成今日的幣值，大約是一百萬美元。

精明又大嗓門的卡普蘭，先前在飛機上結識了幾個卓越的美國體育記者，「什麼？」他扯開嗓門喊道，「你是說，你要扣住世界重量級拳王索取贖金？這簡直無法無天！」

不用說，所有記者都奔向電話機。這令泛美航空的職員非常尷尬，於是豎起白旗，並把機票給了我們。

我們三步併作兩步跑上樓，來到登機大廳。但還差護照，我們仍上不了飛機——那兩個穿鷲腳西服的人又來了，「我很抱歉，」一個說，「除非福爾曼先生繳了稅，否則我不能讓你們通關。」卡普蘭現在眼珠子都要凸了出來，比手劃腳大嚷特嚷，兩套鷲腳西服的主人一動不動，我也未加攔阻——直到一隊全副武裝的委內瑞拉士兵齊步走上樓來，我靠向還在大鬧的卡普蘭說：「你最好冷靜下來，老兄，你沒看到這些傢伙拿著槍？別鬧了。」

我們回頭走出機場，進入豪華轎車，直驅美國大使館。其後五天，大使奔波折衝，仍不得解決。情勢擺明，若我們想離開，就得付錢。但我就是不肯。由於原則上已經敲定，那年稍後我將和阿里在薩伊首府金夏沙市交手，我咬定促成那場非洲拳賽的佟京付這筆錢。他認了。可憐無助的諾頓，沒碰到這樣的救星，委內瑞拉官員敲了他七萬兩千美元才予放行。此外，他們也扣住ＡＢＣ的電視轉播車，榨了五萬美元。

◇

佟京在諾頓之戰前夕來找我，「我可以撮合你和阿里打一場，」他說。

「你有把握？」他說有。我自己打電話向阿里求證，「你要跟我打嗎？」我問。

「對。」

「你確定？」

「對。」雖說他承認，我卻似乎在他的聲音當中聽出一些猶疑。

接下來，佟京說，這場比賽他可以爲我弄到五百萬美元。那是不得了的一大筆錢，我想也沒想過。過去報酬最高的拳賽是一九七四年一月間，阿里和佛萊瑟的第二戰——兩人平分五百萬。「你幹不幹？」他問。

「你馬上就這樣簽，」我說，「給喬治·福爾曼五百萬美元，我就聽你的。」過幾天他來回話，「阿里也要五百萬，」他說。

「行，給他，」我說，「他拿多少我都不管，我只要我的五百萬。」

我感覺如果少於此數，阿里就不肯打這場比賽——非爲面子，而是他怕我。諾頓之戰以後，我肯定他更害怕。佟京後來傳話說，支持阿里的回教徒不舒服，他們要我別再說我要宰掉他。每個人都看得出來我是當眞的，而那令他們不舒服。他們以尊重的語氣要求我冷靜下來：「你知道，就拳擊而言，阿里已經有點老了。拜託你。」

「好吧，」我說，「既然是出於宗教要求，我不說要宰掉他，我只說我要擊倒他好了——很快擊倒他。」

再見到阿里，是在拳擊記者的年度餐會上，我要在那個場合接受「年度最佳拳手獎」，以及我的世界拳擊協會WBA拳王腰帶。阿里受邀致詞。到場之前，我告訴摩爾先生，我要以其人之道還治阿里，對他要個惡作劇。「我要扯掉他的外衣。」

我有一次與特雷爾不期而遇，這人就是那個因爲不接受卡西爾斯·克萊改名阿里而出了名的拳手。他說：「你修理那傢伙，但你一定要提防回教徒。」他並聲稱他們比拳的前幾天，有人敲他旅館房門，他應門時，衝進一群戴領結的人，把房間裡所有不釘在地上的東西拿起來，再把它們放下，然後一哄而散。「那是他們玩的把戲，他們行事怪異。」

我背靠檯子坐著，看阿里四下耍寶，衣著光鮮神氣活現，這些記者是他的最佳觀衆，他們喜愛他，欣賞他。他口若懸河，妙語如珠，讓他們有寫不完的報導題材。我呢，只會噴聲吐氣，講過的話值得引用的，可以堆在一個大頭針針頭上，還有空間放我的幽默感。

「現在，」阿里說，拎起那條WBA腰帶，「我要把這個頒給喬治，」然後他停一下。「嗯，再想想，我還是把它留著。」我大步走過去領取腰帶時，大家笑聲未歇。我氣得牙癢癢，回到位子坐下，等待機會消遣回去。下次開玩笑看我整他。過了一會兒，我悄悄溜到他後面，捏住他昂貴夾克的兩邊，猛力往上一掀。

阿里暴跳如雷，一張臉扭曲成憤怒的面具，他抓住我，但沒有揮拳。我從小見慣一些傢伙要是被這樣戲弄，會把你的頭打掉。「你這個基督徒！」他尖叫，「你『⋯』基督徒？他是什麼意思——說我是美國人嗎？

我扳開他的手，我是笑著的，因爲顯然沒人看見我掀他的衣服。「怎麼回事？」大家都在問，「發生什麼事？」最後，三四個人把他拉開。他還是氣呼呼的，不斷罵髒話，接著又抓起檯上的瓶子，作勢要擲過來。

阿里的反應讓我看透他，我早已知道他不喜歡我，但現在我看透了他的把戲。就像佛萊瑟抗議我不應該叫他閉嘴，阿里扭住我——但不揮拳——讓我佔了優勢。而且，我開始不相信他信教的虔誠。一個把髒話講得那麼順口又那麼獨具一格的人，是談不上敬畏上帝的，至少不是以我所了解或想去了解的方式信神。

後來我還在想爲什麼阿里脫口用「基督徒」罵我。我想起前一年與沙烏地阿拉伯代表們見面，討論一個可能的支援沙國運動方案。

「你們那兒打獵打些什麼？」我曾問。透過翻譯，他們的回答是「基督徒」，他說，「我們獵基督徒，」然後一陣哄笑。

所以，阿里或許就是這個意思：基督徒是野獸，所以「基督徒」是罵人的話。

這頗讓人洩氣，因爲那時我正認眞考慮要皈依回教，想看看它與我合不合。事實上，早在一九六九年，一份由回教國家發行的《默罕默德傳道報》已經影響我，我戒吃豬肉。如果我發現有人在我的廚房煎培根或火腿或豬排，我會把煎鍋廚具一股腦全部拋棄，重新買過。

那些彬彬有禮，衣著整潔，打著領結，循規蹈距的年輕人，散發出某種吸引力。我尚未完全學樣，但在極度空虛中，我已漸漸要成爲一名回教徒——直到見了阿里的失態才令我卻步。我認爲，一個宗教若不能把你變成更好的人，那它一點作用也沒有，而如果他表現的是回教眞貌，我可不想在我的鏡中看見。

這當然沒有讓我不再尋找某些東西來塡滿空虛。大約就在我著迷於電視影集《功夫》的時期，看主角卡拉定（David Carradine）演一個和尚，身懷古老的佛教少林絕技，每一集都在武打動作中隱含寶貴的哲理，深深打動我的心。這正是我所要的。不知在何處能學到那個宗教，並變成與卡拉定表現的一樣睿智——一直到我看見他們夫妻倆帶著嬰兒接受電視訪問，他太太當著鏡頭哺乳——算了，不學了。

◇

阿里之戰，定一九七四年十月在薩伊的金夏沙市舉行。賽前，全美國及國外各大媒體都蜂擁到加州利沃莫我的莊園來訪問。其中一個是我的老英雄吉姆·布朗，他所屬的ABC電視網將到非洲轉播這次拳賽。我帶他參觀了游泳池、馬匹、房子和客房。當攝影機停下來，只有我倆獨處時，他說，「好傢伙，喬治，你眞的把什麼都弄到手了，我有一天也要像你這樣。」

像我？吉姆·布朗要像我把一切都弄到手？

我嚇了一跳，他不知道自己在說什麼。這是第三十二號球員，從我在電視上看到的第一場足球賽，他就在場，見他殺開重圍，拖著五、六個人一起達陣，我還不知道他是誰，但我已決定連走路都要學他，肩膀像他一樣寬闊。當他脫下頭盔，我又巴不得有他那張臉。在我心目中，吉姆・布朗、洛伊・羅傑斯、約翰・韋恩和長槍俠丘克・康諾斯，都是偶像級的人物。小時候，我會閉上眼睛，想像自己是他們；現在，他們之一卻說我成功了而他沒有。這世界反過來了。

我還在尋找答案。我帶了一本聖經去薩伊。這聖經是幾個月前我上教會時得到的。而我去那間教會，是聽說有很多「漂亮的好女孩」去作禮拜。「好」是關鍵字眼，因爲投懷送抱的漂亮女孩比比皆是；有的甚至倒貼。當牧師問，「有誰是新來本教會，想要加入的？」我爲了表現得體，舉手並走上聖壇。過後，牧師遞給我一本新福音，「給你，喬治，」他說，「如果你遇到了困難，這就是你的力量。」我從未翻過它，但我帶著它去薩伊。不過，我又不好意思——覺得就算要攀住宗教，也該攀住一個非洲宗教——因此藏著聖經不讓人看見。然而我又確定它在我房間裡，是我的幸運符。我甚至偶而禱告：「神啊，幫我來一次擊倒。」但我猜，神有別的打算。

我在薩伊過得糟透了，倒不是因爲食物問題。我從職訓中心帶出來的廚師里昂斯（Tyree Lyons），爲了吃的找遍金夏沙（他後來染上一種怪病，手和眼睛都腫了起來），幾乎什麼也沒找到。不過，沒有起司漢堡還不是最令我受不了的，我先是在一處舊的軍營落脚，這兒有老鼠和蜥蜴横行，小蟲子到處都是，四週還被鐵絲網蛇籠圍住，駐守和巡邏的士兵荷槍實彈，卻常喝啤酒喝得醉醺醺。後來我在洲際飯店找到一間套房，因爲擔心閒雜人闖入騷擾我或亂翻東西，我雇了警衛二十四小時在房間外站崗。這顯然是阿里的國度，人們愛他，而看我都帶著有色眼光——而且我走到哪裡都被瞪著看。絕大多數的人和他一樣迫切，希望他贏回拳王頭銜。從他的觀點看，阿里說，因爲他拒絕服兵役，所以喬治・福爾曼搶得了拳王頭銜；而我呢，只是個揮美國國旗的蠢蛋。

我察覺到，不管擂台上的結果如何，都是我輸。如果我擊倒他，毀掉一個傳奇人物，最多得到人們心不甘情不願的敬意；而如果我敗，肯定會招來幸災樂禍的嘲笑。

抵達薩伊之後兩週，也就是比賽前五天，我的眼睛上方在練拳時破了一道傷口，是自己瘋狂攻擊撞上夥伴抬起來抵擋的手肘所造成，血濺四處。「嘿！我受傷了，」我叫道。

「沒有，你沒有，」沙德勒說，「你很好。」可是我堅持：「全部停止，我受傷了。」

我起了疑慮，訓練師的工作就是要保護我。常見更輕微的刮傷導致比賽長期延誤，原因很簡單，拳王賽就是要兩人都在最佳狀態下分個勝負。我不信任當地醫生，要沙德勒用OK繃貼住傷口，期望飛到比利時或法國好好治療並重整旗鼓。但是薩伊總統莫布杜（Mobutu Sese Seko）和佟京談成贊助這次拳賽，爲他的國家辦活動，怕我一去不回，不肯讓我在比賽結束之前離境。我們得到一個月的延期，但還不夠讓我傷口痊癒並且再開始訓練，因爲醫生禁止我十天內流汗。不流汗，表示不能對練，也不能跑步了。

我像是故事裡搆不到葡萄的狐狸，自我安慰反正我不需要練拳和跑步；擊倒阿里只不過是個形式。他再怎麼叫囂，我還是認爲他已經膽怯。我想起我打敗諾頓時，阿里眼中的懼意。他用虛張聲勢來掩飾，但我是跟這種把戲一起長大的，隔著馬路就看得出來。我扯他外衣時他不揮拳，就說明無必要進一步剖析他的心理。錯不了，他害怕。一天晚上，我在金夏沙消遣時碰到他們幾個人，我又看到那害怕的眼神。

我還以爲我們已經萬無一失。沙德勒來向我索取兩萬五千美元，要暗中打點裁判。我問原因。「因爲，」他說，「你習慣在對手要倒下的時候還上去打，老兄，我要確定他不會因此取消你的資格。」我給了這筆錢，因爲拳賽就是如此。不過，這場比賽的裁判克雷頓（Zack Clayton）有沒有拿到這筆錢，我不知道。

我在賽前總是會口渴。這些年來，沙德勒都要我在過磅和上陣前不吃不喝。帶著飢餓和決心去做該做的事。重量級並沒有超重問題，但我從未質疑這樣做有無道理。我有一次在過磅之後，與席卜斯一起吃荷包蛋加土司的普通早點，好傢伙，他水一杯又一杯喝，一定是不想贏了（他也有比賽）。我以爲少喝水是沙德勒培養氣力的秘方，有如馬拉松選手臨開賽才大吃高糖食物。又因爲沙德勒以前曾爲幾個重量級拳王服務過，我自忖他一定有些道理。

「要喝你這杯水了嗎？」他賽前總是在更衣室這麼問。

「好呀，把它給我。」

「來，好好喝幾口。」

我就大口灌上兩口清涼的水。

「怎麼樣？」

「好極了。」

「來，再含上兩個冰塊。」

這就是全套例行公事。

近乎脫水的感覺，兩口水和幾個冰塊只夠稍稍解除，成爲沙德勒要營造的整體情緒的一環。我不只是嘴巴乾渴，他還用一句比一句惡毒的詛咒上緊我的發條，說著要怎樣怎樣把擂台對角的「……」摧毀。等他放我出閘，我已變成一個怒氣衝天的惡魔。這樣做的成績：四十場比賽四十場勝利，其中三十七次擊倒勝，絕大多數是在前幾回合。贏了幹嘛還問？

◇

一九七四年十月三十日，清晨四點，我在更衣室等待命運。稍後我就將體會到阿里抵達時歡迎他的土人戰鼓聲，和人群發出的「阿里！阿里！」吼聲。但這時我一點也不知道，我心思還在別處。我要結束這場拳賽，拿到錢，回家。誰會在清晨四點比賽拳擊？全是爲轉播，美國現在可不是清晨四點，而是電視黃金時段。衛星轉播的是現場實況，全世界的焦點。

「你要喝水了嗎？」沙德勒問。我們已讓阿里在台上等得夠久了。

「好，」我說，一如以往。

我喝了一大口，但又幾乎全都吐回杯中。

「好傢伙，」我說，「味道怎麼像藥，這水是不是滲了藥？」

「和以前一樣的水！」他叫道。

「好罷，」我說，並把剩下的都喝了，味道實在和藥水沒兩樣。舌頭上還帶著藥味，我在稀疏的喝采和此起彼落的噓聲中攀上擂台。我看向另一角落的阿里，他還在耍寶，還是不瞪回來，我更確定他怕我。

報幕員介紹阿里時，四下響起熱烈的歡呼，他受歡迎得不得了，可能他們的總統莫布杜也望塵莫及。他們喜歡阿里，事實上，所有人都喜歡他，不管在那裡比賽，他的對手都處於像我一樣的劣勢：只有禮貌性的喝采，疏疏落落的形成強烈對比。

在裁判克雷頓作指示時，阿里終於和我四目相對，我們互瞪。我一心只想早早把他擊倒。鈴聲響起，阿里變得像隻兎子，閃閃爍爍地試探，隨即跳開。我則像隻老虎般追趕，一拳又一拳重重揮過去。但他是隻很難捉住的兎子，即使老虎也不容易抓住。結果我們總是擠在繩上，或糾纏在角落裡，然後我猛跳開，他則掩護自己。我先用刺拳一再攻擊，再趁機揮出足以擊倒的重拳，但每次都不能正中。他被攻急了就抱住我，然後裁判把我們分開。他還是不能打就抱我，向後仰，用兩肘箍住我。

他的攻擊僅止於他那出了名的閃爍的刺拳，它來得奇快，幾乎看不清怎麼打來的，防不勝防。每次他打過來，我都想道，好傢伙，眞是快。我很快就看出他是想再打破我眼睛上方的傷口，但我並不擔心。我有把握，他隨時會倒下，像我打過的其他對手一樣。

前兩回合我拳出如雨，但沒有一次正中要害。阿里是個閃避大師。直到第三回合我才實實在在打中他一拳。那是一記刁鑽的右拳，打中他心口下方。那樣的一擊，足以令人窒息，兼意志消散。阿里看著我的表情，好像在說，「嘿，我不會再讓你打中了。」那給我一絲喜悅，因爲他終於要和我對上了，他也逞強了。但我猛攻的時候，他的聰明又顯現出來。我們都很清楚，要比拳頭重，他是贏不了的。於是他退向繩圈，弓腰抬手保護自己，躲避我接踵而來的重拳。我無情地向他不停痛擊，希望能有一拳打個正著。

回合終止鈴聲響起時，阿里的表情好像是看見一個奇蹟。一點也不錯：他歷經劫難，還能站在那裡，就是奇蹟。

回到我的角落，沙德勒和亞契都要我繼續重拳轟他，但我已經精疲力盡。我不知怎麼會這樣，才打三回合，卻覺得好像已經打了十五回合。

接著一回合，我們繼續獵殺遊戲，他總是打中一拳——通常是刺拳，也有時是右拳——就跑；不跑也不行，因爲對陣時，我一定把右脚卡進他兩脚之間，令他除非和我硬碰硬，否則只能後退。結果他當然只能退後並採守勢。繩圈的最上面一根繩子鬆鬆的，幫了他不小的忙，他可以靠上去，盡量後仰，使我的拳頭搆不到。我方在賽前都沒人想到去檢查繩子——幹嘛費事。這些年來，我打拳不都是——脫下袍子，快快擊倒對手，再披上袍子，回更衣室——誰會去管繩子的鬆緊？現在我們疏忽了細節，讓阿里佔了大便宜。

第四回合，我終於一記雷霆萬鈞的右拳打中他後頸，令他元氣大傷。我知道再給他這樣一下，他就要倒地不起。但就在蓄勢出拳時，我看到了什麼東西，反而因此收拳後退。那一幕，事實上是我對這場拳賽最鮮明的印象。我看到一個坐在前排的「朋友」的臉，他恰好坐在我視線正前方。（他的舉動害我匪淺，後來我把他從我心中摒除，現在連名字也想不起來了。）我一拳打中，準備再揮第二拳時，他開始亂搖手臂，並且大叫，「不算，他打他後頸，他犯規。」一個我視爲家人的人，竟這樣扯我後腿。我吃驚之餘，打不出或許可以令比賽當場結束的那一拳。那天晚上我一直在想，是不是每次他都在做同樣的事？

我又難過又失望，想到這事，我剩下的氣力——其實所剩無多——也餒了。我奇怪力量哪兒去了。不管記者們怎麼寫的，精力對我從來不是問題。但因爲他們沒看過——我總是一兩回合就贏得比賽——他們就以爲我缺少精力。我猜他們沒有注意，我以前也有三次打到底，甚至還有一次是在第十回合擊倒勝（對裴拉塔之賽）。

看來，我業餘時期對霍吉斯的那場惡夢比賽又要重演了。老哥，我眞累，累得在兩回合間往凳子上一坐就幾乎再也站不起來。即使如此，沙德勒還是要我繼續窮追猛打，這和他以前的建言相反，他一向要我慢慢來，小心營造擊倒時機。「上！」他現在說，「他再撐不了一回合。」

亞契不像沙德勒那麼堅持；至少，他話沒有那麼多。我想，自尊心強的他，是因我再度親近沙德勒而冷落他，感到困擾，受了傷害。不管他倆當中的那一個，那時誰如果要我改變打法，我都會聽。他們可以說，放鬆一兩個回合，喘口氣，讓阿里自己送上來；他想贏，就必須如此，因爲他當時點數已落後很多。但因這兩個傢伙一個勁兒鼓動我猛攻，我就咬牙猛攻。他們的工作是提出建議，我的呢，就是接受建言。

每次我上前打阿里，他都掩護，使出他那閃電刺拳或右鉤拳打過來，且戰且走。可悲的是，我出的拳數量至少是他的五倍，每次都被觀衆報以鴉雀無聲，要不就是更糟糕，冒出我「朋友」那種反應。而阿里只要打出小小一拳，也會引起一片激昂的叫喊。拳賽我佔上風，但阿里每挨一拳，就更贏得他們的心。對他們來說，這已變成衛道之戰：阿里是好人，我是壞人。但事實上，是因爲我，拳王，這場比賽才在薩伊舉行。是喬治・福爾曼，不是阿里，在爲他們造福，讓非洲透過電視攝影機傳遍全世界，讓非洲人揚眉吐氣。我要他們也喜愛我，但爲了某種原因他們不愛，我發誓不會再來。

在第七回合，阿里察覺我累了，拳頭也沒有那麼強了。他說，「來呀，喬治，拿出本事來，你就只是這樣嗎？」

知道他在虛張聲勢，我想，好吧，我就來戲耍一下，趁他講大話，放個破綻引他來打，他一中計，就是我擊倒他的機會。儘管我已疲累，我一直相信還是有足夠的氣力打出致命的一拳，我要的是機會，一個空檔。如果阿里來攻擊，就會是他那個晚上所犯的最後一個錯誤。

阿里的訓練師鄧迪一定看穿了我的狡計，他大喊：「別和他玩，不要跟他玩。」幾年前，他去看我在威斯康辛州日內瓦湖市的一場比賽，曾目睹我痛毆一名強悍的牙買加對手，所以他知道我的厲害。

鄧迪的警告似乎令阿里清醒了些，他不再戲耍，也停止講話。

第八回合，我試圖引誘阿里來攻。我把兩臂放低，跟著他滿場打轉，有如激他撲上我的蛛網；反正他不可能打傷我。當我們靠近繩子時，我再開始出重拳，他被打得退向角落，然後彈向一邊。我還未站穩就轉身跟上，趁著我傾身過去時，他左右開弓一連兩拳打過來，因爲我正靠上去想站穩，加上他從角落裡彈出來的體重，這兩拳的力道加大了好幾倍。

這兩拳正打中我的臉頰，我只記得當時在想，好傢伙，我要倒了。我肯定阿里也和我一樣驚奇。

我沒站好就倒下，兩腿交叉，因此跌得更重。我仰面躺著，抬起頭，不僅清醒沒有受傷，事實上還覺得興奮和有希望：這傢伙整晚不跟我眞打，現在他覺得可以靠上來打倒我，我就逮得到他了。我再累也不要緊——只要逮到機會，我還是有足夠力量一拳把他放倒，而且現在我不會放過。

我故意不馬上爬起來，因爲當年還沒有站著數八下，讓拳手恢復意識再投入比賽的作法，習慣上大家都躺著等數到八，不是注意裁判數，而是看己方角落給信號。我就一邊等，耳中聽著裁判計數，他一數到「八」，沙德勒也叫我起來。我很快翻身站起，但裁判克雷頓數得更快，九和十兩聲好像連在一起，並搖手示意我輸了。

拳賽就此結束。

◇

克雷頓把我領回角落，阿里和群衆已開始慶祝。天哪，竟然眞的就這樣結束了。我非常失望，主要是爲了沒逮到機會。然後落敗的沈重襲捲而來，我一定會懊惱好久好久。

「還好吧？」沙德勒問。

「還好。」

更衣室裡的氣氛有如送葬。雖然添了沮喪，我感覺最強的還是累。躺在訓練檯上，放任思緒胡思亂想，我聽到記者在問問題——二十四小時前不敢問的魯莽問題。這些傢伙怎麼會覺得他們能夠爲所欲爲，難道眞的是成王敗寇？

要不了多久，我就會意志消沈到面目全非，而這一戰拳擊史上會大書特書：內容不會比專爲它寫一本書少。

阿里開始吹噓他的偉大戰略——讓我自己打得精疲力盡才給予定江山的兩拳。但是我和他都心知肚明，他賽前根本沒有這樣的戰略。硬說他有，就像先向乾草堆射上一箭，再爲它畫上紅心。阿里唯一的戰略是逃生。當我在擂台上把他逼得走頭無路，他只有向繩子上靠，只有招架之功而無還手之力。什麼出色戰略都是他編出來的，事實上是我打了一場笨仗，沒有讓他多攻一點，尤其是當我累了，而點數遙遙領先的時候。我沒有多讓他攻，是因爲我不能讓任何人認爲我喬治·福爾曼怕他阿里，也因爲我的兩個訓練師都要我全力出擊。

當我向一個記者提到，我相信賽前喝的水可能被加了料時，他就給這場拳賽起了個渾名：繩與藥（Rope-a-Dope）。要不然那藥味是怎麼回事？我怎會那麼疲累？要不然我怎麼過後一個月都還全身酸痛？

到底我的水中有沒有被下藥？我無法確定。後來我聽說「蜜糖」雷・羅賓生（Sugar Ray Robinson）在國內看過轉播後，向一個朋友說我看起來被下了藥。體育記者穆瑞（Jim Murray）開玩笑寫說我看來「像個醉漢在找鑰匙孔」，他自己都不曉得說中了什麼。

如果我是被偷偷下了藥，爲的是什麼？這我也答不出來。只是後來，當我想起沙德勒，以及我和他的關係時，才有點像那回事。我想起他講過的一些幫派控制拳手的故事——如何操縱某個拳手落敗，以贏取較大賭注，或製造往後更高的賭博勝算。

旅途中，他無聊時就滔滔不絕講這類的故事取樂。我年輕時視沙德勒爲父執輩。他是不是在開玩笑，我不知道。肯定的是，他講這些，含有他會保護我不受騷擾的用意。有個故事講一名過了年紀的重量級拳手，放水給一個正在崛起的明日拳王。第三回合打完，他的訓練員擺出凳子讓他坐，卻被他一腳踢翻。暗示下回合他就要倒了，馬上要倒的人休什麼息。

那個訓練師說，「我覺得好窩囊，」我以爲他是因爲得知拳手放水而窩囊。豈料他接著說，「他至少該先透個口風，也給我一個撈點錢的機會。」

這些年來，我是不是被下了藥仍然沒有答案。但一件事有案可查：阿里一直不被看好，直到最後突然有人大把下注賭他贏。難道下注者有未卜先知的本事？那場比賽的費解之處，多過我一生中任何別的事件，而冥冥之中似有定數，那次失敗，到頭來卻有助於把我打造成一個男子漢。只不過，當時我的感覺像天塌了一樣，我不再是拳王，茫茫然不知自己爲何物。

至於我帶到薩伊的那本聖經，即牧師給我的那一本，我把它藏到一個再也看不見的地方。一本不會帶來好運的聖經，要它何用？

# 第六章　輸給阿里，找到爸爸

人生有如拳賽，你只能擊出那麼多下，你也只承受得了那麼多下。一個二十五歲就曾經不可一世的人，更是輸不起。我覺得空虛，徹底的空虛。我不只失去拳王頭銜，還失去了一個男子漢的自我肯定。我覺得連內裡都蒸發殆盡。

賽後次日，我無精打采坐在套房的沙發上，墨鏡遮住我腫著的雙眼。摩爾先生進來，看到我這付頹喪的樣子。他走到我面前，一把扯掉我墨鏡，丟到一邊。

「老兄，」他說，「你該得意才對，你要讓攝影記者照你得意的照片，面帶微笑，不准戴什麼墨鏡。你聽到没有？大鄉巴佬！」他向來以罵人來引起我注意。除了他，我不會讓別人這樣對我講話。「你幹嘛？還以爲你是男子漢，原來不是，在傻瓜身上白費什麼心思！」

我拾起墨鏡——又放下。摩爾先生還是頭兒。

他帶我去巴黎，並雇了一名按摩師每天替我按摩。我打電話給住在威爾斯的一位女性舊識，要她到法國來，她來了。但是她愈安慰，我愈出言不遜。如果她要逗我高興，我甚至向她擲東西，譬如早餐碟子裡的蛋。

「你太不可理喩，」她說，「我是來幫你的。」

「那就別幫，」我大吼，「妳幫我幹嘛？我不需要妳，是妳需要我。」

她被我氣走了。五天後，摩爾先生和我也離開巴黎，但並不是回家。「我們還不要回去，」他說。

◇

我像隻小狗一樣聽話。我們到洛杉磯，並接了另一個女朋友，一名洛杉磯加大的學生，並把她帶去夏威夷。我動不動就賴在旅館床上，空洞地瞪著眼，心思盤在那場拳賽裡。一直對我很好的這女孩會來拍我的頭；我把她的手撥開。好不容易入睡，卻又會突然在一身冷汗中驚醒：如果我沒有把手放低；如果不是我自己迎向那兩拳；如果我離開薩伊找醫生治療；如果我取消那場比賽；如果繩子……如果，如果，如果。我的汗大顆大顆直冒，好像才從擂台下來一般。這時她就盡力安撫我，再把我哄入睡。

「妳哄誰？」我說，「哄妳自己好了，我沒有毛病。」她知道我心裡痛苦，盡量耐心相待。但我的侮辱很快就令她受不了。「我要回學校去了，」她說，「我非走不可，喬治。」

「我眼不見爲淨，」我口不擇言，「妳對我一點用也沒有，當初是誰要妳來的？」

她走後，摩爾先生寸步不離。我不知道他是否以爲我會沮喪到做出什麼傻事。我看來的確好像會如此。我也拿他出氣，指使他做這做那，有如他是僕人一般。但他會笑得大肚子像果凍般抖個不停，並且氣我，「你被阿里扁的時候，可不是這樣說話。」

「我告訴你，我不要你了，」我說，「滾開，我不要再跟你有任何牽扯，知道嗎？」

摩爾先生則盡量讓我擦破的神經暴露出來，要它強韌，結繭，不再作痛。「你盡在講自暴自棄的話，」他回答，「自暴自棄。」聽這話我很不痛快，但我又需要聽，而且只要他來講。我住的是一間很大很雅緻的套房，但我寧可待在他凌亂的普通房裡。

快要離開夏威夷時，他說，「嘿，喬治，你不是一直嚷著要再買一部勞斯萊斯嗎。」

「怎樣？」「那我們就買呀。」

他打電話給芝加哥的汽車商，安排一部嶄新的 Corniche 在休士頓等我。我同意這麼做，因爲我自忖，駕一部豪華大車轉移注意，第五區的人就不會指指點點：「哈，他敗給了阿里。」

回休士頓的第一天，我駕著新車在街上慢慢蹓，希望出個風頭之時，與老哥兒們查爾斯和洛伊不期而遇。我搖下車窗向他們打招呼。「嗨，喬治，」查爾斯說，「這是啥東西？是豐田吧？」

我也怕見到我最喜歡的姨丈——李歐娜阿姨的丈夫艾德蒙。一年前，阿里打敗佛萊瑟時，他曾誇阿里「眞是個神勇天兵」！我那時在想，我才是神勇天兵。我巴不得他也這樣誇我。

但我敗了，而且不想知道艾德蒙姨丈是不是早就認定阿里會贏。我已經有過一次受不了的經驗，即使自家人也只會挑骨頭：我的表弟威利・卡本特（Willie Carpenter）詆毀我，說我低頭衝撞阿里。他怎麼說得出這種話？我兩年前尚未與佛萊瑟交手之前，就雇他當我的裝備經理，那時他正在洛杉磯走投無路。而多年前，我就向他的媽媽，即瑪麗李嬸嬸保證過，有朝一日我出了頭，一定會照顧他。誰知結果如此。現在他也不幹了。

然後是鮑伯・霍伯（Bob Hope）。贏了佛萊瑟之後，我在飯店大廳舉行記者會，霍伯第一次打電話來，出一萬美元請我上他的電視節目。只要一小時，就賺得比我過去大部分比賽還多——還不必挨拳頭。想得到嗎，是鮑伯・霍伯打的電話呢。

我上了那次秀，後來又上了一次，並受邀到他比佛利山的家作客。見到他的朋友們——絕大多數是我早已在電影或電視上熟悉了的熠熠明星，我看得目不轉睛，而這些活生生的傳奇人物，他們看我也是看得興趣盎然。

我後來又上了一次霍伯的節目。那是一場諧星大會串。鮑伯邀我去，因爲他說，他想等我不打拳之後，讓我也當演員。他不厭其煩教我怎樣盡情發揮台詞，表現得像個朋友。我一再提醒自己，我早就過了與別人深交的日子。但鮑伯・霍伯看來和喬治・福爾曼很投緣。

大錯特錯。到頭來，鮑伯・霍伯喜歡的只是「拳王」喬治・福爾曼。我輸了之後，這位「朋友」從不曾打一通電話或電報來表示安慰或同情。幾個月後，我在強尼・卡森（Johnny Carson）的節目碰到霍伯，他機械式的和我握手，扯了幾句，就不再理會我，好像從未謀面似的。也許他的生活當中只容得下贏家，也許那只是好萊塢式的遊戲方式。但我認爲他的冷漠就是排斥，在我已有的痛苦上又添了一重傷害。

並非所有名人都拋棄我。不管贏或輸，或是平手，強尼・卡森都歡迎我上他的節目《今夜》，我銘感於心。還有一起上節目的玻柔・貝莉（Pearl Baily），她不但親自到牙買加拳擊場邊爲我助陣。現又在節目上聽我訴不平，以及我不能忍受失敗，總有一天要奪回拳王頭銜等等牢騷。錄影結束後，她把我拉到一旁。

「孩子，」她說，「別拿這些當作你要當世界拳王的理由，要說你有那種本事，你自信你有嗎？」

「當然有。」

「那你就一定可以。」

然後她問我有沒有買非洲袍子。有的，好多好多。幾星期後，我們在好萊塢廣場節目再度碰頭，我送了她一件。她對這件禮物高興得不得了，下次錄影就穿著它。她不嫌棄一個輸家送的東西，令我深感窩心。

還有我爸爸……

◇

「猴子，」我姊姊葛洛莉雅有一天對我說，「你有沒有注意到，你跟我們幾個都不像？」

「妳講啥？」我沒心情鬥嘴。我和苦惱已經漸漸相安無事，有點像小時候令我撒野的那股怒氣。我不要往事再來攪亂我。

「你知道，爹地不是你親生爹地。」

「妳胡說，」我說。

「你記得我們以前叫你毛頭嗎？」我記得嗎？我永遠忘不了。「其實，我們指的不是說毛頭（Mo-head），而是莫黑德。你爸爸是李洛伊．莫黑德（Leroy Moorehead）。他寫信給媽，說他想見你。」

「妳胡說。」

「我沒有。」

我覺得不知如何面對媽媽，於是就去找阿姨。「李歐娜阿姨，幾年前我在紐約麥迪遜廣場花園的一次拳賽時，有個人走過來對我說，嗨，兒子，我想告訴你，我是你爹。我的名字是李洛伊．莫黑德。」我定定看著她。「然後他又說，你去問李歐娜，她會告訴你。」

李歐娜阿姨也定定望著我說：「別對你媽說。」

這就是了。

我還是打電話給媽，對她說麥迪遜花園廣場的事。我問：「是眞的嗎？」

她哭了。

我說，「請告訴我到底怎麼回事。」

「好吧。」她說，「你爹和我山盟海誓，結果又分手，後來——」她哭得很厲害，我沒法子多問。幾天後我打電話給她，要求她安排與生父見面。

這位李洛伊．莫黑德，住在阿肯色州的泰克斯坎納市，離我家搬到休士頓之前所住的德州馬歐爾相距不遠。安排好之後，我提前幾天，駕車前往我一九七六年在馬歐爾所購置的農場。從休士頓到那兒的三百六十公里路上，我想了很多重要的事情。不聽收音機，不放音樂，只是想。我常開新車兜風，現在我要用這次三、四小時的車程盤算見面的事。這趟該說是興師問罪？或是訪問？或公事公辦——和一個能解答身世之謎的人見面，應該怎麼歸類？

媽說，我出生前，她和我爸JD福爾曼的分分合合，像是一年四季的更迭。而她在某次分手後但尚未言歸於好的「淡季」認識了莫黑德。我出生後，媽和爹更是分多合少。爲了躲避公子和兄姊長得一點也不像的閒言閒語，她就逃到馬歇爾。當JD找過去時，媽爲了有個依靠就在一起。她倆這層關係，好的一面是有刻骨銘心的愛，壞的一面是有如慢性毒藥。他們一見面就爭吵打架，JD看到我就像見了鬼。媽媽做工賺錢養我們。JD也工作；他努力工作，但錢都花去喝酒和玩樂。當他和媽媽打架時，他並沒有拿我當武器來羞辱她，但他也無法假裝若無其事。不過他對我還是視如己出。

姊姊葛洛莉雅就不能那麼寬宏，當媽和爸鬧翻時，她偶而會指責我：「都怪你。」哥哥桑尼也差不多——他比我大十歲，有資格教訓我。在我三、四歲時，他就逃家了，這一來也是他已能自食其力。我仰慕他，但直到我十幾歲時，桑尼才不再排斥我。

當時我懵懵懂懂，總以爲是我做錯了什麼，而其實是我的存在這件事兒就不對。原來他們的怒意是衝著這個。問題在莫黑德，而不是我毛頭。

莫黑德和我約在馬歇爾一所教堂見面。我一見他就明白了，他高大英俊，笑起來跟我酷似。我們擁抱——以前我從不跟陌生人擁抱。然後我們談話。他說他喜歡熱鬧，曾對他的朋友吹噓是重量級拳王的爸爸。我默不作聲，心想當他從電視上看到我贏得金牌時，是不是在對大家說：「請向德州休士頓的ＪＤ福爾曼打個招呼。」

回休士頓前，我把電話號碼給了他。然後他每隔一週的星期天都會打電話來，但他也講得清清楚楚，他不期待我給他任何東西，也不會開口要。我覺得跟他很親，但不像父子關係。我想得很明白：下了種的人算不上爹，養育的人才是父親。莫黑德是朋友，ＪＤ福爾曼才是——永遠是我唯一的父親。莫黑德是二次大戰的受勳退伍軍人，一名在北非受過傷的士官。ＪＤ福爾曼是一名鐵路工人，深愛我母親，但終其一生表現不出來。我不會以此換彼，不管我和莫黑德變得多麼熟悉，他永遠不會取代ＪＤ在我心中的地位。

一九七八年在莫黑德的喪禮中，我低頭凝視開著的棺木。哎，這是父親——他原本可以是我父親的啊。這個體認留下了深刻印象。他頑強並且意志如鐵，活時孤獨也死得孤獨。他服役時的手槍和美國國旗，留給了我這個他四年前才相識的兒子。我爲他難過，就像爲不幸的人難過一樣。我確信，由於莫黑德進入我的生活，我才沒有走上與他相同的命運。我們太相像了，從外貌到舉止。他的死給了我啓示：如果你要享有天倫之樂，重點不在於你多強悍，而是你能給予多少。看著他，我發現我可不想死時高唱：我有自己的一套（I did it my way）。

但其實在他去世前就影響了我，我要我的孩子在他們老爹入土之前，就了解父親是何許人。我要他們明白自己的傳統，明確知道他們的身世。所以，我的兒子全部都叫做喬治・艾德華・福爾曼。

◇

喔，對了，我在非洲時添了一個兒子，就在賽前幾週。他叫喬治・艾德華・福爾曼二世，也就是小喬治。他的母親是潘蜜拉・克雷（Pamela Clay）。我會認識她，是因爲她父親摩斯・克雷（Moses Clay），我在職訓大隊中心時的體育主任。我還在好萊塢混日子，想當花花公子的時期，潘蜜拉正住在比佛利山。她一定是在我們第一次同睡時就懷了孕，而我們交往六個月就分手，與她懷孕無關；我要這個小孩比她有過之無不及，但她要求我給出我辦不到的承諾，畢竟我還是拳擊擺第一。

潘蜜拉和我分手時，我四周的人都說她愛錢，鬼計多端。「那不是你的小孩，喬治，」一個朋友說。

我還是被沙德勒對女性的厭惡偏執所左右。我不肯定下來，原因之一是我不信任女人。不論她怎樣楚楚動人或雍容華貴，我仍會懷疑她只是想掏我的口袋。我愈是疑心，就愈不相信人：動機純正的女子，怎麼看得上像我這般暴戾的男人，除非她想要的是錢和虛榮。

「得了吧，老哥，」朋友們說，「那個女的人盡可夫，那不是你的，她懷的孩子不是你的。」我推算日子，一月，十二月，十一月……她一定是第一個晚上就懷了孕，「不，那不是我的孩子。這女的把我當作什麼？傻瓜？她想耍我。」當時我決定，最好存疑，免得失望。

但我心裡深處希望孩子是我的。我多麼疼愛女兒米琪，她是我生命中的歡樂，而周圍的事都一團糟。當她拍著小手說「拜拜」時，我的心都化了。在外看不到我的小女兒，我就打電話聽她的聲音。「啊……」她哭時，我會對別人說，「你聽到沒有？幫我錄下來，把錄音帶寄來。」我隨身帶著一卷她剛會喊爸爸時的「達——達」發音，不時拿出來放一放。

我從夏威夷回來時，沒有去看那個在賽前兩週出生的男嬰。我打電話問洛杉磯一個表姊看過孩子沒有，她說看了：「喬治，那不是你的兒子。」

別人看過的也說：「頭不像是福爾曼家的。」我的哥兒們傑克生把那時的懷疑表達得最傳神，他看著男嬰的照片笑了起來：「喂，幾乎所有嬰兒都像你，喬治。」

眞慘。從非洲鎩羽而歸，如果能在回到家時就見到個初生男嬰，那一定可以撫平痛苦。我去看了他兩次，哥兒們說得一點不錯——這小子像我。但我抱他，只是因爲我愛小孩，並不感到貼心。

潘蜜拉提起爲子認父的訴訟。這是否代表著，我的朋友和我自己的懷疑都應驗了？我百思不解，她生長在那樣一個體面的家庭。我認識他父親將近十年，後來在與她交往的六個月中，也與她的祖母伊瑟很熟，分手後，伊瑟和我還是好朋友。我們幾乎天天談起潘蜜拉和小寶寶，結果想出一個洗錢計劃來照顧她們母子。我寄錢給我媽媽，我媽轉寄給潘蜜拉的祖母，她再當作自己的錢交給潘蜜拉。這樣，潘蜜拉就不會以爲我心虛認罪。我是不受勒索的，但只要不覺得被勒索，我不在乎付錢——說不定那眞是我孩子。我要伊瑟發誓保密，她也爲我著想，果然是我和潘蜜拉的好朋友。

我的律師指定驗血判定。結果不是百分之百精確，但已足以顯示眞象。檢驗報告送回來，證明我有了一個兒子。我曾認定潘蜜拉是個騙子，卻又會因小男孩非己所出而感失望。結果，潘蜜拉沒騙人，而這是我的骨肉。

喬治・艾德華・福爾曼二世。小喬治是也。

潘蜜拉對我說：「我不要你任何東西；一毛錢也不要。我只要你知道他是你的孩子。」

就因爲他是我兒子，我打算把他從她身邊帶開。在那些日子裡，與米琪及小喬治相處，是我僅有的歡樂時光。看著他長大，我發現他連坐姿和皺眉頭都和我神似。他是我兒子，錯不了。我找女朋友時，開始不要求婀娜多姿，不要求言談有物，變成必須以喜歡小孩爲前提。爲了盡可能帶著孩子東奔西跑，我決定和最單純最普通的女子約會。

「妳會不會帶小孩？」我只想知道這個。

「嗯。」

「好，跟我來。」

當這些小姐們發現除了當保母之外，我對她們少有興趣，麻煩就來了。但我認了，只求能經常把小孩帶在身邊。沒有他們，生活似乎毫無希望。我多數時間都住在利沃莫的莊園，或是我在洛杉磯貝艾區山脚的一棟房子。因爲沒有人能長期忍受我和我暴躁的脾氣，我通常是獨居，而且害怕。兩處都是人跡罕至，到了晚上四下漆黑，外面伸手不見五指。有時我會怕有鬼或什麼的。在晚間，任何一點聲音都聽得很清楚。我整晚擔驚受怕，好不容易終於睡去——但又突然會在一身冷汗中驚醒。夢裡我還在重演那場比賽：我要是退後就好了，喘口氣，刺拳，刺拳，爲什麼沙德勒要我一直低著身子？我大可以蹦起來，說不定會一拳幸運把他擊倒。有時我一直數秒，直到管家一大早進門。她熟悉的腳步和吸塵器的噪音，成了我的催眠曲。

◇

拳賽打輸，把我的重心打亂了。失去了重量級拳王這個頭銜後，我覺得它更爲重要。沒有了頭銜，我什麼都不是。身爲拳王時，我想像人們認爲我是人上人，現在我覺得我聽到對輸家的訕笑。我有十幾部名車，三棟房子，一片莊園，以及花不完的錢，但我覺得毫無意義。有一天，我駕著 Excalibur 往山上奔馳，想著如果衝出斷崖會怎麼樣；如果我死了，人們就會看出我的痛苦，就會了解。我不是要自殺，但自殺這想法一連幾星期愈來愈常出現。我眞笨，竟未想到如果我眞的死了，就沒有機會對人們說：「你看吧？」

我拼命想攀回頂端，於是就作賤別人，榨乾他們的好意。我記得在洛杉磯認識的一個甜姐兒，她是加州州立學院的學生，來自一個好家庭，但不幸看上了我。我們交往時，她告訴我，她一個青梅竹馬的男生朋友是華盛頓州一所學院的籃球校隊；碰巧，不久後，華盛頓這隊與ＵＣＬＡ的籃球隊有一場比賽，加大邀我出席。當播報員介紹我時，我強拉這女孩一起出場。眾目睽睽下，她和她的男生朋友都覺得受窘。我就是這樣殘酷。中場休息時，她跑到外頭去哭了一場。

我說：「妳哭什麼？妳不是要跟我在一起嗎？」

即使在當時，我自己已經知道，我這等困惑和憤怒，應該要找個能疏導的人來幫助。但找誰呢？瘋子才去找心理醫生。找我的媽媽、兄姊、叔叔阿姨？我覺得他們貧窮且無知，從未擁有任何東西，怎能給我忠告？

摩爾先生？他知道什麼叫輸？他哪有什麼值得輸的東西。

我走投無路，又不信任別人，我決定從內裡重建自我，要把三個月前尚未在薩伊倒在擂台上的那個人找回來。唯一的方式，就是贏回拳王頭銜。這個念頭啃蝕著我。我決心一旦再打拳王爭霸賽，寧死也不輸，唯一的出局方式是用擔架抬出去。

但拳王賽得之不易，不管涉及多少錢，阿里都不會再冒險。所以當赫伯·穆罕默德（Herbert Muhammad）來告訴我，如果我再與沙德勒簽約就能再戰一場時，我覺得奇怪。不可能，我不僅寧死不再輸，也寧死不再與沙德勒簽約。（佛萊瑟之戰以後，我們在無合約的情況下配合）。

「我不要再跟他打交道，」我說。「那是你的問題，」他說，「你不想跟任何人打交道。如果你不和別人打交道，將來不會有人理你，」

「我就是不去。」迄今我還是不明白，爲什麼赫伯對沙德勒有興趣。

不，我一定要吸引拳迷，讓他們鼓譟，直到阿里無法拒絕我。我要讓他們看看新的喬治·

福爾曼，人民的拳王。這需要大作公關。

卡普蘭告訴我一本新雜誌《時人》(*People*)，剛從《時代》(*Time*)週刊旗下獨立出來。他說，如果我們為《時人》搞出一個有看頭的點子，編輯或許會派個攝影記者來採訪。好呀，這裡就有一個點子：我來「證明」我是世上最強壯的人。

在我位於馬歇爾的莊園裡，我派五名大漢在前，五名大漢在後，抬起一頭三百五十公斤重的母牛——他們十個人都站在鏡頭照不到的邊緣。我則在中間，若無其事微笑著，看來獨力舉起這頭牛。攝影師一聲號令，我們一起把牛舉起來。突然尾巴那邊有人滑倒，起了連鎖反應，說時遲那時快，整頭牛像條大圍巾似的圍在我肩膀上。

沒有人上來幫忙，也許是發生得太快，大家都愣住了，個個張大嘴在看，好像見到紅海分開似的。「我舉起它了，我舉起它了，」我不斷喊著。

◇

照片登上了《時人》之後，有個拳賽主辦人溫斯頓帶著蓋伊的一個好點子來找我。他建議我一個晚上打五個人，每場迷你拳賽最多三回合。聽來像是走江湖賣膏藥，但是溫斯頓說服我，說我可以藉此證明我的強悍；「強悍」是個神奇的字眼。光打場普通的比賽無法證明，我在非洲時出了狀況；打一個人證明不了，打五個人就可以。溫斯頓承諾可以賣出電視轉播權，這樣全美和全世界就都看得出來，阿里打贏我只是僥倖。

籌備開始得很順利。溫斯頓很快找到幾名稱頭的拳手，比如柯克曼（Boone Kirkman）、丹尼爾斯（Terry Daniels）等，但當他接洽本地電視台或其他也表示興趣的電視網時，就四處碰壁。佟京在此時介入，於是這個構想變成三頭馬車——還有什麼好說的，佟京是拳賽這一行的老大。他保證ABC會轉播，並弄到比賽場地。我說，只要不趕走溫斯頓，那就同意由他接手（反正，溫斯頓最後還是不見了）。現在變成佟京主辦，場地定在加拿大的多倫多，由柯塞爾和阿里擔任電視轉播的講評。

一九七五年四月二十六日這場電視轉播的大戲，柯塞爾從頭到尾數落它是一場鬧劇，令拳擊出醜，敗壞拳壇風氣，是對正當拳擊的嘲弄。阿里當然附和，並在場邊奚落我。可是，爲什麼他倆都絕口不提阿里自己？阿里在一九七〇年要東山再起時，不也玩過類似的把戲？那了不起的丹普西，在一九三一年竟然打了九十八場表演賽？還有，如果我這麼做眞的令人不齒，那他們幹嘛來湊這個熱鬧？

這五個拳手，都想藉著打倒上一任拳王來揚名立萬，個個全力以赴。我擊倒其中三人——強生(Alonzo Johnson)、賈基(Jerry Judge)和丹尼爾斯——然後以三回合打敗波萊特(Charley Polite）和柯克曼兩人。當過佛萊瑟和魏普納（Chuck Wepner）練拳對手的波萊特，在裁判作賽前指示，我低頭瞪他時，親了一下我的臉頰。雖然我倆非親非故，五人之中，我只有他一次也沒有擊倒。

不管柯塞爾和阿里怎麼說，我很得意打了十二個回合。肋骨裂了一根，證明我頗挨了幾下重的。壞就壞在我和阿里鬥起嘴來。當他開始嚼舌根，我也針鋒相對。那使得他那個角落的觀衆開始起鬨，給表演帶來職業摔角那種不入流的氣氛。觀衆噓我，然後又齊聲喊：「阿里，阿里。」而我爲了顯示不在乎，便伸展肌肉，擺出健美先生的架勢。我本意只是逗趣，但這正是阿里的拿手好戲。我不由自主展現出可憐的自我。

不過，這場比賽證實我有打十二個回合的體力，我相信已朝復出目的前進了一大步，開始覺得有希望——但隔週就不對了。我打算去拜訪一位很相熟的女士，她四個女兒都視我爲喬治叔叔。（其中一個叫米琪，她告訴我，在日本話裡這名字是美和聰慧，我因此也叫我女兒米琪。）我才踏進她家門，她的樣子好像我犯了滔天大罪，劈頭就罵：「你是瘋子，壞人。」並說不再歡迎我去她家。「你怎麼回事，喬治？」她說，「你變了。」

天，如果一個朋友看了我的表演賽尚且如此，那麼世人豈不把我看作開膛手傑克。我想鏡頭是不說謊的，它完全抓住了我：喬治．福爾曼，絕對令你恨惡的人。我大受震撼。

但我沒有就此罷手，任何事也阻止不了我。

爲了達到目的，我把焦點對準那擁有拳王頭銜的人——阿里。我腦中想到的是他的宗教。所以當一個名叫柯林斯（Tom Collins）的生意經理兼經紀人建議我，到教會團體宣揚上帝在我生命中是何等重要，以此作爲重出發的起點時，我並沒有馬上覺得他腦筋有問題。（柯林斯後來被指控爲籃球明星賈霸等運動員理財，因而損失數百萬美元，但此案這時尚未爆發。）柯林斯以宗教起家，他認爲若要重新塑造形象，教會是最好的起點。

對著信教的人談宗教，我眞要好好兒適應一下。摩爾先生百般阻撓，「你千萬當心宗教這玩意，老兄，」他說，「它會害了你，等你事業和金錢兩空，他們也就說再見了。到時誰也不會理你。」

無需摩爾先生的末日警告，我自己就有別的理由可以反對。我記得曾在加拿大與一名女子在一起，她帶著一個朋友，這個朋友碰巧認識很多運動員——我想是和很多運動員睡過。她對我女朋友說，「猜我碰到誰？」她講出一個洛杉磯道奇隊員。「他重生了。」但聽我女朋友說：「少來。找到上帝？我看他是鬼迷心竅。」

我坐著聽她們的對話，她們嘲弄一個自己過去仰慕的人，我便想到我自己。希望這不會發生在我身上。笨蛋，告訴漂亮女孩這種事情。

不久，我姊姊去看艾爾・格林（Al Green）音樂會之後大表不滿：「好端端的，他就唱起教會歌曲來。我可不是去聽教誨的，宗教我知道去哪裡找。用不著他操心。」

一點不假，我相信，你絕對不要公開談宗教，千萬不要。我在舒勒牧師（Robert Schuller）加州園林的教會露臉之前及之後，都避人耳目，就是因爲這原因。（那時他的水晶教堂尚未興建。）

我說：「我以前從來沒有在教會說話。」「別擔心，」舒勒牧師說，「只是禮拜後的一個小聚會。」「我該講些什麼？」「這個嘛，阿里三句不離阿拉，那你何不講些耶穌的事？」

這還不簡單。我站起來開頭就提耶穌之名，會衆讚美不迭，我再提一次，他們又是一陣讚美。幾次過後，我坐下來。

我在另一個教會依樣畫葫蘆。見事業沒有任何好轉，我說算了吧。眞的，宗教是給失敗者的東西，我不想再當失敗者了。

◇

有一陣子我到好萊塢找發展，交往一些和我一樣出名但看來正派的人。我選的都是模範角色，這在當時很重要。最慶幸的是我認識了洛伊・羅傑斯。我倆在名人保齡球獎金賽搭擋。一開始我只是一個勁盯著這位傳奇人物看，然後與他合照，照片迄今還保存得好好的。他不可能知道我小時候多麼崇拜他。令我最印象深刻的是，他私底下也是平易近人。

我又受邀到好萊塢廣場，那兒我遇到的名人，看來也都自己換衣裳的。我開懷大笑，講笑話，讓人們看喬治・福爾曼也彬彬有禮，可以和他站一邊。一點一點的，我慢慢褪去我的怪獸形象。

但我的心情總是只要聽到一個名字就會一百八十度轉變。有一次我上畢夏普（Joey Bishop）的節目。和主持人有說有笑間，忽然他提到阿里，我臉色一變。

「嘿，」我警告，「別提起這個名字。」他說：「好吧。」但沒意會我是當眞的，「那我們只說他名字的縮寫好了。」

「別再說了，」我說，「我要冒火了。」我和畢夏普就此不再往來。

阿里之戰劃下了一道我跨不去，繞不出，怎樣都通不過的界線。我需要一名大法師為我驅魔。如果我做不到，那我即使整天在電視上笑臉迎人，也不會有人相信。我再假裝，也只是騙自己。

◊

不久，我與裴倫契歐（Jerry Perenchio）合作。此人主辦過阿里對佛萊瑟的第一戰。佟京就是把他給擠掉，才主辦我的阿里之戰。裴倫契歐替我簽約，在賭城凱撒宮舉辦第一場室外拳賽。那時拉斯維加斯尚未成為美國的拳擊重鎮。裴倫契歐保證這場拳賽會大大轟動，而我若能打敗一個名列前茅的挑戰者，阿里就不得不把我擺到名單最前面。我還有什麼選擇？我同意與萊爾（Ron Lyle）一戰，此人塊頭與我相當，據說拳頭重得有如驢子踢。時間是一九七六年一月二十四日。

訓練上，我雇了克蘭西（Gil Clancy），他訓練過伊邁爾、格里菲（Emile Griffith）與奎里（Jerry Quarry）。克蘭西堅持，我在迎戰萊爾之前，需要一場熱身賽來調回呼吸和時間感。他和裴倫契歐安排我，到卡茲凱斯的康考渡假中心（美國奧運拳擊隊集訓地），與巴拉德（Jody Ballard）打一場表演賽，順便給美國奧運拳擊隊一個經驗。巴拉德是個有二十二勝三負戰績的後起之秀，如果我輸，萊爾之戰就作罷，我也將就此走入歷史。

我很高興再穿上紅白藍三色的短褲，也很高與在令我聲名掃地的「繩與藥」之戰過後，第一次站上擂台作一場眞正的比賽。

巴拉德這個年輕人來自休士頓，據說蠻仰慕我。但我才不管，我住在旅館的那幾天睬都沒睬他。現在我向他虎視眈眈，一副他就是阿里的樣子。

每打一拳，我就覺得以前的狠勁多回來一點。我把那孩子打得很慘，出拳都用足力氣，而不是技術性取分。裁判在第二回合開始不久制止比賽時，巴拉德已經挨夠了不必要的拳頭。輸給阿里，「朋友」在擂台邊扯後腿，表兄弟惡意中傷，每一個瞧不起我的老師，每一個罵我的大孩子，所有新仇舊怨——我把這些全發洩在他身上。兇惡得不可原諒。多年後我復出時已不再如此；但那個晚上，我的兇惡表露無遺。

打勝巴拉德之後三個星期，我在舊金山花了四回合，解決一個名叫布魯克斯（Eddie Brooks）的小伙子。

現在是準備對付萊爾的時間了，距比賽還有五週。我把他當作是阿里來進行訓練。但與上次不同：一年前我出戰阿里時信心滿滿，現在則沒那麼有把握，但兇殘的程度有過之而無不及。我像對付巴拉德一樣地對付練拳夥伴——也打算這樣對付萊爾。我希望在他出汗之前，就一拳予以擊倒。與一個出拳像他那麼沈重的對手纏鬥幾個回合，對我可不利。

這場比賽是在凱撒宮停車場搭起的巨大帳篷中進行。在帳篷下比賽與室內運動場，我覺得唯一的不同是，更衣室是在一部拖車裡。

我帶著要擊倒的念頭踏上擂台。萊爾與我昂然相對，毫無懼色，我不知道爲什麼對此感到意外。他和我開始交手，互相把對方當作沙包捶打。忽然間，我已倒在擂台上。

他打得那麼重，我連痛的感覺都沒有。到現在我還是記不起那一拳是怎麼挨的，也不知道我怎麼倒的。但我躺在那兒時，觀衆都在歡呼——恐怕是在希望我爬不起來——我想到世人現在會怎麼說喬治・福爾曼。這次我不能拿觀衆當藉口；也沒有什麼鬆掉的繩子；沒有人在我的水裡下藥。什麼都沒有，除了他可怕的右拳，沒有別的原因。

腦子裡想著非洲，我沒有等清醒過來，也沒有等克蘭西或是我另一個訓練師拉彼德茲(Kid Rapidez)給信號，就一躍而起。碰！我又一次被擊倒。群衆更加瘋狂。我嘴裡有血腥味，我猜他們也嗅到了。

我坐在擂台上，以爲自己就要死了。這在非洲那一賽是沒有的——沒把自己推到極限。所以我到現在還不能忍受自己這一點。我會半夜醒來問自己，爲何你不死？如果你眞的盡了全力，爲何阿里不必殺死你，就可以打敗你？沒有盡全力，折磨著我。今後我絕不再犯這個錯了，你不是發過誓，除非被打死，否則絕不出局的嗎？

我再跳起來時，覺得臂膀充滿力氣。我把萊爾打倒。他站起，我再把他擊倒，他再站起。激烈的互毆進行了四回合。我們都掛了彩，像是在用刀決鬥一般。兩回合之間的休息，有一半是花在拖著脚步走回己方角落。

最後萊爾終於趴在擂台上爬不起來，還有感覺但已無鬥志。他知道若要我不能再戰，只有對著我眉心開一槍。如果繼續打下去，兩人必有一死。

以下照片均由喬治・福爾曼提供。
(All photographs are from George Foreman's personal collection.)

喬治(左)簽下了第一份職業拳擊手的合約，他的媽媽(中)非常以兒子為榮，喬治的經理沙德勒(右)也很開心。

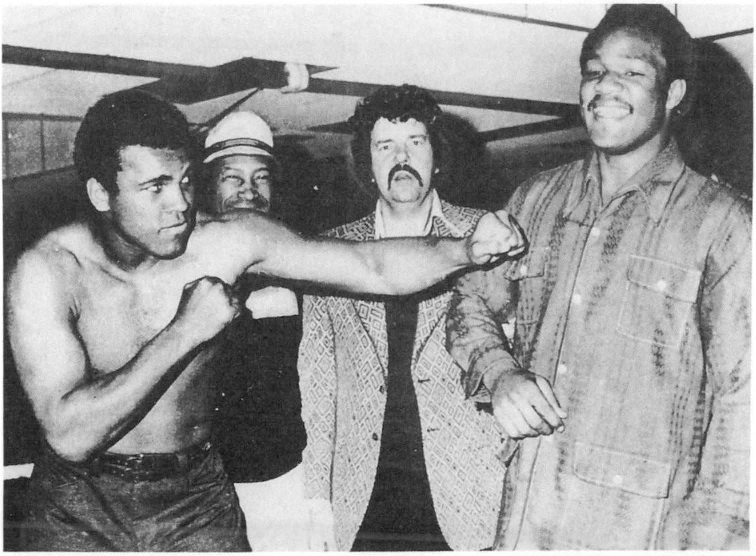

與阿里之戰，在1974年11月在非洲的薩伊舉行。賽前，福爾曼覺得，阿里用虛張聲勢來掩飾心中的恐懼。

輸給阿里之後，福爾曼覺得徹底的空虛：「我不只失去拳王頭銜，也失去了一個男子漢的自我肯定。我覺得連內裡都蒸發殆盡。」

傳道者喬治・福爾曼。

福爾曼與瓊恩合影於兩人的婚禮上。

福爾曼首次與佛萊瑟交手之前，在席卜斯的教導下進行訓練。

裁判舉起我的手宣佈勝利時，我彷彿獲得重生。我不是非要贏回拳王寶座不可；證明了我能爬起再戰，這時自信就重新出現。一旦知道了在非洲那一役，我確實有可能在數到十之前爬起，我的尊嚴就恢復了。

這場勝利又把我造成大壞蛋喬治，至少運動記者如此認爲。畢竟，沒人看過這樣的惡鬥，或許將來也不會再有。它不是關於輸贏，而是關於生存。正當你以爲萊爾要贏了，喬治搖晃晃站起來；而就在你以爲喬治贏了，萊爾又左搖右擺爬了起來。好一場激戰。或許只是我的想像，但我認爲，它也爲我贏得一些人心。

◇

下一站：阿里。但裴倫契歐另有主意。「通往阿里之路，」他說，「先經過佛萊瑟。」我要直達目的地。我不認爲佛萊瑟是一處景致優美的休息站。儘管我贏過他一次，再次交手似乎還是不必要的風險。雖說他已到三十三歲高齡，比我年長六歲，他還是燙手喬。幾個月前他第三度與阿里過招時，才又證明這一點。他在第十四回合輸在技術擊倒，但他鬥犬般的不屈不撓和水泥般的拳頭，並無二致。

「我會與別人打，因爲我知道非如此不可，」我對裴倫契歐說，「但不要佛萊瑟；此外，你不是承諾過，打贏萊爾，就能幫我弄到與阿里的比賽嗎？」

裴倫契歐提出六十萬打佛萊瑟的條件，我不肯。他再加十萬。

「不是錢的問題，」我說，「我只是不想跟他打。」

他把酬勞提高到八十萬，我還是一個「不」字。

裴倫契歐要喬路易打電話當說客。我告訴喬路易：「我知道你要說什麼，我敬重你，或許我需要在對阿里之前再打個一、兩場熱身，但就是不和佛萊瑟打。」

喬路易用他那霧號般低沈的嗓音說：「喬治，佛萊瑟正是你熱身的好對象。」

喬路易認爲佛萊瑟不是我的對手，令我受寵若驚。我決定再考慮一下。我正舉棋不定的當兒，裴倫契歐又打電話來。我還沒來得及告訴他，我改變了主意，他就先說：「好吧，這是我最後的價碼——一百萬大洋，外加有線電視的分紅，與佛萊瑟一戰。」

「我知道很難相信，」我說，「我答應跟佛萊瑟打，但不是因爲錢。」

在賽前記者會上，佛萊瑟是一付好玩的心情。但我可不與他唱和。我擺出陰沈的一面，不但不和他打趣，連笑都不笑。一個記者問及我的態度。「我要給那個人一個教訓。」我粗聲粗氣，看也不看佛萊瑟一眼。

我的訓練進行得很順利，很勤快。我知道阿里說過，他打算三個月後退休，在打過諾頓之後。但克蘭西和我都相信，如果我以令人口服心服的方式打敗佛萊瑟，阿里基於使命感，將會延後退休。阿里絕不肯被人指指點點，說他不敢面對捲土重來的福爾曼。

果然，紐約納索體育館裡的大多數拳迷都爲佛萊瑟助陣，他把頭刮得精光來亮相。同樣不出所料的，他們都噓我。開賽鈴一響，佛萊瑟跳著步子走。他的經理傳區（Eddie Futch）

教得很不錯。他們顯然打算拖我多打幾回合，還是以爲我不持久。佛萊瑟出刺拳且戰且走；不見燙手喬的風格。他一定自以爲是阿里，因爲在第一回合尾聲，他竟然激我出拳打他，逗得觀衆大樂。對於觀衆和佛萊瑟來說，他過了一回合還毫髮無損，就算勝利啦。

二、三回合也都讓他混過去了，雖然第三回合我左右開弓打中他頭部，又追加一記上鉤拳，讓他吃了一點苦頭。第四回合快結束時，我一記鉤拳落空，自己都覺得門戶大開。佛萊瑟趁機出左拳打個正著。

在第五回合，我把他逼到繩圈上，一拳在他眉頭上方打出一道破口，並使他的護齒飛開。接著我緊咬不放，一輪猛擊，使他彎著倒向帆布地板。他數到四就站起來，但裁判數到八才放他再戰。不出幾秒，我又一輪左右開弓把他打倒。幾秒之後，他再次倒地，這回數到八他才搖搖晃晃站起，眼睛迷迷濛濛的，血從額頭上流下來。我眞的讓他吃到了苦頭。

傅區趴到台邊，試圖吸引裁判注意。我確知可以收拾他的最後一拳尚未擊出，裁判看見傅區，並作手勢結束比賽。我還站在那兒目露凶光，觀衆向我噓個不停。我挑釁地瞪回去，試著享受他們的噓聲。

這是佛萊瑟拳手生涯的最後一夜。「我想該是掛起手套的時候了，」他賽後說。他拳擊生涯的三十二場勝利之中，二十七場得自擊倒對手。他的四場敗仗，平分給了阿里和我。

我的紀錄至此成爲一敗四十二勝——幾乎全是擊倒。我讓全世界知道，我已經可以和阿里一戰。

但阿里尚未準備和我一戰。

不錯，他是打敗了諾頓，但打得毫不出色。我知，他知，大家都知道，那晚如果是喬治・福爾曼跟他打，被修理的肯定是他。

「福爾曼就是重量級。」在我第四回合擊倒過去二十九場全勝的丹尼斯（Dino Dennis）之後不久，《運動畫刊》如此宣告。

那場比賽由佟京主辦。我找上佟京，是在裴倫契歐突然放棄了拳賽之後——我猜，造成他離開的一部分原因是他沒辦法安排讓阿里和我比賽。但是佟京也交不出阿里。即使我已經成爲頭號挑戰者，而且若和我打，保證收入就可讓他此生吃用不盡。阿里已經看出，今日的喬治・福爾曼，已非他在非洲靠繩圈幫忙而僥倖打敗的那一個人。我只有繼續跟別人打，繼續贏，希望總有一天拳迷或者拳擊主管單位會看不過去，以此強迫他與我再戰一場。

佟京的構想是讓我上電視打拳作秀，丹尼斯之戰是ABC轉播三場中的第一場。但它結束得太快，電視網甚至來不及播廣告賣啤酒或刮鬍刀。第二場，在潘沙科拉出戰阿戈斯塔（Pedro Agosta），也花同樣時間。第三場排在波多黎各的聖璜市舉行，對手是吉米・楊，他剛和阿里打過，那一場依我及許多人的看法，該是楊贏。但裁判沒這麼判。正因此，他和我湊成一戰，當作非正式的淘汰賽，打贏的獲得再戰阿里的機會。楊的看家本領不是具擊倒力的重拳，而是擅長各種刁鑽的組合拳。打敗他是一定的；只是不那麼簡單。

◇

我的新女朋友名叫安卓亞·史姬特（Andrea Skeete），不過我比較當她是行政助理及廚子，不怎麼像是情人。她的角色是在我訓練期中，打理我所有事務。她甚至在我跑步回來時替我脫鞋。我打敗萊爾之後，找回男子氣慨，竟以輕蔑回報她。想必是我覺得高高在上，不再那麼需要她的原故。這時她告訴我她懷孕了。

懷孕？嗯，我的生活可眞是無奇不有。「妳確定？」

「你要我多確定？」

我們去找一位我相熟的醫生。我們在他對面坐下，他開口就問：「你要這個孩子嗎？」

離開他的診所後，安卓亞對我說：「那人甚至不想問我一聲——甚至不看我一眼——是我懷了孩子的呀，豈有此理。」

來自加勒比海聖路西亞島的安卓亞，就此出走到舊金山，並且音訊全無，直到她爲腹中子打起認父官司才又出現。我把她帶到休士頓接受妥當的醫療照顧。她在一九七六年底生下弗麗妲。（弗麗妲此名，得自我十多歲時愛上的第一個女孩子，不過我連吻都沒吻過她。當我在職訓大隊時，她寫過一封情書給我，但我贏得奧運金牌後，邀她到我處：「我們只聊一聊。」她說不行，「我未婚夫正要來看我。」那有如一把刀捅入我的心。我對她說：「妳再也找不到像我這般愛妳的人，但我不會再來煩妳了。」那痛苦揭開了我一段逢場作戲的生活。）我一廂情願以爲，我可以自己帶弗麗妲。

「我不會把孩子給你，」安卓亞宣稱，「我要帶她。」爲了把弗麗妲留下來，我試圖與安卓亞重修舊好，但我們找不到一塊砌築關係的磚。

我的生活有別的女人照料。其中一個是夏洛特·葛蘿絲（Charlotte Gross），她是來自德州傑佛遜一個好家庭的鄉下女孩。她很稱職，而且最好的是，還有個男朋友。「你最好不要再和這些女孩子這麼親近，」摩爾先生說過，「或許你可以找一個有男朋友的，不會昏了頭以爲你會娶她，你就不會吃上官司。」

夏洛特把我照顧得很好，當米琪和小喬治來和我住的時候，她也悉心照料他們。我不時還叫她去看看安卓亞。我說：「如果妳表現得可以幫我把弗麗妲照顧得很好，也許她會把弗麗妲給我。」這不是個周全的點子，也沒有成功。不過，事情開始好轉。一直到——當然又是那回事——夏洛特打電話來，說她懷孕了。

「妳希望我怎麼做？」我問，「妳幹嘛告訴我？」

「因爲是你的孩子。」

我們是睡過幾次。「誰說是我的？」

「聽著，我知道我懷的是誰的孩子。」我從未見過夏洛特這麼生氣。

「我不知道妳爲什麼告訴我，」我說，「妳的男朋友呢？」現在我懷疑她是否眞的有男朋友。「我不知道，」她說，「我該怎麼辦？」

「這個嘛，我猜，妳就要生小孩了。」我摔下話筒，好酷。然後我才想到，我帶安卓亞去看的那個醫生說的是什麼——墮胎。我馬上又打電話給夏洛特，並且改變語調。「噢，我不是那個意思，我會爲妳做任何事，妳要怎樣都可以。妳打算怎麼辦？妳需要什麼，錢嗎？」

「不，」她說，「我只要你知道我懷孕了。」

「那麼我來處理，我會爲妳打理一切。」

「不，你什麼也別做，我只要你知道它是你的小孩。」

顯然的，我又被套牢了。老哥，你的生活是怎麼回事？豈止是愚蠢，讓孩子這樣排隊來報到，簡直愚不可及。

◇

知道又要添一個小孩，我去馬歇爾埋頭訓練，準備打這場阿戈斯塔之戰。媽來幫我持家。摩爾先生得了腦癌病倒，媽順理成章成爲我現在唯一信得過的人。我睡到後面的寢室，把我的臥室讓給她。知道我電話號碼的人，全都曉得，天黑之後就不要打來，因爲訓練中的我向來早睡早起。要是有人冒失打電話來，媽會盡快拿起話筒。

有一晚，我聽見電話鈴響了半聲，倒頭又睡，後來也不知道是誰打來的。

比賽之後，我回到休士頓，問起生病的克拉娜阿姨情況。「她現在沒事了。」媽說，並立即改變話題。

當我去看媽的另一個妹妹，ＬＣ阿姨時，提到要去看克拉娜。她說，「克拉娜死了。」

「怎麼都沒人告訴我？」

「南茜說，不要你分心。」

媽規定所有人，兄弟，姊妹，叔叔舅舅，嬸嬸阿姨，在比賽之前一律不准告訴我克拉娜過世。「如果你去他那裡，」她向他們說，「讓他專心，他要打拳，不必給他增加負擔。」

所以我錯過了喪禮和追悼式，沒和我親愛的阿姨道別。我心裡不痛快，就在外面一直走，想把情緒趕跑。我並不想被保護到這種地步，沒有人需要被保護到這種程度。

當我再去馬歇爾處訓練準備出賽吉米．楊，還是媽媽陪我。一天深夜兩點，電話鈴響，媽在響第一聲時就拾起話筒。這次我在一旁聽；我要知道誰有這個膽子這麼晚打電話來。是我姊姊瑪麗．愛莉絲。

她是從休士頓一家醫院打來的，邊哭邊說：「但是醫生說他已昏迷不醒。」說的是她五歲的兒子，名字也叫做喬治——喬治．艾德華．杜馬斯，年紀比我長女大兩歲。我一向把這個姪兒當作自己兒子。姊姊是在他痙攣時送醫急救。「他動也不動。」我聽她告訴媽，「而且他們說，即使他清醒過來，也不會走路或講話了。」

我輕輕把電話掛上，不讓她們曉得我聽到了，並再回床上睡。我沒聽到，我沒聽到——然後我一躍而起，衝向媽媽房間。

「妳告訴他們，我是喬治．福爾曼，前世界重量級拳王，」我大喊，「要他們召來世上最好的醫生，我付錢。」

「兒子，」她說，「他們有最好的醫生，他們正在作最大的努力。」

我從她手裡搶過電話，「妳告訴他們我是誰，」我對姊姊說。「我不准他們拿這個孩子亂搞。你幫幫他。」

我回房去時，想著多麼不公平，這個孩子的生命眼看就要成爲悲劇，而我全部的錢也於事無補。上床之前，我不由自主跪下，並且大聲禱告：「如果眞有上帝，爲何作弄這孩子的生命？請不要這樣，他還沒有長大，什麼事也沒做過，放過他，求求你。」

我跳上床，唉呀，這樣不大對，我又跪下：「好吧，如果你眞是上帝，眞如他們所說的在上面，我跟你打個交道。你救這孩子的命，我放棄全部的錢，全部捐作慈善用。」

回到床上，又再下來：「這樣吧，如果你眞的是眞正眞正的上帝，人們所說的，向需要幫助的人施以援手的上帝，如果你眞的在上面——聽著我放棄拳擊，不打了。你可以拿走我全部的錢，我的拳擊，只要救救這個小孩。如果你是上帝，你一定辦得到。」

矇著頭，閉著眼。嗯呀嗯呀的，在地板上。哭。「好吧，」我說，「拿我的命換，讓那小男孩活，我替他死。」

這回，我一下就睡著了。

早上我打電話給姊姊。她說看到喬治的脚動了。「眞的嗎？」我說，「太好了！」

「可不是，」她說，「但他們說他不能講話了。」

隔日她打電話來，她說她對兒子喬治說：「如果你聽得到我說話，眨一下眼睛。」而他眨了眼。

再過一天，他開口說話了。他出院回家時，口中一直說：「我要去看我爹地。」

「你說爹地是什麼意思？」她問。「喬治．福爾曼是我爹地。」這個喬治說。

今天，喬治．杜馬斯塊頭比我還大，講起話來連巧克力兎寶寶的長耳朵都受不了。

◇

一九七七年三月，在我出賽吉米．楊的前幾個晚上，我站在聖璜的旅館陽台上，看著波多黎各的燈火，回想我從離開第五區之後的人生路程；想到我第四個孩子，馬上就要由第四個女人生下來；然而我仍是個光棍。我一心一意要攀爬的梯子頂端，現只差最後幾階，奇怪我卻覺得如此無趣。我何時才會停下來，欣賞風景？對萊爾的勝利，恢復了我的男子氣慨，但不論我贏幾場，有多大成就，那種空虛感仍揮之不去。我現在知道，打贏吉米．楊，它也還會在，再戰阿里之後也不會改變。不知道爲什麼，我開始對一個我尚不確定是否存在的人禱告。「上帝，」我說，「或許你能拿我的生命去用，或許能派上比拳擊更多的用處。」

次日，佟京把我拉到一旁。「聽我說，喬治，電視台喜歡你，不過呢，你擊倒這些傢伙的速度太快了，這樣他們賺不到什麼錢。你必須給他們多幾回合，多賣幾檔廣告。」

佟京相信，比賽的長短操之在我，令我受寵若驚。也許他被錢迷了心竅。佟京知道，如果我打敗楊，而阿里仍不肯跟我打，世界拳擊協會已打算剝除他的拳王頭銜。此外，這已是我和ABC合約的最後一場比賽，三大電視網都會來爭奪阿里二戰福爾曼的延時轉播權。所以，無線電視權利金和付費收視頻道的收入加起來，佟京說，可能達到千萬——「如果你好好兒玩。」換句話說，我不可太早把楊擊倒。

吉米．楊和我的比賽在羅伯．克里門體育場進行，此場地得名於偉大的匹茲堡海盜隊明星球員，場內場外都是英雄的羅伯．克里門（Robert Clemente）。觀衆仍然一個勁兒噓我，很不好受。但這次，我終於了解他們爲何如此：我不是像克里門那樣的人道主義者，我的行逕不像個英雄。

體育場裡瀰漫著波多黎各叢林散發出來的黏濁窒悶空氣，更衣室裡也是。我全身大汗，宛如比賽已經打完。不知道哪來的水份，我已兩天沒喝水了。

沙德勒說，賽前一天不喝水最適當。但喬治現在有新的主張，兩天不喝水好處加倍。

在我的角落等待開賽鈴聲，我望向爆滿的觀衆，想著佟京最後一分鐘的叮嚀：「座無虛席，收視率一定不得了，千萬別太早擊倒他。」

聽他的話。我和楊逗著玩，隨意出拳，輕鬆地把他逼到繩上然後放開。到第三回合我終於給了他一下重的，同時聽到席卜斯在喊，「現在，拳王，就是現在，把他擊倒。」我雖然很想，還是忍住，時間還太早。（多年後，席卜斯告訴我，他以爲我要放水。）幾次這樣放過他，楊卻信心大增，以爲他還站著是因爲技術好。他開始神氣地跳來跳去，但比起阿里是畫虎不成反類犬。他滿場打轉，還把頭伸到繩圈外，簡直成了摔角選手。

比賽過半，我習慣性瞄了一圈場邊的座位，希望看到摩爾先生。想起他已走了，死於癌症，悲傷忽然湧上來。我趕緊收回心神繼續比賽。

如同每一個看過我那場薩伊之戰的拳手，吉米・楊企圖拖到最後幾回合，考驗我的耐力。而隨著比賽拖長，今晚的勝負更加難測。場裡的熱氣漸漸令我難受，但我訓練有素，並且自信時間站在我這一邊。

第七回合中，我一拳打中他額頭，他膝蓋彎曲了一下，眼看就要倒了。但我並未跟進再給一拳結果他，卻在想佟京會不會嫌七回合還太短。就在我猶疑的一兩秒內，楊回過神來，逃到我拳頭距離以外。（數年後，楊告訴運動畫刊說，那一拳令他暈了一下。「我禱告上帝救我的靈魂，」他說，「他只要用小指再推我一下。」）那回合剩下的兩分鐘，我追著他打，但沒有得手。鈴響時，他覺得我最兇猛的攻擊都未能奈何他，得意地舉起兩臂作勝利狀。觀衆見了，都起立齊聲高喊：「吉——米——楊，吉——米——楊……」

良機總是稍縱即逝，我錯過了另一次完工的機會。而這次之後，它就不再出現。我氣力衰竭，一再試著要擊倒他都徒勞無功。他察覺之後，打得更加起勁。

到第十一回合，我已不再確定我的點數領先。第十二回合，我右手搏命似的打出一記上鉤拳，他胡亂回了一拳過來，因爲我正欺身上去，撞個正著，加起來的力量令我轉了一圈，並且單膝跪下。他比我更吃驚。我在才數一下就起身，並立即再追上去，在最後九十秒瘋狂出拳，希望其中有一拳能左右裁判的決定。鈴聲響時，我非常肯定勝利屬於我，然而也同樣確定，他們已經判定我輸。

我聽到了裁判的決定。就在克蘭西叨念不公平的話聲中，匆匆回到更衣室。雖然落敗，但我並沒有像薩伊那一仗的羞辱和傷害感覺。我盡了全力，而且第一次打完十二回合。

更衣室仍然是賽後的樣子，經理、訓練師、助手和運動場人員轉來轉去。想著賽馬跑過之後，被牽著繞圈子冷卻身體的情形，我來來回回踱步。我從來不覺得這麼熱。

◇

「喂！」我說，「窗子在哪兒？」有人撬開頂窗，但沒什麼用，一絲風都沒有吹進來。煩躁中，我愈踱愈快。

也許是熱昏了頭，我一下子胡思亂想起來。好啦，喬治，這下你不必再操心這場比賽了。你要的話可以退休。可以去演電視或電影。或和ABC簽個合約當拳賽講評。你還是舉世知名的喬治·福爾曼。你會找到事情做的。什麼都不想做也可以。你有那麼好的莊園可住，幾棟房子。你有錢去旅行。你要的全都有。你可以退休等死。

死？！

這個念頭怎麼來的？你又不是要死了。你哪兒也不去。所有值得活的東西你都有——汽車、錢、房子、保險箱；還有藏起來不為人知的事物。你不必再為拳擊操心。你想要的話，可以回家，退休，和等死。

又是這個字。我不知道它打哪來或為什麼。我不可能想自殺，事實上，我還想長生不老呢。但不管我如何努力專注去想正面的事，「死」還是佔滿了我的意念。我來回踱步，不再是為了冷卻，而是為了活下去。踱步不久，升級為柔軟操，而當屈膝蹲跳都趕不走這個念頭時，所有人都看傻了。要是我看到一個拳手惡鬥十二回合之後像我這樣，我也會看傻眼。我不敢告訴他們原因，也無從啓齒。

我的內在掙扎持續了——這個，我也不確定是幾秒或幾小時。我考慮找個人告白，但又想到可能講出來會被誤為沮喪。我是在為我的生命而戰，而在那一刻，我第一次體會到生命真的是多麼珍貴。

你聽過選手比完拳賽之後性命危殆，是吧。但我可不，我不會死。

這時一個聲音打斷我的思緒。雖然它從我的頭裡發出，但肯定不是我的：你信上帝，那為什麼還怕死？

那是誰？老實說，我，喬治．福爾曼，並不眞正相信上帝。我對信教的人那麼不屑一顧。我自己的聲音應了解我這一點。當然，我在聖璜陽台上，和在馬歇爾住處床邊的幾次禱告除外。喔，還有在舒勒牧師的教會那次，我試著讓人喜歡時。但這些都算不上眞信仰的證明。我的禱告沒有一次算數，都是虛情假意，為了求效果而已。

然而，那個聲音仍然揮之不去：如果你信上帝，那爲什麼還怕死？我用另一些我必須奉行的話抹煞那個聲音。我還是喬治・福爾曼，我還能打拳。我還是可以捐錢給慈善機構和癌症治療單位。（我最近才以安德生醫師之名捐一萬美元給美國癌症協會。我是他接生的，他正因癌症受苦。）

那聲音彷彿受到冒犯，變得急促起來：我不要你的錢，我要你。現在我相信我眞的要死了。我向來的所向無敵感覺，原來只是幻覺。生命可以像一抹微笑，倏然結束。不知何方冒出我自己的聲音：「上帝，我相信你——但還不足以去死。」迄今我仍不曉得我是大聲講出這些話，或是只在我的頭裡聽到。

我倒向更衣室地板上時，腿縮在身體下面，鼻腔塞滿病味。我一下就辨認出，那就是絕對窮途末路的味道。

接著我覺得自己被傳送到一個遙遠的地方，置身無垠空虛的底下的底下的底下。那是眞正的「空無之境」——不是我們常說的「哪兒都不是」。不曾身歷其境者無法想像，那裡，沒有希望。我什麼也看不到，頭上方和脚下方都空無一物，除了空虛還是空虛。

意識到所有我掙來的汽車、房子和錢，在這裡一無價值，全都像燒過的紙，經手一觸即化爲齏粉。被這萬鈞悲傷這麼沈重一擊——最無望的眞正悲傷——我的呼吸頓告停止。當我回顧時，看到那些東西全在身後支離破碎。重點是我就要死了，而我還沒有告訴所愛的人，他們對我有多重要，還是我根本不知道他們的重要性？我把他們視爲當然，媽媽和孩子。我還沒有說再見。還沒有抱他們。我曾惡言相向。也曾忽視他們。多半只用禮物來表示我對他們的愛。

我的懊悔一波接一波，以光速通過。通過時，悲傷一點點榨出我的生命。我死了。這就是死，死就是這樣子。我說：「如果這是死也無所謂，我仍然相信有上帝。」我一無所有；我已揮出最後一拳。好像早已死掉一般，有什麼好在乎的。

◇

這時，一隻大手把我舉起，並帶離那虛無。一霎時，覺得血液又流經血管，我回到了更衣室，躺在訓練檯上。一定是他們在我的腿打軟之後抬我上來的。我向圍繞著我的一圈臉看去——弟弟洛伊和大哥桑尼、克蘭西、席卜斯、我的保鑣拉馬爾，按摩師富勒哭著。

「嘿！我要死了。」我愉快地說，「但告訴大家，我是爲上帝死的。」那隻大手已把我從一個恐怖的地方救出來。我今後會信任它。我不怕了。

他們齊聲哄我：「没事了，喬治。」「你會好起來的，喬治。」「別擔心，喬治。」還有：「你是個漢子，拳王，你可以再打。」

我躺在檯上，忽然覺得有東西把我從一個地方吸到另一個地方，每到一個地方，我就變成一個不同的人，講他的語言，有他的感覺，信他的宗教——過他的生活。我剛在一處適應下來，就被吸到另一處。這旅程似乎持續好久，但可能只是一瞬間的事。

不知道爲什麼，我大喊：「你帶我去哪裡都沒關係，我是喬治．福爾曼。我剛輸掉一場拳賽，我在這間更衣室裡。我不要做別人，我要做我自己。我是喬治．福爾曼。我輸了比賽。隨便你帶我去哪裡都不要緊。我永遠都是我，這我絕不會忘記。」

這時我就停止了東跑西跑。

跟我一起來的魏斯特醫生扶住我的頭。「嗨！魏斯特大夫，」我說，「把手拿開，他頭上的荆棘刺得他流血。」我看到血從我的額頭汩汩流下，而那並不是拳賽所造成。他一言不發，只是帶著憂心微笑。

「嘿，富勒先生，」我說，「你的手拿開，他被釘上十字架在流血。」我看到我手上有血。「你還好，喬治，」他說，眼淚在他臉上流下來。大家都那麼可憐我。

「嘿，耶穌基督在我裡面復活了。」我喊著。

他們更安撫我：「沒關係，喬治，下次你會贏，別擔心。」

「我不是說拳擊，」我說，「耶穌基督在我裡面復活了。」

這時洛伊靠近來。我想他是順著我：「是呀，喬治，」他說，「但你還不夠乾淨。」

「我一定要把自己弄乾淨，」我說。

我推開他們，朝淋浴走去。有人在喊不要讓我進去，因爲沒有熱水，而冷水會使我休克。

大家抓住我四肢不放。在拉拉扯扯中，魏斯特大夫命令他們放開。

我一面沖水一面高喊：「哈里路亞，我乾淨了。哈里路亞，我重生了。」沖過之後，在我還沒有揩乾時，某種力量控制了我。我感覺它在胃的下方，我連呼吸都不由自主。開始朗誦我自己都不知道我知道的聖經章節，滔滔不絕。然後對每個人說我多麼愛他們。

我抓住克蘭西。「來這裡，」我說，「你是愛爾蘭人，我愛你，你是我兄弟。」我親吻他的嘴。

「來這裡，富勒先生，」我說，也親吻他的嘴。「我愛你。」

一個接一個，我對房間裡每個人都這樣做。到桑尼時他不肯。但我那由得他。掙扎當中，富勒先生下令：「順著他，桑尼，他神志不清了。」

他們一定看出我下一步是要到外面，那兒有幾千個人待我去親。他們可不能讓我造次，別的不說，我還赤裸著呢。我一定也了解了，就讓他們帶我回訓練檯躺了下來。

這時那聲音又來了：我去找兄弟，他們不相信我；我去找朋友，他們不了解我。所以現在我找我天上的父。

我又開始高喊：「別讓耶穌走掉，別讓耶穌走掉。」另一邊傳來他親愛的道別。那一刻我感到出奇的平靜，我做到了一直渴望的事。我變成一個自己一直想做的人。那令我震撼的感覺，是我當世界拳王時不曾體驗過的。我終於全有了：充實，平靜，滿足。那聲音說，現在，我走了。

就這樣，它去了。我極力要抓住這番經歷，但一如想留住某個特別的夢境，但夢總是在醒後就褪去。

◇

面對我剛才親吻過的一張張臉，我好窘好窘。一轉眼，我回復爲一個老拳手，赤條條而且溼淋淋，對剛才的事說不出個所以然來。我只能禱告，希望他們不久就會把親眼目睹的這一幕忘個精光。

接下來我記得，我躺在醫院加護病房床上，看著液體點點滴滴從瓶子注入我血管，一部機器監視著我的心跳。只要那個機器的嗶嗶聲不停，我就還活著。

醫生們找不出我有任何毛病。其中一個醫生說，我也許是輕微脫水。另一位則下了一個高度技術性的解釋：「這個嘛，」他說，「你的鈴子響了。」（譯者註：雙關語，拳賽結束有鈴聲，這話消遣福爾曼，不要再打拳了。）

克蘭西次日來探望。「記者都在外面，」他說。他想假裝不爲我尷尬。「我告訴他們，你中熱衰竭，等一下他們進來時，你也這樣對他們講。」

中熱衰竭？「我這輩子沒聽過這個名詞，」我說，「我連念都不會念，你再說一遍。」

「中熱衰竭。」

「中熱衰竭，中熱衰竭，中熱衰竭，中熱衰竭，」我說，「好了，讓他們進來，趁我還記得怎麼唸。」第一個記者才走進來，我就高聲說：「中熱衰竭！」

「那是什麼？」他問。克蘭西趕緊接下話頭：「就是——」

我躺了兩天，沒有回想那場拳賽，也沒有回顧從小到現在二十八歲躺在波多黎各醫院，這一路是怎麼走過來的。相反的，我一直想著趕快回家，看媽媽和孩子們。我又得到第二次機會。閉上眼睛，我在心裡把他們每一個都緊緊抱一抱。我一定要讓他們知道我愛他們，說不定，明天他們就見不到我了。

# 第七章　彌補二十八年的沈默和怒氣

我回到休士頓，緊緊擁抱我媽媽，抱得有如再也沒有機會似的。「天！」她說，「喬治在我屋子裡耶！」

本來，對阿里的那一戰之後，媽在我休士頓新的大宅住過一陣。可是當她弄好了裝璜，我就請她搬走——我要帶女人回來，不想她在一旁看著，挺怪的；女人們看到她，也怪。現在，我卻覺得大房子沒有家庭沒有愛，空空洞洞的。我寧願住媽媽家；我需要她。在她家，即使她不在屋裡，她的聲息還在，所以我就住了下來。

我把三個小孩都接過來，並且抱個沒完沒了。一個勁兒「我愛你，我愛你，我愛你」講個不停。我要彌補二十八年來的沈默和怒氣。最大的女兒米琪大聲問，爸爸怎麼忽然變這麼肉麻。我大笑，想到我可能隨時都會再進入那可怕的迷離幻境；我絕不再自以為牢牢掌握著生命；絕不忘生命是何等脆弱。死亡隨時可能來臨。我不想錯過機會再後悔。我不能再以為，禮物和玩具能代替對家人的愛。

住在媽媽家的三星期當中，訪客多會問起在波多黎各的事。我盡力解釋，但因還沒有想通，所以我的疑問比答案更多。我對於教會和宗教全然無知，從未聽過「重生」一詞，所以沒辦法把這項經驗與別人的經驗聯繫起來。教育是慢慢來的。媽媽既沒問，也沒人告訴她；她所知道的事兒都是聽來的。但她看得出來，我離家時天不怕地不怕，回來時已變了個人——現在並且需要她的愛。此外，我愛她煮的飯菜，頓頓都狼吞虎嚥。

◇

「也許上帝是要告訴你一些事，」姊姊葛洛莉雅說。她把聖經給我，建議我讀一讀啓示錄。我讀了，她說再多讀一讀，我就再讀。我對於其中的意思似懂非懂，就打電話問唯一熟識的牧師——奧克蘭的胖爹地。胖爹地對婚姻和婚外情的「卓見」我不敢領教，但至於我要不要信教，宗教接不接納我，我還是需要指點。那時，我不知道牧師也和醫生一樣，有好有壞。「你爲什麼找我，喬治？」他問。我告訴他經過情形。他聽了只說：「嗯，眞有此事，老兄，看來你眞的回到家了。」談話到此爲止。

在迷惑中，我打電話給兩年前曾去他教會作見證的舒勒牧師。他說：「我相信你。聽著，我要你下個禮拜天來聚會，只要說說你這個經過。」我先是不肯，一直到聽他說：「勇敢一點，這不會害你的，大家都想知道。」我這才答應。

我搭機到洛杉磯他的園林社區教會，對著三千名信衆講出我在波多黎各的際遇。他們全是教徒，有助於我克服尷尬。「我死了，」我說，「忽然我又活過來。我不能控制言語，我高喊，『耶穌基督在我裡面活了過來。』」我一提到耶穌，他們就齊聲歡呼。

聚會之後，舒勒牧師的兒子爲我列出聖經中幾個他認爲適合我讀的章節。但我還沒有一本自己的聖經。我一回到洛杉磯旅館的房間，就請表妹夫爲我買一本。他問我要哪一種。我說，「打電話到阿拉巴馬，問你母親用的是哪一本，買相同的給我。」那是國王欽定本。

兩星期後，我在報上看到舒勒博士的《力量時間》（Hour of Power）電視節目廣告。廣告中說：「聽聽喬治．福爾曼見證他怎樣找到耶穌基督。」我猛然想起那兩個女孩如何取笑那個獲得重生的棒球員，現在就要換成我是人們訕笑的對象。我覺得受害並生氣。我不知道有攝影機在錄影。「大家都應該知道這件事，」舒勒博士是這麼告訴過我，但我不以爲然。我覺得尷尬，決定回家，閉門不出。我完完全全「閉關」，沒有誰找得到我。我透過另一名朋友宣布退出拳擊，然後寫一封信給ABC，辭去我剛簽約要與柯塞爾合作的拳賽講評工作。在電視佈道中曝光，消息又上了報，令我覺得公開露面渾身不自在——不過這只是一部分原因，關鍵在於我認爲拳擊對我的生活不再重要。拳擊一直在爲我的仇恨心火上添油；因爲若想擊倒對手，必須培養出一種惡毒的心理狀態。但那個喬治．福爾曼已經不存在了。

有事爲證。大哥到利沃莫莊園，把我飼養的動物載到馬歇爾莊園。他到利沃莫時，赫然發現，主房和客房所有的東西，從壁紙到地毯全都不見了，包括無可取代的獎盃和歷來收集的紀念品。後來才知道，看守的人——一個上了年紀的退休警官——擅自在報上登了這樣一則廣告：「喬治．福爾曼產業拍賣」，引得人們遠道而來，把我的東西採購一空。

更糟的是，朋友傑克生背著我把利沃莫莊園給賣了。他與人簽了委付讓售契約，幾星期內就要執行。這就是我從職訓大隊提攜出來，跟著我做事的傑克生，六個月前在奧克蘭與銀行職員串通，盜領我五十萬美元的傑克生。我不得不雇請律師追討那筆錢。

我沒有阻止莊園出售，因為我知道反正我不久也會放棄它，就這樣脫手也罷。至於那看守人，由他去了。

我去舊金山為售屋辦理手續時，才體會到暴戾之氣已離開了我。我正在大廳中等候時，碰到傑克生。他看到我，嚇得僵住了。和他共處了六、七年的喬治・福爾曼，一定會把他揍個死去活來。他不知道，那個喬治・福爾曼已在波多黎各死了。他臉上的恐懼令我羞慚。我伸手過去，緊緊抱他一下。「嘿！傑克生，」我說，「真高興看到你，老哥。」

他一個字也吐不出來。那天下午他打電話到我的旅館來。「我以為你會宰了我，」他說。

「你那樣想令我很過意不去，」我答道，「我已經不做那種事了。」暴戾情緒已經不在我的電腦程式集裡。這並不像是飢腸碌碌又強制自己不吃，它就是消失了。

我到馬歇爾去，並在裡面的健身房走一遭。以前我在裡面打沙袋時，都假想是對著下一個對手的臉痛擊，一直打到他死。現在，沙袋只是沙袋，不再是一個沒有臉的對手。

一天晚上我回到媽媽家，葛洛莉雅有一對年輕夫婦客人。在葛洛莉雅的催促下，我把故事又講了一遍。這是媽頭一回聽到整個經過。她只是聽，什麼也沒說。我講完，這對夫妻輪流敍述聖經裡保羅在往大馬士革途中的所見，以及看到一個天使的寇尼留斯（Cornelius）。

「正是，」我說，「正是，那正是我碰到的事。聖經裡眞有這樣的記載？」他們翻給我看。

「哇，我有過一次聖經記載過的經驗！」

「喬治兄弟，」他們說，「主是在召喚你，他要你爲他做事。」他們向我解釋上帝這個上帝那個，而愈聽愈覺得他們像狂熱份子——這種人我過去加以取笑，也希望自己絕不要變成他們那樣。但這次不同，他們的話直接與我親身經驗契合。「這是眞的，」我說。

「這是眞的，」他們說，並唱起讚美詩，還邀請我去他們的教會。但我仍然膽怯，還在認識新的喬治・福爾曼，我的自我還在。

◇

後來我搬回自己家。家裡經常高朋滿座，不速之客所在多有。一天晚上，夏安（Shawn）翩然駕臨。她是我到波多黎各之前曾經瘋狂追過，但沒有追到手的一個年輕貌美女子。應酬一會兒之後，我就告退去沖個澡。正在抹肥皂時，夏安進來了——一絲不掛。要是從前，她那撩人的樣子肯定正中我的下懷；但現在，我心如止水。她瞪著我，我瞪著她，好不尷尬。我丟給她一條毛巾，自己也圍上一條，擦乾身子。

她困惑又難堪，問我怎麼回事；這不是她認識的喬治・福爾曼，才幾個月前還對她垂涎三尺的那個人。我笨拙地解釋，說我已找到平靜之道，並打算持守。我出於直覺便警惕自己，這樣隨便的關係將會攪亂我的平靜。

我告訴夏安，我正要去一所教會，那兒的牧師要討論流血犧牲。我想那題目可能與我的波多黎各經驗有關，就向李歐娜阿姨探聽教會地址，她說她曾去做過禮拜。

「妳要不要跟我去？」我問夏安。

她瞪我良久，最後她說好。不知道她是懷疑我的問題還是她自己的答覆。

我穿上最好的一套西裝，與夏安鑽進我拉風的 Stutz 黑鷹轎車——鋼圈後輪胎，眞金的內部裝璜，全手工打造。我一路尋找那所教會，睜大眼睛要找一座羅馬教會式的建築，哪知它看來就像是一家 7-Eleven，還沒有霓虹燈。我們一定駛過它十幾次了。站在這所耶穌基督教會的門前，我怯場了；裡面座無虛席，我怕引起注意。當我們在後排坐定，我望見在媽媽客廳裡講聖經故事給我聽的那對夫婦坐在另一邊。男的也望過來，點了點頭。原來這就是他們的教會，難道我是被上帝領到這兒來的？

禮拜當中，牧師都對著我講道，令我頗不自在。當他說「要禱告的人，到台上來」這句話時，直直看著我的眼睛。大家站起來，走上台，跪下禱告。台上陸陸續續聚滿了人。禱告聲極大，喧嘩震耳。我想反正沒人聽得見，何況大家專注於自己的禱告，注意不到別人。然而我太畏首畏尾，太自我，直到牧師轉過身跪下。當我覺得他看不見時，我才跪下加入禱告。

「主呀，」我說，「我擁有的夠多了，我眞的擁有夠多了，或許你該爲別人擔心。」怕在吵鬧聲中他聽不見，我提高了音量。別人一定也這麼想，因爲大家都叫喊起來，聲音混成一片。我向上帝供出我心底的恐懼和懷疑，尋求我上千個問題的答案。最特別的一個是：「何時你會再次召喚我？」下次，我相信，就是永遠了。

我愈祈禱就愈激動，愈接近在波多黎各更衣室裡充滿我的聖靈。這幾乎是入迷狀態，我祈禱它持續下去，覺得一無所懼。

但在我回到座位時，那股勇氣像輪掉一場比賽般消失無蹤。令我懷疑是否有人聽到我的祈禱。我告訴自己，有人聽到了，然後離開，不認爲下次還會再來。一連幾個晚上，我輾轉反側不能成眠，我確定那種感覺要進入我，問題是，我要不要接納它？

隔一週，我又去教會，並加入聖壇上的祈禱。這次什麼也沒發生。隔天晚上或再過一天亦然。不過，我不排斥成爲教會的常客。聽講道，團體祈禱，讀經，令我覺得安心。

三個月後，有人建議我加入星期天禮拜。我一直以爲這只是一處晚間聚會教會。我拉著表姊琳達跟我一道去。她以前和她媽媽——我李歐娜阿姨——去過那兒。李歐娜阿姨偶爾也陪我去。

許多日子，我獨自待在家裡，有時去看媽媽。我開始讀聖經。我買了好幾種不同版本，每一種都讀。我在空白處記下心得，並在禮拜後與講道人麥斯特討論我的想法。我告訴他波多黎各的事，他說，「我相信你，喬治弟兄。」他指出聖經幾個章節，印證我的經驗。

現在我成爲喬治弟兄，他是麥斯特弟兄。我講起話來與剛學會讀書的小孩一般熱切。「眞的有耶穌基督，」我說，「耶穌眞正是神的兒子。他眞的活著。神的兒子在這個星球上走過。」他只是笑；這對他不是新聞。

我們通宵達旦談論神和聖經——談到他不支睡倒，我才自己離開。由於他那麼客氣殷勤，我從來沒有想到他白天還要上班。我可以回家睡個一整天，就像摩爾先生以前和我談個通宵後一樣。我非常懷念摩爾先生，不知他對我的新熱情作何感想。他關於宗教的警告還在我耳中迴響，但那些擔心都顯多餘。宗教怎會破壞一個不再存在的事業？

一天晚上，麥斯特弟兄和我談到了性。我告訴他，我持守著不在婚姻外與人發生性關係的戒條。「我只是憑感覺這麼做，」我小心翼翼地說，心想他可能會與胖爹地講同樣的話：不帶「它」回家即可什麼的。「我說不出個所以然來。」

「這個，我可以解釋，」他說，「你所說的聖經裡有。」他指出神的律法篇章。

有聖經篇章印證我自已發展出來的信念，吸引了我更深入去研讀它。我讀時，手邊準備著字典，以便細察某些精義。

不久，我開始有夢和異象。第一次見到異象是在我媽媽家。那時我閉眼在她床上假寐，看到我拎著我最喜歡的一只Gucci黑色鑲金手提箱，然後我表姊瑪莉・艾麗絲的丈夫保羅出現，穿全套西裝打領帶。別人嘲弄他：「嘿，牧師。」他表情痛苦：「喬治弟兄，我結婚時沒有人了解爲什麼，但我結婚是出於眞心。」一時間，他和所有人又都不見了。我張開眼，又回到媽媽的臥室。

次日，我向麥斯特弟兄描述這個異象，請他解讀。他溫煦笑起來，一種認同的笑。「你會成爲一個傳道人，」他說。

在那夢中，我姊夫保羅代表使徒保羅，他在往大馬士革途中遇襲，後來才成爲傳道人。

我攜著手提箱，就是帶著神的教誨。婚姻代表我與耶穌基督結合。他說：「別人也會嘲笑你，但你應聽從你內裡的聲音。」

隨著時間過去，我看見的事情變成了事實。有人嘲笑我，有人躲避我，也有既嘲笑我又躲我的。我永遠忘不了在休士頓的北地購物中心那一次，隔街看到哥哥桑尼與他的新未婚妻及準岳母，桑尼明明已和我四目相對，仍然轉過頭去，有如沒看見我一般。這人一向以我爲榮，尤其是在我把他從酗酒裡拯救出來之後。現在他覺得我令他困窘了。是的，我是那拎手提箱的人，承受著冷嘲熱諷。

◇

我從波多黎各回來之後三個月，夏洛特在休士頓生下我鍾愛的女兒喬姬妲（Georgetta），我不曾見過哪個小孩有著這麼濃密的頭髮。我把她抱在臂彎裡，覺得蒙上帝祝福，完整又滿足。她左臂上有個奶油色胎記，和我左腿上的一模一樣，形狀像德州。明知她聽不懂，我還是一遍又一遍說我多麼愛她。

不管夏洛特開口說她需要什麼，我都買給她。出院後，她在我家待了幾天，恢復體力。不過我已有言在先，我不要女朋友也不要妻子。

夏洛特現在是我的責任，但我也還有別的責任。參加教會，盡力照上帝的方式生活，我要避免不端莊的形象。人們必然會誤解，所以我把她和喬姬妲送往我在馬歇爾的房子去住。

幾週後，她看來已復原，我說：「既然妳身體養好了，我想妳該自己過生活了。」我說可以幫她找份工作，找個家，買部汽車，甚至她要回學校念書也可以。

她大為意外。她很不高興。顯然她錯以為，我對她好，又照顧喬姬妲，是一種求愛。我說：「我不會跟妳結婚。我不會跟任何人結婚的。」就這樣，她不再跟我講話。這使得我探視喬姬妲更困難。我沒有安撫夏洛特。我不想改變她，她要背起自己的十字架。

我的生活以孩子和教會為中心。米琪快五歲了，經常從明尼蘇達搭機前來。她與我在一起愈久，要回家的時候我們就愈難過。

我儘量常把孩子聚在一起。這是我最快樂的時光——買衣服，幫他們梳頭，跟著他們後面收拾。我們去買東西時，米琪就會要管錢包，並決定小喬治、弗麗妲、喬治和喬姬妲要買什麼。我對於莫黑德在棺材裡的頭部印象深刻，每次孩子們要各自回媽媽家時，我都會害怕。團聚的日子永遠不夠，當最後一個孩子離開，我關上門時，都幾乎要崩潰。

◊

有一天我想到，我如果結婚，不就可以名正言順與孩子們更經常團聚——甚至可以永遠住在一起。再說，我的宗教認為，應藉妻室得到穩定，獲得人們的敬意。

我幾年前認識辛西雅．路易絲（Cynthia Lewis），那時她剛高中畢業，她母親（我們約會過幾次）打電話來，要我幫忙讓她進入南加大就讀。我向來樂於幫助朋友，便替她交了學費，並買了一部車。她曾與全美大學足球明星交往。這些年來，只要我在洛杉磯，她就會來看我，但她那時還是個小女孩。

現在她二十一歲，即將畢業，不再是黃毛丫頭。我們重新認識彼此，我告訴她我的宗教轉變。令我驚訝的是，她表示好奇，並說她也祈禱也讀聖經。她看來很認眞，是個教育良好又循規蹈矩的年輕女子。她有一次來訪時，提到與最近一個男朋友分手，我就當機立斷作了一個決定。我說：「嗯，我幫過妳不少忙，或許現在妳可以投桃報李。」

「怎麼做？」

「這個，如果我們結婚，或許我就可以要回我的小孩。」

「噢，喬治，我會幫你的，」她說，「我知道你的心意。我可以當孩子們的媽媽及你的妻子。」然後她嘆了口氣，眼淚盈眶但含著笑：「我一直想嫁給你，除了你，我沒有愛過別人。」

只要你追尋，就會找到所要的。

很遺憾，這對我不像對辛西雅那麼羅曼蒂克。但我更遺憾她的感覺與我相去甚遠，因爲她期望那麼高，將來心碎得也更嚴重。

辛西雅和我在法院結婚，儀式歷程很短——幾乎與我們婚姻的和平時期同樣短。

我前妻、堂表親戚、我孩子們的母親及我母親，對這樁婚事都非常不以爲然。這些年來，我單身又多金，照顧家人出手大方。我再婚，他們覺得有如一切將告一段落。「她想的是錢」之類的耳語再度出現。

我和辛西雅的婚姻，像是一隻活龍蝦放進大蒸鍋裡。辛西雅以爲我們是電影裡的人物：男的爲尋找信仰，迷失在雲端，邂逅了女主角，飄然回到人間，成爲美眷。她希望我變成她印象裡偉大的喬治・福爾曼，那個在好萊塢錄電視節目，讓她可以向朋友炫耀的喬治・福爾曼。

若說辛西雅的心願沒有達成，那麼我也沒有達成自己心願。孩子們很少再來，因爲他們覺得在我妻子的家裡不受歡迎。我呢，讀聖經一坐就是幾小時，絕少外出。她不甘只是如此。我容忍著婚姻中明顯的空洞。有一天，她把我們臥房中的米琪照片拿走，她說：「那是過去的事了，我們應該想想我們的未來。」我堅持要她把照片放回去，她不肯。

我說：「我們合不來，這樣下去行不通。妳回學校去吧，追求妳所要的，繼續妳的生活。」我們爭吵不歇，最後，她了解到我是眞的改變了，不可能再成爲她希望的樣子。那時我們住在馬歇爾，談了一兩星期，關於她怎樣回休士頓，安頓下來，再進學校等等。我答應幫她自立。當一切似乎定案，我說要送她到路易西安納謝維港機場。那與莊園相距不太遠。

「喂，」她說，「我們其實不用急著現在分手。」她有一次告訴過我，她不贊成離婚。

「不，」我說，「這樣最好，我不想再有更多麻煩——爭吵之類的。」一想到我父母親箭拔弩張的情景，我就不寒而慄。我也想到當艾君堅持要在一起時，我說過同樣的話。

在車裡，辛西雅沈默不語。她問了一次：「你確定要這樣？」

「我確定。」

突然間，她用雙手抓住方向盤，並滑到地板上。當時我們車速約時速一百二十公里，如果我猛踩煞車，車子一定失控，不是撞樹就是翻車。我一面跟她搶方向盤，一面慢慢減速。「不要這樣，」我叫道，「拜託，不要。」我終於控制住車子，她癱在座位裡。我說：「看見沒有？不分手的話，我們會怎樣？」

「我知道了，」她說，「我知道了。」並開始哭泣。

我看著她登機，然後開車回家，打算盡快著手辦理離婚手續。

當我還在馬歇爾時，開始聽到一起上教會的人說，辛西雅挺著一個大肚子，並說我令她懷孕，然後拋棄了她。後來，有一個小孩拉起她的裙子，發現她在裡面塞了一個枕頭。

我們婚姻失敗的官司開調查庭時，她果然挺著大肚子出庭，並向法官聲稱她懷著身孕。我只能說，她受傷害和失望的程度，掩蓋了她的羞恥心。

「她沒有懷孕，法官，」我說。但不想令她難堪，我沒有提枕頭的事。法官一定心理有數；她裝得並不十分像。他下令驗血，以結果來決定怎麼判。

兩週後，我們再度出庭。法官面前擺著驗血報告。「小姐，」他說，「妳沒有懷孕。」他的語調不帶絲毫驚訝、憐憫或怒意。

我說：「法官，這女人說謊。」然後我瞪著辛西雅：「妳怎麼做得出這種事？」

她的臉扭曲，表情像是在說：「你有什麼了不起？」

法官撤銷案子。我給了她一些錢，就此各走各的。最後，我們獲裁定離婚。

◇

當我大哥那次在購物中心因尷尬而假裝未認出我時，我體會到我走上了一條沒有同伴，也不知目的地的路。家人聽我開口閉口天堂、耶穌基督、救贖和聖經之類的話，不勝其煩。他們忍無可忍，有幾個叫我不要再去找他們了。

一九七八年初，我決定刮掉鬍子。我的理由：未經修飾的臉，才是我的原貌，不再套用吉姆·布朗或其他英雄的臉。我從百貨公司買了一把可以調整長度的剪子來理髮。我不想再上理髮店，因爲理髮店裡流傳著我如何不再打拳，如何找到信仰云云的胡說八道。反正，買來的那把剪子萬無一失，非常好用。只要裝上你所要長度的墊片，就不怕剪得過短。好幾個月裡，我就這樣自己整修門面。

後來有一次，我在馬歇爾自己剪頭髮，因爲我想見一個在冰淇淋店工作的女孩，我有時會去買個一兩球冰淇淋吃。自從恢復原來面貌，不再扮演別的角色，我與年輕女子應對時就變得靦腆和手足無措。所以我希望至少要呈現最佳外表。但在剪的時候，墊片滑掉了，結果我頭頂上剪出一道S。我只好把頭髮全部推光。我於是一定要戴上滑雪帽，才會出門到鎮上去，尤其是到冰淇淋店。

一天我在點冰淇淋時，看到那女孩在竊笑。她走開時，我覺得奇怪。等我回到我的卡車上時才恍然大悟。老天！怪不得她笑。帽子還擺在座位上呢。

回家的路上，我感覺到兩頰羞紅臊熱，我再也不能去那家店了。

但是當我對著浴室鏡子研究我的頭時，我自問：爲什麼害臊？因爲沒有一根頭髮而害臊？老兄，你爭名逐利這麼久，跑步可以跑上幾公里，舉重不輸最強壯的人，你找到上帝。你怎能因爲害臊這種蠢事逃避？慚愧！我決定面對我的虛榮。從現在起，我的頭要刮得晶亮。

有一天在休士頓我又見到異象，當時我正在小阿姨家。我看到一本巨大的攤開的書，這影像佔滿了她整個客廳，翻開的兩頁上寫著「傳福音者二十一」。因爲不認得那個字，我不懂它的含意。我告訴小阿姨，她說：「這可奇了。孩子，聖經有時候是會告訴你一些事情的。」

這個異象我想了想久，才在一次與馬斯特牧師的夜談中向他請教。他好一會兒沒有講話，抬頭凝視天花板。我從他眼光中看出他在思考。終於他說：「那是一個先知的禁食。」

「先知的禁食？我不懂。」

「它是說禁食二十一天，是淨化及集中靈魂的方法。」

「我還是不懂你的話。」

「這是說，你要二十一晝夜不吃東西。」

「那怎麼做得到。」

「我自己有一次效法耶穌和摩西，禁食了四十天。」

二十一天不吃東西？幾個鐘頭不吃我都受不了。

「如果我是你，」他說，「我就只喝水。」

我把計畫告訴馬斯特的助理牧師倫巴特（W.R.Lumbart）。他說：「喬治弟兄，我以前做過禁食。大概七天，你的皮膚會開始乾燥，你也會變得非常焦躁，與緊張類似。」他建議先試幾次短的禁食，適應後，再嘗試長時間的禁食。

「我要做，」我說，「就二十一天。」

我在休士頓家中，這時體重一百零五公斤，開始禁食。三天後，我對自己說，再一天就停止；我沒把握是否撐得了那麼久。但第四天以後，我覺得不能就此開戒。第五天晚上，我參加禮拜，並造訪馬斯特牧師。他遞給我一杯水命令我喝。那水在舌上覺得清涼甘甜。但我只在與他一起時才喝——為了讓他知道我還好。

第十一天，我掉到大約九十公斤，外套和襯衫掛在肩膀上好像曬在衣架上，母親說我瘋了：「你怎能這樣？你這樣會死掉。」這在手提箱和受嘲笑的那個異象中已有預言。

兩週後，我的不尋常夢境包括讀聖經。我見過被陰影遮住看不清楚的一頁，突然，其中一段被照亮。被燈光照明的是哥林多書的其中一節，經文講的是人不可以為自己超過為神。這些時刻，使我的生活開始與聖經密合。這些經驗不是隨便碰上的，這是我現在的眞實。

到第十七天，我開始注意到，整個世界都是食物廣告——牛奶、乳酪、蛋、肉、水果、速食、大餐、特餐、點心、一份大麥克加薯條。守住禁食的唯一方法，就是貯存一大堆食物，等著禁食過後再吃。我到超級市場採買了滿滿一大箱的食物。

我不曉得在第二十一天的體重多少。我猜是八十六公斤，也可能更少。第二十二個早晨，我一起床就衝去吃東西，禁食後的胃口必須節制的等等忠告，全拋到九霄雲外。我沒有吃麥片粥，但吃了一份煎蛋，兩倍份量的煎蛋，並用飲料沖下肚，而這飲料我從小就必須攪到早餐穀片裡才能下嚥——我灌下了一加侖牛奶。接下來的一星期，我打嗝不停。

其後六個月，我每頓要喝牛奶。然後，就像我突然愛上牛奶一樣，我變成一見牛奶就反胃。這次禁食，讓我對食物之美和重要性心存感恩。此後，我餐前都禱告，有時默唸，有時高聲。

◇

有過禁食的經驗，使我不再因上過舒勒博士的電視節目而覺得尷尬，也不再介意我哥哥的冷淡。別人現在知道我是認真的，不像某些人三分鐘熱度或拿宗教作幌子。馬斯特在我禁食後來找我。「喬治弟兄，」他說，「你怎麼不向全教會講講你的波多黎各故事呢？」

「我不是傳道人，」我說。

「不是叫你傳道，弟兄，」他說，「只告訴他們發生過的事，就像你告訴我的那樣。」

我答應了。他說下星期就要登台證道。那天教會爆滿。開始時我結結巴巴，但愈講愈順，同時那種感覺又流遍全身。

一星期後我又證道，接著一星期又一星期。每次，那種感覺都會回來，否則我也不能繼續。若非有那種感覺，我必定羞於一再重複講同樣的故事。有它，我的故事才值得重述。上台證道對我一點也不重要，我不是想成爲偉大的佈道家，我已經在拳擊上登峰造極過。我在這所教會第一次禱告就對神說過：「我所擁有的已經足夠了。」

約在一九七八年中，兩個十四歲的男孩在教會與我交上朋友。兩個好孩子，但家裡很窮。我帶他們去吃起司漢堡，談上帝和聖經。我用拉風大汽車送他們回家時，他們樂壞了。有一次我帶他們回馬歇爾莊園遊玩。

其中一個男孩戴斯特，說他要在街上傳道。他慫恿我，激我。以前除了講我的證道故事之外，我乏善可陳。現在我對聖經已頗有心得，如果克服怯場，我是可以講些東西。

「好！」我說：「我們就去佈道。」我們買了一具手提擴音器，連接一隻麥克風，開車到謝維港，停在幾棟高大公寓建築之間，一定有許多人可以聽見。戴斯特先抓起麥克風，開始前後踱步，立即進入情況：「喔！讚美主，兄弟姊妹們，我不是來自吹自擂，我今晚是來頌揚主……」

他有模有樣講了十五分鐘，但我不能一直注意聽他講。我是下一個，而我的手掌比第一次比賽之前還溼。我要講什麼？

「喔！讚美主，兄弟姊妹們，」輪到我時，我說：「我不是來自吹自擂，我今晚是來頌揚主。」與戴斯特相同，一字不差，記得多少就講多少。

我外披一件舊外衣，內穿格子襯衫，禁食時所掉的體重已完全回來，還更重一些。頭上只有短髮，臉又刮得乾乾淨淨——一張快樂的大臉，一點也不陰沈。如果你不知道我是誰，你一定認不出來，怎麼猜也不會猜到是昔日兇狠的喬治・福爾曼。戴斯特曾要我講出身分，我不肯。拳擊已經不算什麼。但當我沒話可講時，還是脫口而出：「是！老鄉，對了，你看著的人正是喬治・福爾曼，前世界重量級拳王。對，我與偉大的阿里較量過。」於是人們駐足，一傳十，十傳百，人群愈聚愈多。這項武器是神賜我的禮物。肉身不走近來聽，你怎麼拯救他們的靈魂。

「他真的是喬治・福爾曼嗎？」我聽到有人懷疑。

「是的，」我說，「正是喬治・福爾曼。神救了我。我罪孽深重，但現在得救了。」

人群一個接一個走出了公寓大樓。轉眼幾乎形成一股洪流。「難以置信，」他們喃喃自語：「難以置信。」

在我講述上帝如何幫助人找到平靜的那二十分鐘內，我不管人群是不是因爲好奇才聽下去，至少他們在聽，我也又有那種感覺。

次日晚上，兩個男孩和我開車到德州泰勒市，再來一次。這回我開場就說：「對！我是喬治・福爾曼。」

我們足跡遍及附近城鎮，選擇公寓成排之處開講。而人們的反應到處相同：「哇！我不敢相信那是喬治・福爾曼。」他們聚攏來聽，我得到那種感覺：有一股力量從我心裡引出證道詞。話講出口我自己才聽到，和聽衆一樣。

消息很快散播開來，這兒有個傳福音的新手。全美和加拿大都有教會要求我去。吉姆和貝克爾（Jim and Tammy Bakker）的PTL及知名的佈道團體七百俱樂部，也邀請我上節目。我所到之處，座位供不應求。我也受邀參加非洲福音團。重回薩伊的金夏沙時，有六千人聽我證道。這次，他們為我歡呼。

◇

一九七八年底，我在馬斯特弟兄和倫巴特所主持的耶穌基督教會被任命為牧師。那是一場盛大的按手禮儀式。要不是因為幾個月前，有人要我到一家醫院，為一個身中四槍的男孩祈禱，我是不會想到取得牧師身分的。原先，我還是制外傳道人時，休士頓衛理醫院願意讓我進去，為喬路易動手術的心臟醫師戴貝凱（Michael De Bakey），鼓勵我去為喬路易祈禱。但在受傷男孩為生命掙扎的那所醫院，一定要擁有證書的牧師才可以執行任務。所以我只能在家，在教會及會客室為他祈禱。（他熬了過來。）

那次被拒於門外，倒為我帶來方便。因為我被授以神職之後，就可以到別的醫院甚至監獄傳道。最感人的一次是在舊金山的聖昆丁監獄，幾十個頑劣無比的罪犯大排長龍，等我在一個小澡盆裡為他們施洗。我親眼看到惡人變得有如稚子。

我自己的生活也全盤改觀。過去，我訂做服裝時力求合身，以強調我運動員的體格。現在我都購買成衣，穿得直統統的，舒適即可。任何勾起我運動往事，或引起他人注意的事物，都會令我難堪。七〇年代，我去加油時，人們認出我的勞斯萊斯，多半會讓我插隊免等。現在我開一部雪佛蘭，在一九七九年石油危機中，和所有人一樣排隊等加油。以前，我去買任何東西，店員都爭先恐後過來幫忙，現在他們常常視若無睹。我樂於不當名人，並且開始討厭任何與名氣和特權連在一起的事物。我負擔得起飛機頭等艙的價錢，但坐頭等艙似乎不對。我要做個普通人。我就是個普通人。

不過，我仍然會得到別人超乎尋常的熱心對待。有一次，我擠在經濟艙的連座椅裡，一位空服員壓低聲音對我說：「嗨，大塊頭，你到前面去坐好了。我不能給你弄一份餐點，但我要你舒服一點。」那是令人難以拒絕的好意。又一次我忘了關車頭燈，耗光了電池。一個牛仔停下車來，拉出他的接線，幫我發動。我問他：「我該給你多少錢？」「上路吧，大個兒。」他說。不論我到哪兒，人們都會照應我，好像我是個嬰兒似的。他們叫我大孩子，大個子，或是大塊頭。從波多黎各回來之後，我變成一塊黏土，隨著一次次的經驗，被塑造成一個看到人性光明面的人。

◇

在休士頓的教會，我總是自告奮勇幫別人的忙，換掉壞的熱水器，修理搖搖欲倒的門廊。很快，我在教區的聲望趕上了馬斯特牧師。大家會問：「喬治弟兄，今晚是不是你講道？」這令馬斯特受不了。我看過他翻白眼，口中唸唸有詞。一天晚上，我帶了幾隻邦哥鼓（Bongo drum）去敲，我跟著鼓聲哼，讓感覺流遍全身。「你知道，喬治弟兄，」他當著所有人說，「聖經講過各種樂器。」他一一講出想得到的名稱，並引述經文。「但你可知道，有一種樂器聖經從未提過？鼓。」他停頓一下，怕我沒有聽懂，「而你可曾留意，所有的巫術舞蹈裡都敲鼓？印地安人作戰前，往身上塗油彩的同時在做什麼？敲鼓。所以我們不可以在這裡敲鼓。」

馬斯特弟兄知道我敬重他，仰慕他。除了找他解惑和諮商，我曾將某些我見到的異象與他分享，例如他穿著白襯衫，而白色象徵純潔。但有一個異象我沒有告訴過他。我看見他在與人握手，襯衫裡穿的好像是一件舊又骯髒的長內衣。照我的詮釋，他城府很深。當然，對我的家人而言，要看出這一點，並不需要天眼通。他們早就說過：「那人很滑頭。」

「我不相信，」我說，「全世界若只有一個正人君子，那非他莫屬。」我還是敬愛他。

「喬治弟兄，」馬斯特弟兄有一天對我說，「我們計劃建一座大一些的教會。」照他描述，那是現在小教會的放大版。他說，如果我借貸給他們十萬美元，他們會每月攤還。他也要求我捐一萬五千美元裝冷氣。我兩樣都欣然應允，教會就按計畫改建。

一天，我撞見馬斯特與一對年輕夫妻爭執。他命令那女子和她丈夫永遠不要再來教會。

「你們必須離開，」他在那女子啜泣時說。

「馬斯特，是你不對，」那丈夫大聲說，「你不對，你不對，我會以眞象揭發你，你知道是你不對。」

「出去，」馬斯特說，「你們給我出去。」我不必問究竟發生什麼事。我想，一定是馬斯特認爲他們非常邪惡，才會把他們逐出教會。

幾星期後，我在一處街角講道時，幾個會衆聚在一起等我。他們來這兒，並不奇怪，奇怪的是他們表情凝重。我想要製造一點歡樂，他們卻神情苦惱。我講完道，其中一個人告訴我他們沈重的心情。「有個謠言，」他說，「說馬斯特弟兄吻一個姊妹。她說，一天晚上他開車到她家，他見四下無人，就把燈熄掉，強吻了她，然後離去。」

不可能。一個結了婚的五十出頭男人，有兩個好孩子，我所認識的馬斯特應該不會破壞他自己的，或另一個年輕女子的婚姻或家庭的神聖。何況他絕不會認同胖爹地的哲理。

我以這個謠言當面問他。「那不是謠言，」他坦承，似乎還有些高興。我說：「那麼，你是和她說再見，只是一聲友好的再見。」我要給他一個台階下。但他不理會。

「不，」他說，「她需要親吻，所以我親吻她。」

馬斯特解釋，那年輕女子有某些方面令他想起他的前妻。「她有同樣的氣質，」他說。此外，他吻她時，她還是單身，後來才在另一所教會結了婚。我大失所望。我到處請人來見這位「正人君子」，並擔起重建他的教會，帶進更多會衆的責任。

情況愈演愈烈。十四歲的戴斯特是教會的包打聽，他告訴我，我看見的那個與丈夫一起被逐的女子，正是被馬斯特強吻的那一位——而那正是他趕人走的原因。那對夫妻信教虔誠，那天是來請求接納，因爲她懷了孕（她丈夫的），覺得需要教會。「馬斯特對她說，那孩子是魔鬼的種，」戴斯特說，「他說，如果她要回來，就必須墮胎。」

「你胡說八道，戴斯特，」我說。

「我告訴她最好不要那麼做。」戴斯特說。

「你胡扯。」

「馬斯特要她明天就去墮胎。」

我趕去見馬斯特。

「喬治弟兄，」他說，「如果我不知道該怎麼做才對，就沒有人知道。」

我哭著在他面前下跪。「大哥，不要這樣，」我求他。「請你，請你，不要這樣做。你一定不能這樣做。」他對我置之不理，好像又聾又瞎。

我逃離休士頓到洛杉磯。借住在一個表姊家中，她是瑪莉李阿姨的女兒。我在當地一家廣播電台買下每週一小時，做一個佈道節目。我到加州各地基督教學校和大學演講。我打算留在加州，建立自己的教會。但才一個月，我就夢到回休士頓。醒來立即跳上車，直奔回家。並再去見馬斯特。

「喬治弟兄，」馬斯特說，「我愛這個女人，我一直愛著她。」他開始哭泣。他的壓力更大了。

我眞蠢，被騙到這個地步。多少人像我一樣，只要他一聲號令，就算投身戰場也在所不惜，結果他卻不過爾爾。他出於嫉妒，可以逼迫無知的年輕女子墮胎，攆走她丈夫。現在他又打算拋開妻子並利用她。最令我吃驚的是，會衆多半知道他的眞面目，卻似乎並不在乎。

但馬斯特自己在乎。被這麼赤裸裸揭發，他已幾乎精神崩潰，講話都抽抽噎噎的。

「老哥，」我說，「你一定要振作起來。」

隔天我拜訪他的妻子。「妳有著兩個小孩，」我說，「要爲他們補起這個漏子，妳不能說走就走。」

「是他不要我的，喬治弟兄，」她說，「他不要我。」

「噢，他要你的。」其實我並不確定。但我相信他心裡仍有善念，如果婚姻可以挽回，他不會拋棄。

我再去找馬斯特，勸他去渡個假，回來就可以重修舊好。「你不是一直想去看西岸的紅木林，那，現在正是時候，你帶著妻子，只管去吧。」

又費了一番功夫，我才把他們弄上車，向西北出發。次日，助理牧師倫巴特帶領全體禮拜。每個人都察覺陰霾已散；精神煥然一新。我在禱告時跳了起來，要求發言。

我說：「大家可能都知道一個名叫吉姆·瓊斯的人，人們多麼相信他，可以跟他一同赴死，上他的教會，以求更接近神和耶穌基督。」爲求效果，我頓了一會兒，繼續說：「問題是，如果某人不對，他就是不對。別再理會那種人，不要與他再有瓜葛。」我又停頓一下，「馬斯特是個壞人。」

我繼續講述他違背上帝之處，當我講完，全場死寂。我以爲說進了大家心坎，這時一個女子的聲音響起：「喂，事情是這樣的，喬治弟兄，」她開始說，「教會受的傷害已經夠了，我認爲你不應該再提起這檔事，我們應該讓它平靜的恢復元氣。」

「這麼說，你們都只想這樣就算了，是嗎？」我說，「你是不是這個意思呢？」

「不，我們不是這個意思。但這件事你不該再提起。」

「告訴人們對與錯，是牧師的工作。」

另一位女士加入她來反對我。然後又一位，一位接一位，很快就形成一致的呼籲：原諒馬斯特，也原諒我。他們不要聽真象，而真象是：我覺得與他們相比，我受到的傷害更大，遭到背叛的感覺更重。他們這樣無異是趕我走。

這次經驗給我一個教訓。我明白了自己在當牧師這事上，最大的障礙在於如何克服人們對於改變現狀所懷的恐懼。教區居民縱然覺得被騙，不高興，也不要任何人攪弄他們已經習慣的人事物。我心知，若講真話，就得離開那個我未來可能工作的教會。但我不管怎樣都要講；那是上帝對我的要求。既已開始，就不退縮。這就像我農莊上一棵需要砍掉的大樹，我第一斧砍下去，第一片木頭飛射出來時，那棵樹就必會倒下。我不管要多久；我不會氣餒，我不慌不忙，絕不失去耐性，直到完工。所以當我走出那教會時，已下定決心，要不屈不撓地掃除人們對真象的排拒。總有一天，那種排拒也會像大樹一樣倒下。

◇

我向休士頓一家廣播電台買下每星期三十分鐘時間，做我的傳道節目。除了家人之外，這是我與休士頓唯一的接觸。其他六天，我都住在馬歇爾。後來有些我曾邀往馬斯特教會的人，要求我與他們一起禱告。

起初連我兩人，接著三人，五人，九人。最後他們問：「我們能不能到你家做禮拜？」

當然可以。

隨著來家裡做禮拜的人數愈來愈多，我必須一次一次借用更大的房子。後來，我以兩萬五千美元賣掉一部牽引車，買下一小塊地，地面上本有一棟搖搖欲倒的破房子。我們把屋子翻新，從地板到屋頂同心協力做，這使得在其中禱告更有意義。我並在房子旁邊架起我的傳道會帳篷。我買它是存心效法從前的傳道人，足跡走遍全國。

我喜歡講道，愈講愈喜歡。講出眞理，是最棒的事。不論是對五個人或五百人——我都傾其所有。美好的感覺充溢胸腔，語句自然流瀉。我講很多關於拳擊的事，講現在若與上帝比起來，拳擊對我毫無意義。我想這件事他們看得出來，並且知道是千眞萬確。

「我死也不會再登上拳擊台，」我說，「你把甘迺迪全部的錢，洛克斐勒全部的錢，都合起來，作爲我再出來打拳的定金，我也死都不會檢起來。」（這是經驗之談，我退休才幾個月，阿里就開始召喚我，求我復出與諾頓一戰。「他們要我去跟他打，但我打不過他，」他說，「而你可以，喬治。」如果我點頭，他要讓我全權使用他的訓練設備，並答應再與我打一場拳王爭霸賽。「我已經不是拳擊選手了，」我告訴他，「我的生命已經給了上帝。」）我與我的會衆分享的，全都來自我從上帝得到的強烈喜悅。

# 第八章　上帝問我需要什麼

會衆每週這樣增加，眞是神奇。現在，我的生活除了子女和家人，就是維持並擴展教會，以及提升自我，才能配得上這麼好的會衆。主持教會，大大不同於代打或客串講道；固定帶領禮拜，代表著必須深入探討聖經，也就是說，你要擁有能夠與人分享的卓見。

我祈禱能夠擁有這些。在一次異象中，上帝問我需要什麼，我說：「智慧，以及妻子。」智慧要傳給會衆；妻子，則是因爲我認爲，正派牧師都應該有個妻子。

◇

當我發現，我下功夫強記和思考所擬出的講道詞，竟與馬斯特的講詞大同小異時，我就想，這是因爲上帝給我的智慧與他給馬斯特的相同。有一天，我察覺我在讀聖經時，心裡竟聽到馬斯特的聲音；那是他的調子，他的詮釋。現在，我仔細再研讀已講過上百次的內容，含意都從書頁中跳了出來。我以煥然一新的眼睛看它們，找出它們的本來含意。馬斯特和別的傳道者斷章取義，我則是精確遵照標點符號，經文怎麼寫就怎麼讀——每個句點、逗點、分號、引號等，全部不改，這會使得含意大不相同。

我也發現，馬斯特偶而會竄改文字，以配合他的目的。例如他把哥林多前書中的「男人以不碰女人爲善」，改成「男人最好不碰女人」。這一改，我認爲，「最好」兩字使得原意變了質，暗示不遵行也「不是壞的」。如果以反義字替換「善」，在別的章節對別的字如此帶換，我便理解了以前模糊之處。這在同義字的情形下也成立，例如，若用「令」、「讓」(let)，通常解釋成有訓戒的意思，如果代之以「允許」(allow)——這就看出其間不同了。同理，提到「汝」(thou) 時通常是指全體，但不盡然如此。我發現，經文早有先例，只是針對聽講的那個人而非每一個人。

我的會衆當中，許多女士的先生們不是信徒。這些女士喜歡到教會來，但她們聽過別的牧師強調聖經中說的，「勿與不信的人同負一軛」，於是不敢丟下丈夫，自己卻不來教會了。在我看來，這是很傻的作法，敬畏上帝的女人不該只顧及自己靈性的需要，而「允許」男人自己過自己的。以我之見，一個靈魂得救，好過兩個都不得救。此外，我見過不少女人因爲丈夫不加入她的教會，使得原本無可挑剔的婚姻爲此破裂，說不定有單身男子求之不得。總而言之，像這樣的教條弊多於利。於是我開始講哥林多前書：「某弟兄若有不信的妻子，妻子也情願與他同住，他就不要離棄妻子。妻子有不信的丈夫，丈夫也情願與她同住，她就不要離棄丈夫，因爲不信的丈夫，就因著妻子成了聖潔，並且不信的妻子就因著丈夫成了聖潔。」

結果呢？許多單身女子都不再來了，她們以爲我准許單身男子到信仰之外尋找伴侶。等到我祈求妻子的禱告實現，有更多女士離開，我想是因爲她們暗自希望與我婚配。

◇

雪倫・古德森（Sharon Goodson）與我是舊識，四年前我與阿里比賽的海報上就有她當模特兒。那次我們初見，我正待開始密集訓練而不碰女人。我有心與她來往，但僅止於吃頓飯談談話。那些年，若我要女人，堪稱易如反掌。但雪倫不同，她是個好女孩——當時只有十七歲，曾當選妙齡選美皇后，即將進入UCLA就讀——而我是個壞東西。她聰明自信，對我所要的毫無興趣。「我不要，」她嚷著，「我不想再見到你。」

她正是我輸給阿里之後，在夏威夷被我折磨情緒的那一位；在波多黎各比賽前夕，唸書哄我入睡的也是她；她也曾到處找我，等別的女人離開後到我房間來，幫我整理行李，很快親我一下打發我。她是我的特別女孩，我一直佩服她不跟我亂來。

聽說我生活改變了一百八十度，雪倫趁著到休士頓訪友時順道過來親眼看一看。那時，她已取得一個以上的學位，以及職業飛行執照。我駕車四處兜風談往事。跟她在一起，我記起她的好處；跟我在一起，她看到我的變化。她走後，我寫了封信告訴她，她對我多麼重要，我們經常通電話。第二封信我就寫：「妳何不到這裡來幫我爲上帝多爭取幾個靈魂，嫁給我。」她打電話來答應了，並說：「反正，我早就想在休士頓大學修幾門課。」

我一直愛著雪倫，她正是我希望的妻子。現在，我孩子的母親們將與我分享監護權了。糟糕的是我倆都沒有仔細考慮這樁婚姻。她是有教育又世故的女人，喜愛購物，現在這個刻苦牧師老公要求她只能穿套裝，長褲與化妝皆不宜。我期望雪倫跟著我過嚴謹的生活。她勉爲其難來適應我的生活方式，但這註定要變成另一次不成功的婚姻。結婚不久，艾君把米琪送了過來。「我爲你高興，喬治，」艾君說。「米琪愛你，也需要你。」孩子終於回到身邊，至少回來了一個。

但是，雪倫似乎會突然就變得不穩定，而只要情緒稍受打擊，她就會開車到機場，把車停在停車場，飛回洛杉磯。現在我是靠固定收入過活——以拳擊生涯的積蓄當本金孳生的利息——並且學會不浪費一塊錢，她讓停車費那樣累積，幾乎與她的生活同樣令我煩惱。

我們夫妻在一起的幾個月，雪倫開始在許多事情上嫌我。舉個例子，每頓飯前——現在還是——我都會簡短禱告：主啊，我感謝你賜予這份食物。她很快就受不了，起身走開。有一次她說：「你昨晚才說過。你每件事情都要禱告嗎？」

有一次她對我說：「你就這樣由著你的身體發胖？」她以前看到的喬治・福爾曼，一天到晚用皮尺量三十三吋半的腰圍，確定每餐之後不會悄悄多長。現在我已是個大塊頭，體重大約一百三十五公斤。以她之見，現在的我，與「以前」廣告中健美的我差太多。

當一個電視攝影隊來教會拍我的特寫影片時，她說：「希望他們不要拍到我。」

雪倫唯一一張我與她的合照，是我信主之前所拍的。再明顯不過，她要她的老喬治，怎奈老喬治已經一去不回。最糟的是，雪倫不喜歡米琪，而米琪因此開始有不良的反應。我極爲傷心，不得不把米琪送回明尼亞波里。看到雪倫在給米琪整理行理時掩不住的高興，我知道我們的婚姻完了，難過的事兒即將到來。

一個星期天，在教會，我正與朋友談話，看到她等在外邊——等著告訴我一些我已經知道而不想聽的事情。照常吃過崇拜後的午餐之後，我回到家中，發現房間空了，她所有衣服都不見了。

我哭了整晚，隔天也哭，哭了一連好多天。我因體認到難以忍受的現實而哭：若想留住她，我就做不成立志要做的那型人；如果順她心意，我就得放棄主的徵召。非此即彼，不能兼容。要她回來，我的價值觀就需大大妥協。我無法可想，只能哭，哭得肝腸寸斷。我跪下來禱告：「神啊，我不想過這一關，我不要幫助。」我想起那穿白大衣帶著蝴蝶網，爲著像我一樣哭得不可自抑的人們套上緊身衣的男子。於是我躲到櫥子裡哭，免得鄰人聽到。我套住頭，擋住所有光線；免得看到任何東西都傷心。床太軟，又沒有任何人可以依靠，連傾訴的對象都沒有。我現在是個牧師，本身就是要安慰別人，不管他們遭到什麼打擊，都要安慰他們事情否極泰來。我在葬禮上，撫慰失去四十年老伴的寡婦，以及遭到喪子之痛的父母。最難的是星期天早上起來，去主持主日崇拜，並且微笑著高唱「是的，耶穌愛我」。回家時我一路哭，只是忍住眼淚，停好車，還向鄰居揮手，好像我是自己一心嚮往的快樂牧師。

現在我又禱告：「神吶，只要你讓我渡過難關，因爲我已覺得要死了，我就講這故事來幫助別人，只要讓我活過這個難關。」

好長一段時間——幾個月——我處在發瘋邊緣。離婚即將敲定，我還是沒有好轉的跡象。

我開始懷疑，要不要帶著這無止息的痛苦活下去。有一天我開車去接弗麗妲——淚眼糢糊得連路都看不清楚——我問上帝：「爲何你讓事情發生在我身上？」過一會兒，聖經約伯書裡的一節經文，如幽靈般浮現：「即使他取走我性命，我還是信任他。」

當下我就感覺如釋重負。約伯的信心，並沒有因爲他所承受的災難和悲劇而稍減，這令我寬慰，他有許多理由放棄信仰，但還是對上帝忠心不貳。到最後他的信心也有了回報。我只要信任他，並相信他已爲我準備了平靜。

當我到達安卓亞家，把弗麗妲抱在臂彎裡搖來搖去時，像重生般的喜悅。我好美麗好美麗的小女兒。她那時五歲，我已一年多沒看到她，因爲安卓亞把她帶回她在加勒比海的故鄉聖路西亞島。我再度抱她回來，有如禁食後吃到東西。

◇

幾天後，安卓亞打電話來，說她聽到我與妻子分手的消息。

「是的，」我說，「結束了。」沒有痛苦。她說：「你知道嗎，沒有人像我這樣愛你，我是唯一會照顧你的人。你不會再碰到別人像我這樣待你。」

「好，」我說，「那就嫁給我吧。」就這樣。才剛除去雪倫的枷鎖，我對自由反應過度。何況，我講話時還看著弗麗妲，我想要和孩子在一起。

「你是開玩笑嗎？」

「不，我不是開玩笑。」

「既然如此，那麼，好吧。」

離婚消息確定之後沒幾天，我和安卓亞就在我母親家結了婚。我母親的態度，一如我與艾君結婚時的嘀咕。對於我此番的決定，母親的態度不像我離開馬斯特時她所表示的敬佩。她向來不信任馬斯特，見我跟他斷絕關係，她曾說，遲早她會上她兒子的教會，因爲她看得出來，我不僅是她兒子，也會是個值得大家信賴的牧師。

爲了新婚夜，安卓亞買了一件新睡袍；她在浴室換時，我在臥房裡等。她容光煥發，洋溢著愛，伸出兩臂來環抱我。但她一碰到我，我就變得不舒服，跑進浴室把自己反鎖在裡面，像是電視劇的情節。她不是雪倫，她不是雪倫。我不能和這女人睡一張床。我不能碰她，不想跟她有關係。爲何我又如此愚蠢？罪惡和羞愧幾乎令我窒息。我禱告：「上帝，你不能讓我這麼做。」

我必須很快想清楚。安卓亞穿著新睡袍，象徵她對於纏綿新婚夜的期待，我心頭難以承受。我只能鼓起勇氣充當好人，撇開感覺，該怎麼做就怎麼做。你要愛這個女子。她要嫁你。她不會跑開。你必須回報以愛。我就是這麼做——至少，假裝如此。而她裝著未注意——一直到她又懷孕並離開我。

我們回聖路西亞她的娘家，因爲安卓亞曾指責我待她還像以前她受雇時一樣。她說：「我要你看到我有一個高尚的家庭，這樣你會多尊重我一些。」我承認對她頤指氣使，像對雪倫一樣扮演牧師爸爸的角色。我後悔，自己一百多公斤重的軀體所發出的粗聲粗氣，令她誤會而害怕；我後悔，讓她誤會我不尊重她。其實我是尊重她的，我只是不愛她。但我想與她組織一個家庭。我把米琪和小喬治接來與弗麗妲在一起。

一天，安卓亞突然說要離開，並要帶著弗麗妲。我勸不住，她也不告訴我要去何處。經過幾天的希望和等待，我帶著米琪和小喬治飛回休士頓，把他們交還給各自的媽媽。再過幾天安卓亞仍然音訊全無，我開始打電話到處找她和弗麗妲。一無所獲，線索全無。

一個月後，她打電話來，「我在休士頓，」她說，「我們合不來。我懷孕了，但不想再生你的小孩。」

「妳是說——」

「我正站在墮胎醫院的對街。我已排了醫生，要把這個孩子拿掉。」

我開始嘶喊，不是憤怒，而是痛苦。「對不起，我錯了，」我說，「我答應絕不再粗聲粗氣對妳講話。求求妳，千萬不要。」

「爲什麼不要？說呀，告訴我爲什麼。我不要再經歷一次這種生活。我不要再生一個小孩來照顧。」

「安卓亞，求妳，小孩是無辜的。不管我做了什麼，這個孩子是無辜的，求妳不要讓他爲我償罪。」

「那對我毫無意義。」

「妳在哪裡？」

「我不告訴你。」

我聲淚俱下求她，並一度下跪高聲禱告讓她聽到：「神啊，我做了什麼令你要取走我的小孩？」在她腹中生長的是我兒子或女兒，像所有人一樣有活的權利。

她掛掉電話。

我崩潰了。我躲到媽媽家。我居中撮合，這會兒媽和爹又住在一起。我沒有當著他們哭，也不訴苦。牧師必須表現得若無其事。媽和爹也不講什麼，他們知道安卓亞和孩子們走了；他們知道我麻煩很大。和他們坐在一起，就是安慰了。我在煎熬中度日如年。媽看我痛苦，她也很難受。

「喬治，」她說，「我讀書時常唱一首教會歌曲，它大意是這樣的：我記得多麼眞切，當耶穌帶我過難關。我徬徨，禱告了一兩晚，我說，上帝你何不取我用我？我只能這樣，把生命交給耶穌。你呢？」然後她唱起來，「你呢？你呢？」

我把歌詞寫下來，唸了幾遍，然後放進皮夾裡。我每天求告神：「你何不取我用我？」我覺得，這樣做帶給我一些力量。

兩星期過去。安卓亞終於從聖路西亞打電話來。「我已決定，」她說，「我要生下小孩。」謝謝你，耶穌。

她說，當她決定不墮胎的同時，也決定不回來，但現在已回心轉意。

◇

我第二個兒子，喬治——我們也叫他「猴子」——出生於一九八三年一月，是全世界最快樂的小孩。他睡在我們床邊的一個嬰兒床裡。別的小孩醒來多半就哭，他醒來卻笑，而且咕嚕咕嚕發出各種聲音，眼睛盯著上方旋轉玩具四面八方看。我每天早上就愛看他那棕髮的大頭，轉到這邊，又轉到那邊。

看來安卓亞和我處得還可以。當然，我們像別的夫妻一樣有自己的問題，但並沒有什麼大不了的。一個顧家的男人，不喝酒，不講髒話，不鬼混。我講道，上教會，回家，讀聖經，陪家人。我家甚至連電視都沒有。雖然如此，安卓亞還是在期待我變回原來的喬治——與在她之前的雪倫和辛西雅沒有兩樣。

猴子快滿六個月大時，我應邀爲一個德國電視台做一場佈道。動身前，我親吻猴子、弗麗妲和來住一段時間的米琪，然後也吻一下安卓亞。她微笑著祝我一路順風。

人在亞特蘭大，等轉機飛往法蘭克福時，我忽然動念，撥電話回家，沒有人接。飛行八個半小時，降落後我又撥一次，還是沒有人接。

我鼓足勇氣，向德國信衆講述耶穌的力量，一面在心裡默默祈禱家裡平安無事。講完後，我再撥電話回家，仍是無人相應。於是我打電話給姊姊瑪莉愛莉絲，問她有無安卓亞的消息。她也不知道怎麼回事。她說，「我去看看。」一小時後她回電來說，「安卓亞不見了，喬治。

孩子們也不見了。」

「米琪呢？」

「米琪待在琳達家。」

我半天講不出一句話來。

「還有，喬治，」她說，「搖籃車也不見了，地毯也是，連碗盤都不在櫃子裡。喬治，東西全都不見了。」當她說到搖籃車時，我已經聽不下去了。

搭機回家前，我先打電話去聖路西亞找安卓亞。但她和以前一樣，一出走就下落不明。我六神無主，每分鐘都抓著電話到處打，向任何可能知道在哪裡可以找到安卓亞和小孩的人探聽。睡覺也是在心力交瘁中合上眼，一兩小時即醒過來。姊姊一定是弄錯了，搖籃車還在——可能是把舖蓋和能夠推動的部分都拿掉了——隨時提醒我誰不見了。我每一個小孩都睡過這張小床。

一個月後，安卓亞打電話來，說她打算在聖路西亞自己撫養弗麗妲和猴子。「等他們上大學時，你們可以相見。」她說。

「求妳把他們帶回來。」我說。

「我絕不回去了，喬治。」

「對不起，安卓亞，對不起。不管我做了什麼，我都對不起，我會補償妳的。」

「不，喬治，我不回去了。你知道的，我不愛你。」

講完電話，我氣得發抖。我再打給她，她接了就掛掉，我撥給她兄弟和表兄弟，他們也接了就掛。我夜以繼日打電話，懇求再懇求。一次，安卓亞讓我跟弗麗妲講話。「聽著，達令，」我說，「看來妳媽和我不會再在一起了，她要跟我離婚，但我要妳知道我多麼愛妳。」弗麗妲大哭。稚嫩的嗓音變得粗礪，像大人乾嚎般嘎嘎響。那聲音中的痛苦撕扯我的心。她才和我親近起來，又要分隔兩地。稍後，我流著淚打電話給安卓亞再懇求。「別再找我，」她說，「你令我噁心。」

你令我噁心——我想，沒有什麼好說的了；不能曉之以理，不能動之以情。「好吧，」我說，「我很遺憾。」就把電話掛上。

經過這些痛苦，我的頭腦忽然澄清了。身為一個私生活不能作為表率的牧師，我必須把受到的傷害和難堪都擺一邊。喬治，那是你的孩子呀。安卓亞難道眞以為他們對我不重要，讓她保有他們，而我不會全力爭取做他們的父親？她一定沒有注意。要不就是她決定讓我以宗教為妻，拋開一切，像多年前我獨尊拳擊為大一樣。

我想到我的生父莫黑德是如何與我沒有眞正的聯繫；我想到弗麗妲和猴子長大時講另一種語言，和我南腔北調；想到他們將不欣賞美式足球和籃球，不知「星條旗歌」，不知七月四日為何物。我不能容忍這種事情發生。問題不是我能不能要回孩子，問題在於怎樣要回來。答案繫於我將近十年前所認識的一個女人。

◇

艾瑪．康普頓（Irma Cumpton）也是聖路西亞島人。我們在一九七四年約會過。她很喜歡我，想要我當他老公，但我沒那麼喜歡她。於是我們成爲朋友，就是她把我介紹給安卓亞的，結果她自己出局。

一九七五年，在我與巴拉德的那場比賽開賽之前，艾瑪出現。她敲門時我在睡覺沒有聽到，然後她撥電話來。「你過得怎麼樣？」她問。

「還好。」當年，尤其是快要比賽時，從沈睡中被叫醒的我，是不怎麼愛講話的。

「喂，我也住進來了。」

「好啊。」

「那麼，我在房間裡等你，」她說。

我喊安卓亞，她在我套房的另一邊，並要她去看看艾瑪。半個小時後，安卓亞狼狽不堪回來，一身衣服被扯得破破爛爛。「艾瑪打我，」她說。

「什麼!?」

艾瑪把她拖進房裡，劈頭就打。安卓亞好不容易脫身逃了回來。我衝到艾瑪的房間去。

「妳不能到這裡來這樣對我的朋友，」我說。

我一定是氣昏了頭，因爲我顯然推了她好幾下，把她嚇壞了。我不記得推過她，但我眞的推了她。那時是我的暴戾期。

我離開艾瑪的房間後，叫傑克生去看一下。他一臉驚恐回來報告，見了我，表情更變成害怕。他瞪著我，好像我是眼睛盯著他脖子的吸血鬼。傑克生是我在職訓大隊時就認識的人，見識過我的殘暴，但我從未見他怕成這樣。他害怕像艾瑪那樣被揍。

摩爾先生聞風趕到。「老天，喬治，」他說，「你哪根筋不對？我不是警告過你不要動粗的嗎？」是的，他是警告過我。

沒什麼好說，我對自己的舉動也無法解釋。我控制不了。少年時和朋友查爾斯，看到他爸爸毆打媽媽，或我爸爸毆打我母親時，曾一起哭著發誓，要殺死打女人的男人。

摩爾先生帶艾瑪到我在貝艾爾的家，照顧她，安撫她，確保她痊癒。某日，她聲稱要走，並揚言：「我要告你。」

我斷定她還愛著我，所以把她的威脅視爲勒索或報復。我猜她是要我付一筆錢換她的緘默。當時，ABC正和我商談要簽三年的拳賽講評合約，這樣的醜聞鬧開，等於宣告合約完蛋。「妳別想從我這裡得到任何東西。」我她說。

我朋友卡普蘭勸我。「你知道該怎麼做嗎？」他說，「你景仰的一個老傢伙有過許多這類的麻煩，他或許能指點你脫困。」

吉姆·布朗確實不只一次涉及與女人大打出手。我打電話去向他求教。「我不知道如何阻止她，」我說，「你能不能幫忙？」

他答應了。但當他找艾瑪時，她聽也不聽就掛電話。「這個打電話給我的是誰？」她問。我說：「那是吉姆．布朗，他是個大好人。」

他應我的要求再打給她。這次，艾瑪接了電話並同意會面。而雙方一見面，她就愛上了他。我不知道他倆可曾發展出雙邊關係，但艾瑪沒有再提告我的事。

「給我一萬元，」吉姆有一天對我說，「什麼都別問，給我錢就是了。」

我開了一張支票寄出去，很快就接到我的律師通知，說艾瑪簽了不告我的協議書。吉姆說，她計劃在聖路西亞辦一場雷鬼音樂的大師包布·馬里（Bob Marley）的音樂會，他爲她介紹了幾位可能對財務有幫助的人。

一段日子後，我到紐約出席ABC合約發表記者會時，聽一個朋友說艾瑪現在窮困潦倒，住在市內最糟的街區。「不可能，」我說。我無法想像她會窮困，這女子說得一口貴族學校腔調的正統英語，糾正過我講話，教過我用金質領襯（我現在還用），她是一個有傲氣的女人。

我住進旅館後，從銀行提出五千美元，不顧摩爾先生勸阻，打電話給艾瑪。「喬治，」摩爾先生說，「貓因好奇心而喪命，不要探究別人過得如何，隨他們去。」我聽不進去。她現在需要朋友，我要作她朋友。此外，我有罪惡感，覺得她落到這田地，我多少有責任。

艾瑪來到我房間，我們開懷談笑。她不提她的處境，沒有要求幫忙。然後她決定與我過夜。此時我的警覺性不知跑去何處，任由情況自然發展。

次日早上，記者會之前，我遞給她一個信封並且說：「我這兒有一些錢給妳，我要確定妳把自己照顧得好好的。我現在就準備要走了，妳也必須離開。」

艾瑪不到一秒就從零加速到一百：「我是什麼？一個你睡過就給錢打發的妓女？我不是妓女，我不是。你怎麼敢？我不要你的錢。我不是妓女。」她從信封中抽出錢，跑向浴室。

「喔，不，」我大喊。「不要把錢沖進馬桶，不要那樣。」我趕到她後面，我伸手越過她肩膀從她手中把錢搶過來。當她轉過身時，鼻子流著血。我可沒有打她。

「你打我，」她說，哭了起來。我用冷水淋濕一條毛巾，蓋住她的鼻子，然後跑到走廊一頭取來一些冰塊。等血止住，她冷靜下來時，我說，「拜託，把錢拿著。」

「我不要你的錢。」

「那妳就坐在這兒，求求你。我過幾個小時回來。」我自己的記者會眼看就要遲到了。

我出去時，以爲這事大概解決了，因爲她已把錢抓在手中。

我回來時，艾瑪不在了。但摩爾先生和佟京等人都在，還有五、六個紐約警局的探員和穿制服的警察。「福爾曼先生，」他們說，「你被捕了。我們要帶你上警局。」

「噢，老天，我沒有打她，」我說，「她是在搶錢時弄傷的。」

「可是，先生，」其中之一說，「她說你打她，如果她要告，我們就得把你關起來。」

「她在哪裡？」我問，「她到哪裡去了？」

「她在電話上。」

我拿起話筒。「妳幹嘛撒謊？」我大喊。「妳明知我沒有碰妳。妳不會因爲撒謊而得到我一毛錢。」

摩爾先生把電話搶走。「聽話，喬治，」他說。

「但她說謊。如果我打了她，我不會爭辯。要是我錯，我一定承認。但我沒有，我不要被人耍。」摩爾先生相信我無辜，這對我很重要，但經過上次，他很有理由不相信我。

他用冷靜的語氣對艾瑪說：「艾瑪，請對這裡所有的人說，不要把喬治關進牢裡。」

我搶過聽筒並且叫道：「妳這個騙子。」

現在佟京接過去。「妳知道的，艾瑪，」他說，「喬治是個死腦筋。妳一定要告訴這些人不要抓他。」他聽了一會兒，然後：「你要毀了他？妳是這樣說的嗎？」他再聽了一下，就把電話遞給探長。

「算了吧，」她告訴探長。「那只是一點私人問題。」她雖然放棄刑事控告，不久卻對我提出民事官司。我不是在乎律師費用多昂貴，而是不肯爲沒有做的事付錢。

過了大約一年，那官司看來將不了了之時，我接受一個雜誌記者的訪問，談我與上帝新建立起來的關係。我有意承認過去的罪，便說了一些求效果的話：「我是個惡人，我不在乎。我打過人，男的女的和小孩都打過。」那只是隨口說說，不能照字面解釋。但艾瑪看到一九七七年底刊出的那篇報導，把它當作一顆手榴彈給擲了回來。比以前更瘋狂追索賠償。

在研習聖經的日子，我足不出德州，所有時間都待在休士頓或馬歇爾，並遣親戚到外州帶我的孩子回來。所以再怎麼問心無愧，也不打算到紐約出庭作證。我聽說那個案子可能和解，無需我認罪，但得付一筆五位數的錢。那個數字顯然是訴訟費用。我雖不高興，還是簽了支票，然後把艾瑪置之腦後。再聽到艾瑪這個名字，是聽說她的小兒子（遇到我之前出生的）在紐約被人殺害。她帶著哀傷登上一艘商船，環繞世界旅行了好幾圈。然後她搬回聖路西亞——她哥哥在那兒是總理——並創立一個事業。

◇

六年後，我陪著懷第二胎的安卓亞回聖路西亞，艾瑪曾到旅館探望。我起身相迎，並且握她的手。她離開時，已知道我完全變了個人。所以，過後一年，當安卓亞偷走兩個孩子時，我一下就想到找艾瑪。

「我知道他們的下落，」她說。

「我一定要把他們帶回來，」我並說我已在聖路西亞請了律師，要把離婚文件交給安卓亞，還告訴她，我不期望當地法院會遂我意願。

「那麼，你來帶孩子離開這兒，」艾瑪說。「我知道這女人在做什麼，而那是不合法的。我很高興你這麼要孩子。我會幫你。多帶些現錢來，到處都需要打點。」

那可不容易。幾個月前，我夢到在脫口秀節目上承認，錢已被一個會計師用盜用一空。我醒來就打電話到銀行查證。我應該還有大約五十萬美元——就是傑克森偷走的金額，收回那筆錢後，我把它匯到德州。剩下的就存爲信託基金，以儲備養老年金。但銀行職員聲音陰沈地證實我的夢一點不假。我的會計師艾卓奇（Gordon Eldridge）利用我的授權，把錢虧光了。像許多運動員一樣，我所託非人。我為此興訟，艾卓奇帶著一個朋友——可能是保鑣——登門請罪。「喬治，」他說，「我很抱歉，虧掉了你所有的錢。你要告就告，那是你的權利。但蘿蔔裡擠不出血來，我已經一文不名，錢都沒了。」講完之後，他就走了。

當我無意間聽到另一個律師說，艾卓奇在財務壓力下婚姻已經破裂，我就撤消了控告。那名律師說：「他一付失魂落魄的樣子，連自己車停何處都找不到。」這個人搞光了我的錢，而我竟為他難過。（一年後，艾卓奇來找我，告訴我他已戒酒並且重生。他心知我會為他高興。一個曾那樣對我的人來找我推心置腹，令我相信，我一定有些地方連自己都不完全了解。）

我現在既是一個過簡單生活的牧師，相對的貧窮外表對我並無影響。也不會有人懷疑我的財務情況惡化。但現在，需錢孔急而無錢可用，我才眞的感覺到損失。

我從信託基金借出幾萬元，把現金裝進一只手提箱，就飛往巴貝多，從旅館打電話給艾瑪，講妥最後的安排，然後把我的頭刮乾淨。這光頭是我承諾的象徵。只帶回孩子，別無所求。在等艾瑪消息的日子裡，我到沙灘上跑步運動。我也禱告。

每天晚上，艾瑪搭一架小飛機從聖路西亞飛半個小時到巴貝多，帶給我新鮮蔬菜和魚。吃過晚飯，她就消失在夜幕中，直到次日晚上再出現。

最後，各種安排終於完成。一架私人飛機載我到聖路西亞，透過艾瑪的管道和我的現金，一名微笑的海關官員為我提著袋子，領我到一輛等候著的車子。我在首都卡斯垂斯一家飯店下車。艾瑪等在我的小木屋裡。我們把她在觀察安卓亞行動之後所擬出的計劃復習一遍：兩天後，星期一早晨，安卓亞會載弗麗妲上學，我就躲在學校裡等候，把她帶走。然後，趁安卓亞忙著她的事情，我們再去她家，從保姆手中帶走猴子。等她發現時，孩子和我將已在飛往巴貝多的途中。

離開旅館前，艾瑪說：「不是我叫你，就別走出這間房子，沒人知道你在這兒。」

次日，我們又把計劃復習一遍。「一切就緒，」她說，「明天早上八點十五分會有車來接你。」

時間一分鐘一分鐘過去，我愈來愈緊張，耐心漸失，開始構想別的計劃。艾瑪要我冷靜。但那晚她錯不該打電話來。「喬治，你一定不相信，」她說。

「什麼？」

「我剛去過那兒，管家出來應門，我看見兩個小孩都在地板上玩，一點問題也不會有。」

「那我現在就去帶他們，」我說，「我們走。」

「不，不，不，不，不，」她說，「這樣會搞砸了。你一定要等，記住飛機是在明天。」

「我不管，我現在去接他們。」

「但是——」

「不，去喊司機，我們現在就去。」

我到外邊去等艾瑪和司機。我們開往鄉間。島上林木豐茂，到處是樹林和熱帶灌木及果樹，不過天色太暗，而我又太緊張，無心欣賞。半小時後，我們抵達那棟曾經是旅館的建築；各樓層的公寓由外部樓梯連接。我前去敲門，車子引擎保持運轉。管家穿睡袍來應門。她年輕漂亮，大約十幾二十歲出頭。

「妳好？」我說。

「很好，」她說。

「孩子們的媽媽在嗎？」

「你是誰？」她問。

「我是孩子們的爸爸。」

「喔，是的。」

「我不想有什麼麻煩，小姐，」我說。「我不想跟任何人有任何麻煩。但這是我的孩子，我只要我的孩子，我要帶他們走，我不會傷害任何人，我不要任何麻煩，只要我的孩子。」

弗麗妲看到我，跑過來跳到我的臂彎裡。她把三個月沒親到的爹地親了個夠。我抱著她走進起居室，猴子在地上爬，他沒有笑，不像睡在我床旁邊時那個伊伊啊啊的開心小男孩。

我轉身向著保姆。「我沒有惡意，小姐，」我說，「媽媽在那裡？」

保姆囁嚅著說：「在樓上。」

於是我也輕聲說：「那好，保持安靜。」一定有人告訴過她，或她看了出來，孩子跟著他們的爸爸比較好，因而信任我。我點頭稱謝並向門口走去。這時她說：「帶我一起走，小的會哭。我不能這樣丟下他。」

「好的，但是快點。」

她抓起一條圍巾綁在腰上。我們溜回車上，直奔旅館。我盤算安卓亞會一直睡到早上；那時，我們就已經在巴貝多，準備飛回家了。

幾小時後，我發現幾個身影在我的木屋外鬼鬼祟祟的。我指給艾瑪看。「對他們招手，」她說。我們就一起對他們招手。

接著有人敲門。我喊道：「你們要做什麼？」

一個男子聲音：「這是警察，把小孩交給我們。」

「這是我的小孩，」我說，「我是喬治．福爾曼。小寶寶是喬治．福爾曼第三，女孩是弗麗妲．喬治．福爾曼。我有出生證明，他們是美國公民，我要帶他們回家。那是他們與生俱來的權利，你們不能阻止。」

「不。」他說，「你不能帶這兩個小孩離開本島。」

「你不會要回他們的，」我說。

「我們要你把孩子交回。」

「不。」

「開門。」

「想進來就破門而入呀！而如果你這樣做，我將跟你們拼命。這兩個孩子是跟我回家，回他們的國家。」這樣虛張聲勢挑釁，可能招來反效果。但我已不惜一死。要我不帶他們就離開這個島，只有一個方式——把我擺平。「來呀，撞門呀。」

我透過窗簾看出去，外面來了一輛軍車，像是國民兵使用的那種，開過來停住。十幾個全副戰鬥裝備的士兵，手持自動武器，跳下車來排出隊形。不久，安卓亞也到了，還有她的哥哥。他們也有後台。聖路西亞人口十五萬，攀親帶故的大多數都有後台。

看著那些士兵們跑來跑去，想到他們在這個昏昏欲睡的小島上平常無用武之地，正煞有介事想要大顯身手，我不由得怕了起來。我躲進浴室關上門，跪下來，兩肘擱在馬桶蓋上，合掌開始禱告。「主啊，」我說，「我不想死，還背上一個暴徒惡名，救救我和我的孩子。」

我回到臥室，又有人敲門。「走開，」我喊。

「把孩子交出來。」

「我告訴過你，除非殺了我，否則別想抓走孩子。」

我聽到安卓亞的聲音：「去呀，射他，把孩子拿回來，我要我的孩子，他別想帶走他們。」

艾瑪叫起來：「嘿，你們不要輕舉妄動，他是美國人。」

她拿起電話。不通。「我等下回來，」她說，「我要去打個電話。」她靜靜撬開窗子，像隻蟲子般爬了出去。我看著她躲在樹叢後面，等到木屋那邊的巡邏士兵背向她時，像龍蝦般彎著身子溜出了視線。這個勇敢的女子在我眼前變成了英雄。

我想，女兒或許不想在這種大脫逃中演出。我問她：「告訴我，妳是要回家呢？還是留在這兒，對爹地講眞話。」

「我要回家，」她說。「我要一個大麥克。」她的微笑眞是窩心。我不知道她會不會珍惜我可以爲她死的意願。

「妳妻子對我說，你是一個可怕的丈夫，」保姆說，「但我看弗麗妲跑向你，就知道孩子愛你。」

又有人敲門，另一個男聲說：「我是警察部長，你綁架了保姆。她是聖路西亞公民。」

「我沒有被綁，」她喊。「我隨時可以離開，我現在就出來。」她把猴子交給我抱，慢慢向門移動，好像提醒我，她出去後趕快鎖上門。

「別人不許離開屋子，」警察部長在她出去之後大吼。「我們明天在法庭解決這件事。」明天，似乎在好久好久以後。但至少問題會得到解決。我有把握法官會尊重我孩子的美國公民身分。既然如此，我幹嘛這麼輕舉妄動？

猴子睡睡醒醒，醒了就哭。他已不認得爸爸，弗麗妲不肯睡，堅持要與我作伴。「我要回家，爹地，」她每隔幾分鐘就說一次。

大約凌晨三點，我看到士兵都爬上車並且開走。我向前門外面大喊，也一個人都沒有。莫非是我的禱告應驗。這時一聲敲門。

「艾瑪，是妳嗎？」

「是，」

我開鎖讓她進來。「他們都到那裡去了？」我問。

「都走了，」她說。

「妳怎麼辦到的？」

「變魔術。」

「我們明天得上法院，」我說。

「沒有什麼法院，」她說，「你說什麼他們只是聽聽。然後他們會說謝謝你，取走孩子，把你送走。」

「那我們現在就走。」

「沒有飛機，喬治。不過我有另一個計劃，我需要更多錢。」

我把剩下的全都給她。她還給我一些。

◇

艾瑪安排一名男子載我們到島的另一邊。孩子和我必須趴在卡車地板上，以免被人看見。車子在崎嶇的山路上放慢速度，使這段旅程比在地圖上看來要長得多。我能夠感覺弗麗妲的心在怦怦跳，我自己也是。猴子哭個不停。弗麗妲和我都在哄他，但不起作用。如果他是因為想媽媽而哭，我很難過，但我沒有別的辦法啊。

日出，我抬頭看到太陽照得海洋金光閃閃，太美了。終於卡車停了下來。海邊停有一艘破舊的，像是會漏水的漁船，大約七公尺長。一時，我幾乎要笑了出來。這些年來，我都想存一筆錢作一次海上旅遊。而現在我卻要帶著孩子搭這條破船投奔自由。左邊，右邊，後面都無路可走，只有硬著頭皮向前。

艾瑪說，她已指示她的「朋友們」，把孩子和我載往聖文生，一個位在聖路西亞南方不遠，格瑞那丁島群中的一個小島。我們可以從那兒輕易前往就在它東邊的巴貝多。她告別後，弗麗妲、猴子和我下到船艙裡，艙裡有一股霉味陰濕濕的。小喬治還是哭不停。弗麗妲看出我無計可施，一下子變得好勇敢。「來，」她說，「我來抱他。」

兩個當地人跳上船來。「你們是誰？」我問。

「我們來照應你們，老兄，」其中之一說。「你別緊張，老兄，」他給我看從聖路西亞帶來的出境簽證，和聖文生的入境簽證，姓名欄空著讓我們填。

我擔驚受怕了至少一個小時，不知會不會在海上被逮。兩個小時後，我才抬頭往外看看天光。上方的通道口框出一塊方形的藍天。弗麗妲和猴子睡著了。我到上面活動一下筋骨。我爬出來，看到聖路西亞只是遠方的一個點，聖文生在另一個方向也是。大海上只有我們，只有飛機能找到我們，而空中並沒有東西。我深呼吸，並注意到甲板上鋪滿了大麻，讓陽光曬乾。我看向那兩個混混，想開口講道，但聽到頭腦裡有個聲音說：老兄，這些傢伙是在幫你的忙，閉上你的嘴，回去坐好。

他們並不吸菸，所以還不難當作沒看到。我和他們之一攀談起來，他說是在哈佛學航海。

我沒有理由不相信，就不予追究。何況我看他根據海圖，用複雜的計算算出要在何處登陸，也是有板有眼。他在計算時，另一個開始和我談起宗教，他講的都是些反基督等奇奇怪怪的事，相當引人入勝，我只是聽著。他說，他們的頭髮都又長又鬈，頭上不留頭髮的人叫作禿子。

「就像我，」我說，同時用手抹過我發亮的頭皮。

我覺得他們蠻喜歡我和孩子們，因爲抵達聖文生之後，他們確定我們通過護照檢查之後才離開。(大麻已被他們藏起。)

當頭戴藍帽的官員在護照上蓋過章，我們就自由了——我是這麼以爲。我們搭計程車到旅館，我從那兒打電話給巴貝多的美國大使館。大使解釋說，法律上，聖路西亞管不到聖文生或巴貝多，但這三個相鄰的島國就像一家人。他警告我不可相信任何人，連在聖路西亞所雇的律師也不要相信，也不可告訴任何人我是誰，到那裡做什麼。他說，可能會有人自告奮勇爲聖路西亞某人效勞，把我們軟禁來，等聖路西亞政府的人趕到。「我會替你們訂機位，」他說，「你們盡快到這裡來。」

他顯然所言不虛，因爲我一掛上電話，那律師的電話就到了。他怎麼知道我在何處？原來安卓亞在他辦公室裡。「求求你，」她哭著說，「我要我的孩子，請再給我一次機會。」

「我對於任何帶著我孩子跑掉的人都沒信心，」我要律師告訴她。「我要帶他們回家，妳要看他們，就到我家來。」

孩子們和我洗過澡，就搭下班飛機前往巴貝多。艾瑪也到了，在旅館與我們碰頭。這時，連日的壓力和恐懼使我留下淚來。「聽著，」她說，「你振作一點，不要讓孩子看你哭成這樣。」她是對的，我要謝謝這個忠告。它當頭棒喝把我拉回現實，現在還不能軟弱。

當她聽到小貝比還在哭，就說：「我最好幫你幫到家。」我們一起去美國大使館。她也取得簽證，以便陪我們一路到休士頓。

「現在孩子回到你身邊了，喬治，」大使說，「祝你好運。」

◇

一直到飛機安全在空中，孩子坐在身旁，我才如釋重負。一抵達休士頓，我就打電話給在紐澤西的朋友麥米蘭（Dave Macmillan）。此君，我有幸娶了他的第二任下堂妻。麥米蘭經歷過與他第一任妻子痛苦的監護權官司，對此非常了解。他給了我幾個建議，並把我介紹給他的律師。這名律師爲我轉介休士頓一個家庭問題專家。

那專家說：「你該去找那個在聖路西亞照顧你孩子的保姆，看她肯不肯來這裡幫忙。在法庭上，她可以作證你是怎樣的父親，小孩跟著你比較好，或是跟安卓亞好。」

這個建議太棒了，它不僅是爭取弗麗妲和猴子監護權的法律策略，也因爲我眞的需要有人幫我照料孩子。艾瑪自告奮勇替我找她，並代我說項。當我在巴貝多美國大使館的新朋友替她取得美國簽證，艾瑪就陪伴這個女孩回到休士頓。艾瑪隨後即又遁入加勒比海的落日餘暉之中。

她的告別並不特別情緒化。我無以言謝，淚也流夠了。我們現在是知己朋友，一切盡在不言中。

# 第九章 錯過的那些歲月，重返……

我初遇瑪莉・瑪特莉（Mary Martelly）時，她年方十九。她在聖路西亞的內陸長大，那是一個遠離該島首都卡斯垂斯的世界——一個務農與做工的世界。有一天她走在小路上，一個名叫安卓亞的女子問她附近一棟房子怎麼走。瑪莉領她前去。安卓亞上前敲門，並在門開時講了一些話。瑪莉不經意聽見裡面一個女孩說：「我不要這個工作，我不當佣人。」門隨後碰然關上。瑪莉正要走，安卓亞問她可知道有沒有人能照顧兩個小孩——一個大約七歲的女孩以及一個六個月大的小男孩。瑪莉說她想不出誰可以時，安卓亞問她有無興趣。瑪莉說她已有一份在貝爾斯時裝的縫紉工作。那是一家專製外銷胸罩往美國的工廠。她說她的縫紉機最近故障，但會在一星期內修好。安卓亞就問她願不願意暫時看孩子，一直到她恢復正常上班。她說，瑪莉可以利用空檔工作，同時給安卓亞時間去找固定的保姆。

「不錯嘛，」瑪莉說，於是同意做一個星期，並前往卡斯垂斯。

瑪莉與小女孩馬上建立了信賴，並且喜歡上了小男孩。當她問安卓亞孩子的父親是何許人時，所謂被她甩在美國的那個可惡的虐待狂男人，遭到一頓痛罵。瑪莉形容，他被罵成開膛手傑克和酷斯拉的綜合體。幾天後，一隻光頭金剛出現在門口。瑪莉後來告訴我，她從來沒有見過這麼大塊頭的人。但她馬上看出，這個來要孩子的人，不是安卓亞所描述的那樣子。

◇

瑪莉來到韓波爾（Humble，我在一九八〇年賣掉休士頓的房子，搬到這處近郊），但看來還是有點怕我。每天晚上她帶猴子一起睡覺，我都聽到她把門閂扣上，出來沖奶時也背著他，回房時又把門閂扣上。甚至在白天，她也寧願與猴子一起躲在上了閂的房間裡。不論什麼時候，她都衣著整齊。我不知道她是否把在聖路西亞所穿的那件睡袍帶來。

我是個雄糾糾氣昂昂的人，在家裡常披著非洲袍子高聲朗誦聖經。「你一定是吉姆・瓊斯之輩的人，」她說。我覺得這話有趣，而這令氣氛緩和了一些。

猴子很黏她，她一走開就哭，大部分時間在她跟前轉來轉去。她不嚴格但也不放縱，和兩個孩子維持著恰到好處的關係。瑪莉的舉止和個性，都顯示她主見很強，你看得出她不認爲有別人比她更好。

她來之後大約兩星期，就對我說：「我們用冷水淋浴，這裡的水太熱，我不喜歡熱水。」

「噢，」我說，「來，我教妳。把手撥向左邊水就冷些——撥到底就是冷水。」

「這個我知道，」她裝模作樣說。

我們兩個都一本正經，但我知道其實兩人都覺得好笑。這次意見交流，是自聖路西亞大逃亡那個晚上以來，我們最親近的一刻。再過一陣，瑪莉就不再一進到她的房間都鎖上門。

過幾星期，開庭的日子到了，她作證說，我是個好父親，並給我孩子一個很好的家。我的律師後來說，幾乎完全是因爲她的證詞，法官判定共同監護。

「如果哪一個再亂搞，」法官看著安卓亞說，「不管天涯海角，我會親自把他或她抓回來坐牢。這兩個孩子最好別出城。」那是我的勝利，我就是要小孩留在美國。

通常，在爭取監護權時，雙方都會彼此抖出不堪的事。我則只說安卓亞偷走小孩；她的證詞中對我最特別的不滿，原來是我連電視都沒有。難怪我求她還我孩子時，我說「不管我做錯了什麼」都向她道歉，我卻不明所以。

安卓亞用我給她的錢回休士頓，買傢俱，找到住處。而她付律師也是用我的錢。我破了財，但把孩子弄回身邊。

安卓亞很難受，雖然法律上准許她住德州任何地方，裁決的結果卻把她約束在休士頓地區。我已經把弗麗妲送進家附近一所好學校，法官明確說，絕對不願見弗麗妲再轉學。按照監護條款，如果安卓亞要見小孩，她就不能住遠。她送弗麗妲上學，我下午去接她下課，吃過晚飯再把她送交安卓亞。同時，猴子白天由我照顧，週末則兩人輪流帶。

至少，計劃上是如此。事實上，安卓亞有時把他們倆往我這兒一丟，好幾天不管，從不問我有沒有別的事。但我無所謂。

官司過後約一年，我看待瑪莉開始有點不同。以前我只當她是爲我照顧小孩的好幫手。現在我想，她可能對我也很適合。看她管孩子的樣子——包括現已十一歲的米琪、十歲的小喬治和七歲的喬姬妲——我在想，老夫少妻式的家庭對我不知行不行得通。瑪莉尊重每個小孩，也期待他們尊重她。她言出必行。不管情況多緊張，隔天大家還是一桌吃飯。看得出瑪莉喜歡他們——多多益善。所以，我外出時從來不必擔心。

我有過四個妻子，在我還沒有想要瑪莉留下來之前，我以為我生活中永遠不會有婚姻之愛這回事。但我這人就是固執。此外，我也禱告求一個妻子，而且在幻象中見過一個。所以我知道上帝會賜給我一個妻子。如果冥冥中沒有安排，我也就不必告訴瑪莉，我擔心她有一天會回聖路西亞。我問她肯不肯嫁給我。

這時我們是在一個購物中心裡。我走進一家珠寶店，花了不到一百美元，買下一只鑲著小得必須瞇起眼睛才看得清楚鑽石的戒指。我在她面前跪下，為她套上戒指，脫口提出那個問題。

那時我確定，與其說自己愛她，不如說我需要她。我對她說，我們相處得多好；她對我像食物和水；人需要食物和水，但不是愛它們。我對於瑪莉的佩服和尊重溢於言表。那是我對前四個妻子，以及我每次露水姻緣的對象所沒有的感覺。

瑪莉和我的開始，不像羅蜜歐茱莉葉那般羅曼蒂克，但根基穩固，是一個可以長久，不必以悲劇收場的機會。我對她認識得愈多，便愈感快樂。平生第一次我覺得滿足，當時我想，就算要死，我也會笑著死。

過了幾年，我已經不再那樣想——我現在一想到死就心跳加速，因為我永遠不想向她說再見。我像一條魚，吞下了餌，腸子已被鉤住。她是留住我的力量，我們的愛來自上帝。

我的宗教生活與她本來的不同。我守的嚴格宗教規範，已經驅走兩個女人，也限制了她原已習慣的一些自由。我不強迫她遵守穿著和化妝的苛刻要求（只穿套裝，不得化妝），但她奉行不逾。因爲那與她的個性頗爲契合，她生來就不矯飾。

我們結婚的第二年，我帶她到一家店裡試戴一顆兩克拉的鑽石。她看著我的樣子，好像我當她的面罵了髒話。「我不戴那個，」她說。

「妳不喜歡它嗎？」

「我不喜歡它？你不知道它的價錢可以讓我買多少套衣服？」

她就愛婚戒上的那粒迷你鑽石。

日子一天天過去，瑪莉成爲我盼望並祈求的牧師妻子，我出於愛意，開始叫她瓊恩，一叫就叫定了。她現在就是瓊恩。

現在我有了名符其實的一個家。艾君把米琪的監護權交給了我，帕美拉把小喬治給我了，夏洛特讓喬姬姐跟我更多時間。弗麗妲和猴子因爲媽媽要約會，需要人看孩子，至少有一半時間待在我家。還有娜塔麗（Natalie），她一出生就成爲我鍾愛的寶貝，像其他幾個孩子（只不過名字當中沒有加喬治）。我們和樂融融，孩子在我身上爬上爬下，家裡有個好媽媽，生活幸福完滿。

◇

美國奧林匹克委員會邀請我，希望我為一九八四年代表隊的拳擊選手打氣。我於是前往紐約平靜湖。我在那兒遇見懷特菲（Mal Whitfield），他是一九五〇年代的一名奧運田徑明星，也是韓戰英雄。現在他領導一個名叫非洲運動員的團體，其目標是透過美國新聞處支助的巡迴訪問，發掘並激勵非洲年輕運動員。懷特菲力邀我加入下一趟的巡迴團體，前往喀麥隆和奈及利亞。

「我聽說你是個牧師，」他說，「來吧，我們可以安排你到幾處講道。」

我怦然心動；再說，這個「下一趟」遠在半年以後，所以我沒多想就答應了——反正還早。但是時間就是如此，經過幾個明天，未來就變成了現在——懷特菲打電話來催駕了。

行前，我與一位駐外代表見面，他在非洲住過很長一段時間。乖乖，他可是灌輸了我一腦子關於奈及利亞的警告。「那裡的人壞得很，」他說，「你隨時隨地得提防他們。小心，他們什麼東西都偷。」

他給了我許多警告——小心行李被偷，值錢的東西和鞋子都要小心；士兵可能為了好玩就把你殺了；食物吃了拉肚子；人民粗魯無禮；還有傳染病——怎麼還會有人住在那兒？我後悔答應前去。

第一站先到倫敦，再到奈及利亞。但我並不留在奈及利亞，只過境十七個小時，就向東轉往喀麥隆，與巡迴訪問團會合。行前所接受的洗腦令我非常擔心，打算十七個小時都坐在機場裡。只有當一名自稱是警長的人認出我，要帶我去附近一家餐館，我才離開機場去吃東西。

我倒也沒有怕到神經兮兮的程度，我晚餐的同伴也注意到。他建議我在等飛機時開一個旅館房間休息。這我可不幹——不記得那駐非人員說的話了嗎？「他們會把你旅館房間偷個精光。」

我寧可待在開闊的機場裡。我把袋子抱得緊緊的，希望時間過得快一點。有個人走到面前來盯著我的鞋子。「這眞是一雙好東西，」他說，「我們這兒沒有。」把自動步槍隨便背著的士兵，幾乎與來來往往的旅客一樣多。這些人當中有的似乎故意擺出粗魯的樣子。

喀麥隆的情況大致相同。沒有人說過喀麥隆壞，但我還是放心不下。待在喀麥隆的七天，我都在擔心接下來的奈及利亞十一天怎麼過：在那兒待十七小時已經夠多了。連喀麥隆人都警告我，到奈及利亞要小心。

除了已排定的演講日程之外，我都獨自反鎖在旅館房間裡。第四天，我還在吃著與前三天同樣的晚餐——家裡帶來的沙丁魚罐頭。沙丁魚，以及一瓶水。

再熬七個晚上就行了。迄今我設法不與太多人握手，東西都保持在視線以內。

晚上，我在房間裡讀聖經。突然，毫無徵兆的，平生第二次，我從心底痛哭出來，無法控制，不能平撫。哭了好久，我不知道傷心什麼。然後，在遙遠的想像中，我聽到鼓聲，咚，咚，咚的敲。我到陽台上哭得更大聲。咚，咚，咚，咚，咚。

現在，鼓聲聽起來漸漸熟悉，愈來愈熟悉——終於，我聽出鼓聲是什麼了。它是一顆破碎的心在搏動——在兒子被擄走，用船運到遠方永遠回不來時跳動的，我祖先的心。不久之前，我的孩子被帶走，我體驗過那種心碎。我不知道是不是有任何親戚源於奈及利亞這塊土地，但那並不重要。成千上萬甚至上百萬非洲人，曾由此大地被擄走。我有一條無形的臍帶與這塊大陸相連。我回來了！我回來了！我愛你的房子，爺爺，我愛你的子裔，我內在一個聲音如此說。然而，我卻不吃非洲人的食物，不握他們的手，甚至不與他們同坐……

想到這裡，我衝下樓去，在大廳裡肆無忌憚站到桌上，把整個國家當作自已家。我向每個經過的人攀談，至少有一半被我抱過。我一面問好一面擁抱，一邊擁抱一面問好，人們愈來愈熱絡。在街上，我向每個人說哈囉。他們也回敬哈囉。面前有什麼我就吃什麼（吃到瀉肚子）。我和日常生活打成一片，青年中心、醫院、教會到處去，星期六還去釣魚。

我連一根鞋帶都沒有被偷。

駐非顧問告訴過我：「那些人永遠不會把你當兄弟。」但他錯了。最常相處的幾個，看來已經是我一家人了，也把我當作他們的一家人。

不過，我畢竟是美國人。除了美國，我哪裡也住不來。但這次非洲之行是一次改變生命的經驗。以前我有過幾次這類經驗，將來還會再來幾次。

◇

安卓亞交了一個新男朋友，菲利克斯。他對我的孩子沒什麼好影響。每次弗麗妲和猴子到我這兒來，都會帶有一、兩種新的壞習慣，我得費神教他們改掉。但那不要緊。猴子長得愈來愈像我，和我同一個綽號眞是叫對了。他看我交叉兩脚站，也模仿同樣姿勢。他吵著要一付拳擊手套，並在腰上綁一條帶子，當作是拳王腰帶。他的個性也十足是個喬治・福爾曼。你如果不打算跟他沒完沒了，就別去惹他——跟我小時候一模一樣——一定要你玩不動了，他才玩夠。我姊姊給他買的衣服，也跟我小時候穿的同款，連靴子都一樣。如果他看到我穿著他也有的衣服，就會馬上跑去換。他跟我一起睡，一起洗澡，一起做事。我做什麼，他也要做。你能多愛一個小孩，我就那麼愛他。

如果說猴子是小時候的喬治・福爾曼，那麼弗麗妲就是我的女孩版本。她比別的八歲女孩都高，從背後看，她甚至有點像我。她也有我的幽默感。問題在於，別的孩子也在家時，她不讓我跟他們玩。她會惹麻煩以博取我的注意；爲了取悅我，她只差後空翻沒有做過。一半生活在她母親的世俗世界中，一半在我近乎修行的嚴苛當中，也眞爲難了她。

有時我聽到她向瓊恩說，「妳在我爹地的臥房裡」或是：「妳不要待在我爹地的臥房裡。」弗麗妲對於以前在她媽媽家照顧過她幾天，然後到爸爸家做事的保姆，現在變成了媽媽及家中女主人，覺得有些困惑。

弗麗妲不懂爲什麼，她媽媽和我對於她胃口的反應不同。我會爲她做一頓龍蝦大餐，然後一起運動。她像姊姊米琪，也有容易發胖的傾向；跟很多人一樣，她需要燃燒卡路里。只要肯踩固定脚踏車，她愛吃什麼我都答應。我覺得理當如此。她媽媽則強迫她一直節食。

安卓亞與菲利克斯結婚後，我只需要負擔孩子的教養費，不過那還是不小的一筆錢。他們想搬往南卡羅萊納州菲利克斯的家鄉，但搬家違反法官的裁決。如果安卓亞離開德州，孩子將全部歸我。我巴不得她搬，因爲我覺得弗麗妲和猴子跟著瓊恩和我，比跟著他們好。

某個星期一，弗麗妲在我家過了週末之後，我把她送到安卓亞處；猴子已在那兒。幾天後，他們該來而沒有來，我撥電話去。電話才改過，但新號碼沒人接。我慌了，怕她又帶跑了孩子。但我讓自已鎭定下來：經過法官那般強調，安卓亞應該不會冒險再來一次。此外，安卓亞本來就不太遵守時間，這也沒什麼不尋常。

星期四過去，然後星期五，情形愈來愈不妙。每次我想要找上門去，都想起安卓亞在聖路西亞催促士兵對我開槍的場景；我還是別靠近她的房子比較好。

隔週星期一，我收到德州兒童保護局寄來的公文：我被控虐待弗麗妲。在事情沒有解決之前，我被禁止接觸弗麗妲和猴子。我立即打電話找法院指定的社工人員，以及在聖路西亞事件後打過交道的律師，但他們說插不上手。

幾天後，我又接獲通知，我因虐待兒童刑事罪名被調查。我去找自己的律師，洛德（Robert Lord）。他看過案子後說是「很嚴重的刑事案件」。他和另兩名刑事律師諮商後通知我，我必須向警方投案。並由大陪審團檢視證據，決定是否起訴我。我一想到相識的人當中，包括這些律師，可能以爲——即使只一秒鐘——我眞的做過這麼可怕的事，就覺得非常難過。

向警局報到是一次戲劇化的經驗。那裡的警官們我都認識；曾有好幾個通緝犯找上我，由我帶他們到局裡。警長梅德利是我的朋友。我孩子讀的就是她妻子經營的私立學校。

我和警長兩人坐在他的辦公室，他告訴我一些事情，令我感激涕零。「記者每天都來查看被發拘票的名單，」他說，「他們在找新聞。我要你知道，當我看到你的名字，就把它挑掉。我說，『我們不能這樣對待喬治。』」

一名兒童保護局的女職員不久就來找我、瓊恩、娜塔麗、米琪和小喬治問話。她問的都是些與我們現實生活八竿子打不到邊的事，令我覺得好像在看一場恐怖電影。

律師告訴我，大陪審團研究過一捲弗麗妲與兒童受虐專家談話的錄影帶，而那證詞「沒有說服力」，因爲她看來是被誘導著在說「對」的事情。陪審團中有一人透露，他們懷疑此案背後有不可告人的動機。事實上，承辦法官寫了份報告，說他相信此案是家庭紛爭所引起的，至於是什麼樣的家庭紛爭，他不知道。但我很明白：安卓亞想搬往南卡羅萊納，但必須得到我同意，她才能帶著孩子一起去。而她爲何要孩子一起去？撫養費。那是最令我傷心之處，她把孩子當成了搖錢樹。

控方的理由很薄弱，但我知道新聞媒體遲早會得到消息，把它在小報上大炒一番。我知道他們不會印出或播出案中孩子的名字，但那也代表我所有的孩子都會被指指點點，承受同學和老師異樣的眼光：「被他虐待的是不是你？」我，願意爲孩子們赴死的我，現在不確定，我澄清自己罪名的決心，會對整個福爾曼家有什麼衝擊。

我跟其他孩子及他們的母親商量。他們有權聽我說這件事情，而不是從別人那兒聽說這事。米琪十三歲，小喬治十二歲，喬姬妲九歲。這幾個小大人首次給爹地提供意見：「讓那兩個孩子走。」經常作怪吸引注意的弗麗妲帶頭說。「我們知道她什麼都做得出來。」弗麗妲顯然不明白這種事情不會一天就煙消雲散，而且，光是難過不一定能彌補傷害。

孩子們的母親也同意這樣。「我們站在你這邊，喬治，」其中之一說，「但這太沒意思了。」碰上這種歹事，她們都變成了朋友。（大約同時，艾君陪米琪來休士頓，與我商量一些米琪的問題。因爲下大雨她不能回旅館，她就在我家備用的臥室住了一晚。她回明尼亞波里之後告訴我，她的男朋友嫉妒地問她是否跟我在一起。「不錯，」她說，「再讓我告訴你，我是跟一個聖人在一起。你知道有聖人嗎？他就是一個。」）

那晚我就寢時還沒有決定怎麼做。在夢中，我見到自己穿著那時最喜歡的衣服，一套灰色絲質的布魯克斯兄弟牌西裝——向來我只在重要場合穿的正式服裝，它們總是令我有位居要津的感覺。現在我就穿著它站在拳擊台上，準備挑戰某個巨人。我一點也不怕。那爲什麼我不打了，並退下擂台？我此生從未示弱過。

到早上，我明白了那個夢是神的指示：退下，不要打。

「這樣吧，」我對律師說，「爲了讓孩子跟我在一起，照顧他們的生活，我能做的都做了。

我盡力用正確的方式養大他們。我沒有做現在被指控的事情。但那並不要緊，我不要變成毀掉他們的人。」

我舉聖經裡所羅門王的故事來說明我的用意。在處理兩個女人爭一個嬰孩的案子，問不出眞象時，所羅門王舉起了寶劍。聲稱要把嬰孩分成一人一半。兩個「媽媽」之一大驚，忙說願意讓出她的一半，以免孩子慘死。誰是孩子的母親，當場辨明。

「我一定要讓我的孩子活下去，」我說，「我必須維護他們的名聲。如果這事上了報，無異毀了他們。他們將永遠抬不起頭來。就讓安卓亞得逞吧，我愛我的孩子，不能看他們被劈成兩半。」

當安卓亞聽說我已不反對她離開，立即把案子撤消，並與菲利克斯帶著弗麗妲和猴子搬走，根本不讓我說再見。

◇

我很難過，彷彿這兩個孩子已死去了似的。我甚至連他們的確切地址都不知道，因爲孩子的撫養費是寄給南卡州格林維爾的社福單位。我動不動就掉淚，時不時就得對太太說：「我過一下就回來。」然後進房間鎖上門大哭，跪著說：「神啊，他們是我的孩子，就這樣離我而去。」後來瓊恩告訴我，她隔牆都聽到我悲泣。

我又從聖經約伯書得到唯一的安慰。約伯受到試煉，各種悲慘事件陸續發生在他身上，但他不因此失去對神的信心。最後他的財富反而加倍。我在講道時解釋，一個眞酪農養十六頭乳牛，就能產出比乳牛頭數多八倍的大公司更多的牛奶，差別在於，眞酪農把每頭母牛的最後一滴奶都擠了出來。我就是這樣讀約伯書的，每個字都用心讀，把心得用於禱告。即使在情緒最低落時，我的信心都在，而且日益增強。信心助我接受弗麗妲被扯進她所不了解的恐怖事情當中。信心助我平息了因看不到猴子而翻騰的內心。他是我的鏡子。我了解這個男孩的一切，即使在他最固執的時候我也能與他溝通。失去他，有如少了一隻手或腿。

從一九八六到九一年，我都沒有見到這兩個孩子。過了將近五年，安卓亞才打電話來，說她爲往事歉疚。她說，如果重新來過，她不會做出那樣的事。「他們需要你，喬治，」她說，「我毀了他們的生活。」她爲所造成的損害道歉，並且簡短告訴我弗麗妲有問題。錯在她，不在弗麗妲。

我打電話向律師求教。他建議我索取安卓亞和弗麗妲的簽名自白書，說我從未虐待過任何人，我照辦。

當我們重聚時，立刻可看出弗麗妲很痛苦。我們談個沒完沒了。她向我傾吐問題，我盡我所知幫她解決。過了些時我說，「妳知道，弗麗妲，妳還沒有告訴我，妳爲那些事道歉。我想，如果妳道歉，就會得到平靜。試著原諒和忘掉，繼續向前走，因爲妳永遠是我的孩子。」

「爹地，」她說，「我對不起你，眞的。」

安卓亞和我做出安排，孩子跟她住，放假則到我這兒來。

猴子經過了五年——他也不過才八歲——才又見到我。他知道的我，都是安卓亞告訴他的。他甚至已經不認得我。我說，「嗨，兒子，你好嗎？」他只是一直打量我。我抓住他抱他時，他全身僵硬。他還是非常像我，奇怪的是，他一開始就喜歡瓊恩，好像還記得被她背著。他叫我「喬治」，叫菲利克斯「爹地」。

猴子和我相處的時間很多。在馬歇爾，我教他騎馬。我們的關係慢慢建立起來，但過了好一陣子他才習慣我的擁抱。我說：「兒子，我們在這裡講好，我們見面和道別都要擁抱。你可以吧？」

「可以。」

他不知道我一直在想著與莫黑德錯過的那些年。

很快，他一有假期就會往我這裡跑，然後變成每個週末都來。「爹地，來抓我，」他總是這樣逗我。每次要回家他就哭。安卓亞有一次打電話來說，她在南卡羅萊納機場接他時，他還在哭。到一九九四年某一天，她終於說：「我不樂意，但猴子要去跟你住，他要走。」

我夢寐以求，但我不能只顧我現在的需要，而必須把眼光放長遠，考慮怎樣對他最好。我在電話中對他說：「兒子，你要知道，我在世上別無他求，就是希望把你留在身邊，但你現在十一歲了，你不能丟下你母親。」安卓亞才和菲利克斯離婚不久，菲利克斯帶走了他們所生的小孩，而弗麗妲是個野女孩。「你現在要當你媽媽的英雄，你要照顧她，因爲我要我兒子像我一樣。」

我對他解釋，要了解我這個父親，得從我母親說起——從第五區開始講。我母親愛子深切，她的責打令我心生畏懼；她爲了我好，把我推向世界；因爲愛我，在我前往奧勒岡時偷偷哭泣。我從母親學到早起工作，學到掏盡最後一毛錢也要付清帳單，學會照顧人，成爲一個男子漢。

「喬治‧福爾曼的主要成分之一，是我對母親的感覺，」我告訴他，「害怕自己不成器，沒臉面對她。我對她要有交代。我因爲這樣當上個拳擊手，想爲她買棟好房子過好生活，免得辛苦操勞。當我告訴她租房子的日子過去了，我已買了一棟房子給她的那一天，是我此生最得意的時刻之一。我要你克紹箕裘，你只能透過你母親來完成它，你必須照料她，兒子。」

這是一番重話，而不講不行。我邊講邊想到小喬治。他與他母親帕美拉的關係時好時壞，一部分原因是她與我甚少溝通。小喬治也想要與我住，我同樣沒有答應。

小喬治一九九三年陪我作一次公關旅行。我們抵達舊金山時，他去鄰近的沙加緬度探望他母親。那時帕美拉已罹患癌症。我次日打電話去時，她說，看到這個十九歲的大孩子站在面前，身穿運動夾克，打著領帶，她心中有說不出的喜悅。「我不敢相信，」她泫然欲泣。「你不知道我多高興。你給我的這個年輕人眞好，你給我一個好棒的兒子。」。

那次旅行過後，小喬治進了馬歇爾附近的大學當新鮮人。有一天我打電話要他過來。

「兒子，坐下來，」我說，「我要告訴你一些事情。」如何對你的孩子說這樣的事情呢？「她過世了，兒子。你母親死了。」他的表情，像是要殺盡全世界似的。

「但怎麼——」

「我們無能爲力，她已死了。」

我留他跟我在一起好久，在他哭出來時抱他。「坐著，」我說，「坐著，慢慢會好的。」話起了作用，只因他信任我。但這對小喬治是一個重得可怕的打擊，我看到這孩子心碎，自己也很難受。我知道，這失落感要等他有個女兒時才會平復。

我不答應猴子和我住，因爲我要確定，萬一他母親過世，他要準備能夠和小喬治一樣向母親告別，並盡釋前嫌。我覺得他做得到，他身心都很強壯。

「爹地說我不能拋下妳，」他告訴安卓亞，「所以我們要去休士頓。」他眞的說動了她，搬回了休士頓。這個十一歲的男孩子一個人悶頭辛苦了一整夜，把家俱和物品裝上卡車。

「你搞不懂這個孩子，」弗麗妲說，「脾氣拗得很。他還在外面。」

猴子才開始想在母親和姊姊面前充本事。但他也愛瓊恩，不管什麼事都對她說。當他說要吹薩克斯風，我告訴他，如果他認眞吹學校提供的那一隻，我就給他買一隻。現在他把那東西掛在脖子上，一吹就是一兩個小時，等著我打電話去，叫他吹一個調子給我聽。他來家裡住時，跟著我轉，喋喋不休講個不停，我聽得頭都大了。他甚至還吹牛，像我小時候。

「我叫喬治·艾德華·福爾曼，名字跟我爸爸一樣，」他告訴我朋友夏尼克 (Mort Sharnik)，「我的兄弟和我的名字都一樣，但只有我的綽號和爸爸一樣。」

猴子和十四歲的娜塔麗成了知己，比他和弗麗妲更像姊弟。娜塔麗大他兩三歲，但從小就搶著要照顧他。當他尿濕了褲子，她會說，「你到浴室來。」她也會管他，「要是你餓了，我幫你弄麵包塗奶油，但你一定要好好坐著，在桌上吃。」這類的事情。

娜塔麗是個固執的女孩。她一心想成為學校裡最好的籃球選手，但我規定她，即使在資優班裡，她的成績必須維持在九十六分以上才可以玩運動。這難她不倒，於是她開始打籃球。我對她說，如果她以為，站在球場上男生會因為她是女生而傳球給她，那她一定大失所望。「如果妳要球，」我說，「妳就得去搶。如果是籃板球，妳就得跳了再跳，直到妳抓住它。」現在，我這努力不懈的女兒已經是體育館的一方霸主。所以當她說要進史丹佛醫學院時，我相信她不久定能如願。

米琪和我的關係不一樣。她正是處於想反過來當我媽媽的階段，對於老爹說的人生之類的話大不以為然。她還不明瞭，某些事情是隨年齡而來的。米琪是個藝術家，有著詩人的靈魂和笑匠的頭腦。她令我想起歌手貝蒂・蜜德勒（Bette Midler），同樣的友善表情，同樣傻大姊的個性。

喬姬妲則是個一板一眼的女孩，謙遜而聰慧。孩子當中，現在就數她和我最親密。我喜歡她的成熟。今年秋天，她就要到加州上大學，修習新聞學。起初她還擔心想家，知道那是成長和離家的必經過程。而當我說要在學校附近買一處小房子，以便隨時去看她時，她卻馬上講明白：「我不會有時間陪你，爹地，我會有我的事情要做。」

一九八六年，瓊恩和我有了李歐娜。她是以我最親近的阿姨命名。這寶貝是家裡的皇后，舉手投足好像有皇家血統似的。她一定遺傳了她母親很多，因爲別人也這樣說瓊恩。李歐娜說怎樣大家就怎樣。我們第一次抱李歐娜亮相時，她就伸長了臂膀跟大人緊緊握手，他們大爲驚奇。

家裡還有一個小大人，名叫大輪子（Big Wheel），他比李歐娜小一歲，但一點也不失色。他是男孩當中最獨立的一個。我希望他將來學法律，投身政治，以便造福國家。那也是我叫他大輪子的原因：大輪子代表動力，開進城來必然轟動。我所有孩子之中，只有他會對她母親說：「是，女士」和「不，女士」，對我說：「是，先生」或「不，先生」。他絕不容忍蠢事。喬姬妲小的時候，若有人作弄她，她一溜煙跑掉。但大輪子則不，他站穩穩說：「夠了！」如此老成，令人懷疑他跳過了兒童時期。他的老師告訴我，當全班去看望殘障兒童時，他自動起身照顧他們。每當我聽到〈血汗與淚〉（Blood, Sweat, Tears）裡的一首歌：「將有一子出生世上，挑起重擔，挑起重擔，」我都想到大輪子。他可能就是那個天降大任的小孩。這個孩子從來不用我在後頭追著表示心意，他知道他是誰，來做什麼。

接著就是老么了。有的孩子天生老成，像大輪子；有的則永遠長不大——例如我那四歲的老么瑞德（Red）。他的名字來自"red light"的縮寫，因爲你老是得叫他停下他才停。他從不滿足，不管什麼，他都要全部。

我的孩子各個不同，我喜歡這樣。我年少時混街頭，學會了分辨誰虛張聲勢，誰眞正是狠角色，很能掌握別人個性。我現在利用這個本事管教孩子，因才施教，視情況或嚴或鬆。

我不把他們捺進同一個模子，而是調整我自己的爲父之道，適應每個孩子。畢竟，父母爲求孩子朝向固定模式發展，而施以打罵的情形，我看太多了。

◇

令人傷心的是，我和弗麗妲的關係不像與猴子那樣復原，自從那次巨變之後，她和我始終有隔閡。

弗麗妲高中未唸完，十七歲就結了婚。對象我不怎麼喜歡，也認爲不是她要的那一型。她剛滿十六歲，我就給她買了一部好車，因爲我要她感覺與衆不同。但我眞的以爲，那傢伙就是因此想跟她結婚。我曾要她回家裡住，並對她說我不是要拆散他們。對弗麗妲而言，愛他，與她對爸媽的感覺不同，這感覺只屬於她自己，與那小伙子缺少工作能力無關。

她結婚後，我給了她一間公寓，我母親買給她全套傢具。後來她輟學。我給她一些錢，催她回去完成學業。她拿了錢，但把忠告當成耳邊風。我們一再爲此爭執，最後我把兩手一攤：「嘿！妳要振作起來。我可不能一直養妳和妳老公，那太不像樣了。」

想必是她覺得我沒有幫夠忙，她四處打電話給八卦雜誌，以一萬美元代價，重提小時候對我的指控。那時我剛打過兩場拳王挑戰賽，並在ＡＢＣ一齣以我爲名的電視劇演主角，現身說法。

一天，我在比佛利山的律師何姆斯（Henry Holmes）來電警告我，說有八卦雜誌記者刺探弗麗妲的故事。「離他們遠些，」他說，「他們很惡劣，你不用費事去解釋，不要理睬他們。」

我打電話給安卓亞，問她可知道弗麗妲又怎麼了。「我不知道，」她說，「她會搞得自己出醜。她認爲你恨我。」我可憐的女兒有一個想法盤踞在心裡，錯過了未來的一切。

安卓亞和我協力進行拯救任務，這一刻她和我變成了朋友。這或許是我們第一次不抵觸。我們一定得合作解決女兒的問題，免得傷害無法彌補。我們把弗麗妲帶離是非圈，曉以道理。

安卓亞說：「你別毀了跟父親的關係，這樣搞下去不得了。」

我說：「弗麗妲，妳要明白，妳不是非要弄得我們永遠決裂不可。我不能任妳這樣做。我不能讓女兒跟我形同陌路。」

這女孩沒弄清楚她的作爲會帶來多嚴重的後果。她以爲，這樣可以弄到錢，稱心如意。

我告訴她：「你不能沒有父親，我不能看著妳走錯路。我愛妳，我要妳知道妳有個父親，我永遠是妳父親。」我們擁抱，我以爲，女兒回來了。

雜誌社把錢寄去，弗麗妲把它退了，並聲明要講眞的故事。她也簽了文件，承認指控是捏造的。她和我漸漸親近，我由著她購物，因爲看她恢復朝氣和笑容，我也高興。但過了一陣，她開始要這要那。我不讓她再買。她於是認定，我對她好，是因爲怕她再提出指控。

「嘿，」我說，「我是因爲愛妳。所以才給妳買東西，不是怕妳講我什麼。」

關係再度破裂。

不久，我聽說她懷孕，並和一個作者簽了合約，要寫一本關於她和我的書。

我永遠不能不愛她，但現在只好由著她。我不知道她和她丈夫靠什麼過活。我不知道，在我寫這本書時，她還沒有生產。我希望等她生產後，小孩會成爲跨越父女鴻溝的一道橋。

拳王爭霸戰之後，猴子說他和弗麗妲一起看比賽，他說她反對我，一直喊著「打他，別讓他贏」等漏我氣的話。

「那是你姊姊，孩子，」我對猴子說，「你要想辦法愛她。」

「我知道，爹地。」他說。

◇

七〇年代中期，我弟弟洛伊爲我打理事務，並從我打拳的收入中抽成。到我一九七七年退休，他和也爲我做事的大哥桑尼，都攢了不少錢。但在八〇年代，兩人都弄得一文不名。洛伊投資失敗；當我一九八三年從聖路西亞冒險帶回兩個孩子時，他已和妻子分手，並住到我母親家。母親對我說，他自告奮勇想在一所教會健身房教小孩打拳。洛伊自己並未眞正打過拳，但這些年來跟著我，拳擊知識也夠當個稱職的教練了。

我有一天順道去看他，並且爲他打氣。那處健身房破舊簡陋，而且牧師讓他使用是有條件的：他若向學拳的孩子或他們父母收取任何費用，都要繳給教會。我去的時候，他正要上台和幾個孩子練習。幾個媽媽忙著爲孩子報名登記。其中一個少婦八成認出了我，並且認爲這個當過拳王的喬治・福爾曼，或許眞能夠讓她的孩子不學壞——至少，我看她的表情是有這意思。但我不想插手。我現在是個牧師，不宜讓會衆以爲我又和拳擊有所牽扯。我的意見是，如果她眞的要她的孩子免於惹事生非，她應該叫他上教會。

約兩個月後，我碰見洛伊。我不經意問起那個媽媽的孩子怎樣了。

「那個孩子坐牢去了，」他說。

「坐牢？！好傢伙，你一定是開玩笑。」我才見過那孩子，他就在我旁邊晃來晃去。

「眞的，他和朋友結夥搶一家商店。店主開槍射中他朋友，他開槍射中店主。」

「殺了他？」

「沒有，但是傷得很重。」

被搶的那家店離我家不遠。我非常震驚，睡不著覺，爲我能做到卻沒有出力幫那孩子而覺得羞愧。我恨沒有抓住他，讓他從指縫中溜走。我說：「我們得盡一點力。」

我的教會過去一條街，有一處建商在完工前即棄置的大倉庫。它的空間和地點，對我的構想都再合適不過。我動用了已因聖路西亞之行而大傷的退休老本，成立一個慈善基金，買下倉庫，裝修一番。包括重量訓練設備、一個籃球場、拳擊手套，以及從我馬歇爾農莊搬來的拳擊擂台。喬治・福爾曼青年及社區活動中心就此開張。

洛伊和我在活動中心四週豎起圍籬，裝上大門，讓它看來像個俱樂部。很快的，載滿孩子的大巴士開來了，可見這樣的場所多麼重要。

我們收每人年費一美元，因爲我小時候讀的學校從不免費供應任何東西。但我們有些家庭連這一美元都負擔不起，而來自這樣家庭的孩子，又最需要愛和成長。

查理是這群孩子當中最壞的一個，他才八歲，但你已可以想像他將來變成地獄天使的樣子——哈雷機車上遍體刺青的角色。我叫他「歡樂查理」來軟化他。他一開始還是悍得很，讓我想起以前認識的一個桀驁不馴的年輕人。當他搗亂時，我會說：「查理，安靜。」

「你媽———」他會說。

眞夠壞。

後來查理實在太惹麻煩，留他不得。「你不能再來了，」我告訴他。

隔天下午，他住在中心對街的祖母把他帶了回來。「對不起，」她說，「可是查理不能待在家裡。我丈夫病了，查理的媽媽要工作到很晚才下班。我們管不動他。求求你，讓他留到媽媽回來。」

「他是個壞小孩，」我說。

她彎腰從地上拾起一根棍子說：「用這個對付他。」結果不用動棍子，因爲我把查理當成自己孩子。露營時我讓他睡在身旁；他講話時，我用心聽；他找別的孩子麻煩時，我叫他們不要理睬，然後責罵他。沒多久，你就可以看出查理胸膛挺了一些，架也打得少了些。

另一個孩子艾卓安（Adrien），十六歲就長到一八〇，一雙大脚。每次我買新球鞋時，也都給他買一雙。他告訴我，他爸爸曾是個籃球選手。事實上，他總是談他兩公尺高的爸爸在大學時打前鋒的事。他常纏著我帶他去看摔角。我說，「你有時候可以叫你爸爸帶你去呀，他應該陪你做這些的，爸爸就是要陪孩子的。」

艾卓安低頭看地，然後抬起。「我不想告訴你，」他說，「但我不知道誰是我爸爸。」這一類的故事，使我變成很多孩子的代用父親。他們成天跟著我，而愈來愈多這樣的孩子從休士頓各地前來報到。其中有一群，大約六人，只會說西班牙語。於是我也學會不少，足夠和他們講幾句。

我的角色就是陪在一旁。我坐著看他們打籃球，舉重，練拳。他們眞正要的，不過是我的注意而已：「嘿，打他火鍋」；「打拳手要抬高」；「好傢伙，你能舉這麼重！」等等。我只管公平和運動精神，沒有別的規矩，其他的全讓他們自理。沒有固定的節目。

我也有書讓他們讀。各類書籍都有——歷史、藝術、寫作、動物。甚至聖經。但我從來不講道，不傳福音。但後來孩子們還是都來找我告解和起誓，說要戒除惡習和淨化生活等等。

看到這些年輕人一天一天，一週一週轉變，很令人欣慰。最明顯的是，有的孩子進來時畏畏縮縮，經過幾次拳擊課和團體外出活動，眼神就變得充滿自信。更好的是，他們學會爲自己著想，而不隨便打架惹事生非。自我尊重是中心的信條。

孩子們成長得好快，今天還兩頰紅冬冬的，隔天就冒出了鬍青。他們當中有很多是家庭有問題的，很多父母把問題帶回家裡；有的父母爲了管教孩子而反目。我們會爲孩子安排拳賽，邀請父母來看，最後父母總是會一起爲自己的孩子加油。兩、三個月後，或許父母和孩子就全都和好如初，誰也不感覺委屈。所以，當我推出六個星期的拳擊入門和欣賞課時，許多父親前來參加。最後一堂課，這些大人都煞有介事，戴上手套和頭罩，上台對打起來。孩子們則在一旁爲他們喝采。

這些場面都不是策劃出來的，但不時就會出現，這讓我明白，這個中心變得多麼重要。有時你一開始並不知道需要什麼，得到時才體會出來。活動中心是一處安全的避難所，與外邊世界隔開。有人忘了一條金鍊放在長凳上，一星期後它還在那兒等他。常有男孩和大人閒坐，什麼都不做。有的就這樣睡著了。這是每個人都可以自得其樂的一個地方。

◇

有一天，我的財務律師華萊桑（Ed Wallaceson）來找我，帶著他知道我不想聽到的消息。「喬治，」他說，「你幫助人是件好事，但我必須告訴你，你會變成自從喬路易落得在凱撒宮當警衛與客人握手以來，拳擊界最慘的故事主角。你負擔不起這個地方，你得收攤了。」

有時現實突如其來，令我泫然欲泣。不只因爲他說的是眞的，而且因爲我不希望任何人知道我早就心裡有數，連他也一樣。會計師竊走的那筆錢，現在眞害了我。我不想動用自己孩子的大學準備金，但我又有別的義務。這些孩子每天搭巴士來我的活動中心，如果我撒手不管，誰會管？他們沒有必要之道我的財務問題。

一九八六年底，我受邀到明尼蘇達一個教會團體演講，會有一筆酬勞，我計劃把它用在中心的開銷上面。這使我想到，只要我有足夠的演講邀約，酬金便可解決我中心的財務問題。

我打電話給葛瑞爾（Roosevelt Grier），那個變成福音傳播人的前美式足球員：「聽說，當你受邀到某地演講，人們會有捐獻。」

他似乎不想談。他或許以爲我意圖分一杯羹。我最最不願意任何人對我有這種想法，以爲我這個老拳手山窮水盡了，到處騙錢，藉口說要幫助清寒兒童。

我前往明尼蘇達，從教會執事手中受下了那九百美元酬勞。我向他提起我的活動中心和我的打算。我說：「當你開始要幫助人時，可能很難。你浪費了那麼多年爲自己打拼，不曉得有一天會發現需要幫助別人。而到時卻已力不從心。」

「我聽過一個故事，」他說，「關於一個自私自利的人。他的田地豐收，但他把食物全部保留給自己。後來上帝來找他。上帝要那人晚上把所有穀物堆放在一個屋頂下。那人抱怨，穀物這麼多，穀倉要堆爆了。『我要建幾座新穀倉才堆得下全部。』就在他開始建時，上帝又找上他，說，『今晚我要取你的靈魂。』」

那牧師停了一下，接著說：「我們今天可能應有盡有，卻不爲上帝做一點事，而你，喬治，爲上帝做事而不顧自己。他不會令你失望的。」

我賺來九百塊，把八百塊拿去還活動中心的抵押貸款，一百塊拿去買圍拳擊場用的繩索。看來不費力就可維持這個場所，因爲我一個月至少有一次給酬金的邀請。有好幾個月是這樣過的。接著，喬治亞州來了一個邀請，要我參加一次爲期三天的福音佈道大會。

我同意三天都上台講道，但言明不要他們爲我募款。

「喔，不，」主辦人說，「我們會給你一份眞正的酬勞。」

我連講三天，並和參加的人會面。他們都是普通人，多半是窮人。佈道會結束時，主辦人站出來，宣揚喬治·福爾曼青年暨社區中心做了好事。我自豪地笑著。他話鋒一轉，開口要求捐獻。「我們要爲喬治募一些錢，」他說，「他在幫助這些孩子，我們的孩子。」我恨不得變成隱形人。接著更糟。「來呀，」他在大家把錢傳到前面時催促，「你可以出得更多，爲了那些孩子，你幫幫喬治。」大家在看著我，而我必須看回去，並裝著不覺得羞愧。

那一刻，我發誓，坐在硬板凳上當著那麼多人，此生再也不做這種表演。是的，那些孩子需要我，我不會棄他們不顧，但我一定要找別的方法籌錢。

我起了一個念頭：我知道怎樣掙到錢。我要當上世界重量級拳王，再一次當上拳王。

# 第十章　中年悄悄爬上身

有人會說（事實上，大多數人說過），我離開職業拳擊十年之後，以三十七歲之齡想東山再起，其愚蠢一如相信貓王還活著（貓王在我掛起手套那年蒙主召見）。他們說，我沒有希望恢復到打拳的身材（我一百四十三公斤重，比十四年前打敗佛萊瑟贏得拳王頭銜時重了大約五十公斤），說我的肌肉已忘記如何打出職業拳頭，說我的目標不可能達成，因爲——怎麼講，以前從來沒有人曾經做到。

但我從不認爲拳擊只是一門技巧。我打拳是因爲我很會打，我看不出有何理由這份天賦會棄我而去。我離開拳擊，拳擊可沒有離開我。而且現在我是爲了最佳動機才要復出。我不能坐視十五歲的大男孩動不動向人開槍，並因此被關進監牢。我必須拉他們一把。我不是會計師，不是焊接工人，不是高爾夫選手。我拿手的是拳擊，而且沒有時間再去學別的東西。

我打算復出打拳，面對的問題非同小可。我身爲牧師，不能再用暴戾之氣當作擂台上的動力，況且我一點戾氣也沒了。對我來說，拳擊必須變成君子之爭，一如它的原始用意。我要在沒有戾氣，又使用最少暴力的情形下贏取比賽。

喬治亞的佈道大會之後，我開始跑步，並且多方思考這個決定。然後，回到韓波爾時，對我妻吐露消息。「猜猜什麼事，」我說，然後把計劃告訴她。

「啊——啊，」她說，「不要，不要，喬治。你會送掉老命。」

我寫了封信給歐菲德（Barney Oldfield），我在里頓的公關朋友，問他意見。他大致贊成。我問我的律師朋友洛德認為如何。他說：「喬治，我覺得你不要問別人。他們鐵定會回答負面的東西。如果那是你想做的事，就放手去做。」

我還是忍不住去問克蘭西的意見。當我在電話上講完我的計劃，他說：「喬治，我到你家看看你——讓你知道你自己的樣子；看看怎麼回事。然後再告訴你我的看法。」

「我再打給你好了，」我說。

洛德是對的。克蘭西的答覆正是我不想聽的那一類。在找人贊同時，我沒聽過比那些更負面的話。確實不用再問別人。況且，我心裡想什麼，能做什麼，只有我自己明白。

我召來了幾個比較大的孩子，解釋我的計劃。我說：「我們一起經過很多事。我盡力讓一家人團聚。大家都受過一點苦。但我現在要你們知道，你們都已經夠大，可以自己做決定。你們必須像走鋼索一樣，因為，今後你們不能再說『都是我媽』、『都是我爸』。今後不管你們做了什麼決定，責任都要自己扛。」

然後我再告訴他們一件事：「我要做世界重量級拳王。」

這些孩子真好。「但是爹，」其中一個說，「那你就不能出門了。到處都會有人跟你要簽名。我們就不能像現在一樣去吃館子了。」我從前打拳時他們不是太小記不得，就是還未出生。他們的觀點，我覺得很有趣。

那天晚上，我請瓊恩說出她眞正的想法。「我並不擔心你受傷，」她說。「我其實不認爲他們會打死你。我知道如果你下了決心，你是辦得到的。但我看過你以前的宣傳照片，我只是不想和那樣的人生活在一起。」

我向妻子承諾，她不會失去丈夫，向孩子承諾，我仍將是他們的老爸。

◇

爲了去除我自己的疑慮，我到德州大學的醫院做了一系列檢查——其中有些項目我懷疑連德州運動委員會都不知道，十年前根本沒有這些名堂。他們爲我的心肺及循環系統和腦部都照了相，測量我的心臟激烈運動後的壓力，檢查我的神經功能。兩天後結果揭曉，我健康合格。

不過呢，我的拳擊裝備全都穿不下了；連鞋子也穿不下。想必我的脚也隨著體重增加而變大了。「好傢伙，這些東西竟然縮水，」我這樣對老婆說。

從贏得奧運金牌開始，我不管在拳擊用品和服裝方面有任何需要，都有廠商提供。現在則一切得自己買。當我發現，有一種體育用品店從鞋子、手套到所有用具無所不賣，眞大開眼界；看到跑鞋更是驚奇不置——我從前打拳時，跟本沒有這種東西。

「你是說，」我問，「有這種底部有襯墊，專門穿來跑步的鞋子？哇。」

瓊恩充當我第一個訓練師，開車載我到八、十三、十六公里外，讓我下車跑回家。我發現我有另一項天賦：意志力。從前，即使身爲拳王時，我跑步不曾超過五公里。現在三十八歲了，我竟然跑起了迷你馬拉松。事實上，我首次體會到，有些運動員說有了「後勁」是什麼意思。強迫自己通過「疲勞關」之後，我突然覺得體力充沛，似乎能夠想跑多遠就跑多遠。

一天，我要我哥抱住沙袋，讓我只用右拳打，打半個小時。他以爲我發神經，而且撐不過十分鐘。打了十分鐘，我開始想著：這是件蠢事，再下去手會打傷，從來訓練師也不曾逼得我這麼緊，我又不是要證明什麼。但我還是繼續打。半個小時到了，我哥一副不能置信的樣子，放掉沙袋準備走開。我叫住他，以同樣方式再練半小時左拳，接著又練半小時刺拳。

不久，我開始沿擂台繩圍退後跳，先一個方向，再改另一個方向。這樣練上十個回合——十段三分鐘，中間隔一分鐘。難得無法想像。然後我再跳繩兩回合，每回合三分鐘。

爲了在訓練時也能和家人在一起，我就把多年來攢積的一分錢硬幣搬到院子。每繞著周長三十公尺的院子跑或疾走一圈，就丟一枚零角子到罐裡，直到裝滿爲止。孩子們輪流陪我跑，累了就換人。這樣跑了何止幾萬圈。

大哥想起多年前我的第一段拳擊生涯，對我這次這種訓練法大表佩服。「比你以前難上十倍。」他說。這一次，我知道了一千零一種以前不知道的事情。其一，一個快四十歲的復出拳手，再出擊的表現不能只是普通，必須很特別；狀況好還不夠，他必須非常好。既然這個年紀腿力最明顯力不從心，我的兩腿就必須相信它們比現在年輕二十歲。我開始用跑步機，晚上在室內補充白天在室外的跑步。

儘管這樣苦練，但我的體重還是降不到一百三十五公斤以下。我頗爲失望，因爲我原以爲一兩個月就可以減到一百公斤。我在一百公斤重時，從來不關心體重；只關心腰圍。我也從未關心過肌肉，我當然是肌肉強健的——被我擊倒的那些人就是證據。現在我又是舉重又是跑步的，而且一次就跑幾小時。那天磅秤終於指到一百三十四公斤，我高興了好久。

再談食物。你可以說我沒有跟上營養學的發展。我的飲食概念停在我拳擊全盛時期——瘦牛排和沙拉。土法練鋼幾個月後，我碰到多年前認識的一個年輕人，現在他也正想練拳。

「喬治，」他說，「你不知道牛排和沙拉的日子已經過去了嗎？拳擊界已經不一樣了，現在大家吃的是麵，碳水化合物。」

我趕緊從善如流。過了一陣子，終於減到大約一百零五公斤。

我回頭打拳，是爲了能夠靠自己力量撐住青年中心，但如果要訓練進入下個階段，就需要請一個訓練師和對練的夥伴，那可得花大錢了。我估計，我大約得籌到五十到七十萬元。我試著找投資人東拼西湊，承諾用將來打拳所賺的百分之四十，交換眼前急需的現金。

「你要怎麼運用這筆錢？」他們問。

我就解釋說，與其聽由別人安排，我打算主辦自己的拳賽。因爲別的拳賽主辦人一定會安排比我目前強太多的對手。我要巡迴全國，在各個拳擊小俱樂部與實力相當的對手比賽，讓自己進入情況。不用說，票價不可能訂得很高。

「有朝一日，」我承諾，「我將成爲世界拳王。」

有些人聽了偷笑。有些人直接了當說，大家可能會覺得我太老了，不能對這樣一個老傢伙抱什麼希望。

「不，我眞的很內行，」我說：「會需要一點時間，但你將會賺大錢，很多很多錢。」

如果他們提起當時的拳王，泰森（Mike Tyson），公認不會敗的人，我就說：「聽我說，泰森的打法正對我的味口，我可以贏他，沒有問題。」

我一定不是個好的推銷員，接二連三吃閉門羹。最後，又一個傢伙拒絕時，我說：「你眼光眞差，你錯過了一個可以賺幾百萬美元的機會。我自己出錢來做。」

幾個月前，我才到銀行提出幾千塊錢，支付我唯一的舅舅尼爾森的喪葬費用。他過世時一文不名。那是我又一次動用我的養老基金。在沒有被青年中心和其他開支蠶食之前，我的養老基金有一兩百萬美元。

「你的好心非常令人敬佩，喬治，」銀行承辦人說，「但你不能一直爲家人和朋友掏老本。照這個速度，我估計你兩年不到就要破產。」

他只是出於職務上的立場提醒我，但我發誓，絕不再和銀行員討論我的財務。所以當我計劃自行出資進行復出時，我沒有諮詢誰，我逕行把錢提出來。我毫不懷疑，將來我會有十倍以上的本金存回去。

資金不足，我便用經驗彌補。經驗等同智慧，就拳擊而言尤其如此。

訓練師一職，我又雇用了席卜斯。他坐了幾年牢剛剛出獄（原因：「企圖銷售管制藥品」），沒有工作，前景也不樂觀，所以對我們兩人都是一個好機會。他只領少少的薪水，交換條件是未來在我比賽收入中抽成，所以還是有賺大錢的機會。我還記得二十年前一個比賽晚上，他在我的角落當差時曾說「今晚我就是沙德勒」，一樁令我大感放心的往事。

一直到登上擂台，做對打練習時，我才確定自己的拳擊「天線」仍然管用，無形的敏感仍然能指揮著腦子去操縱身體和頭部。只要這種敏感存在，就不會有問題。如果這敏感沒了，我也無需再白費功夫繼續練，因為若缺少敏感，即使反應如電也沒有用。

不過，有一個問題：我不習慣出拳打人。我一味磨練防禦技巧，讓練拳對手長驅直入然後又全身而退。當母親看到我眉頭一道傷痕時，她說：「兒呀，你知道我不怎麼高興你又去打拳，但既然已經打了，拜託，請你開始還手。」麻煩的是，我不是胖大而無用，而是碩大又強健。我的練拳對手都只有我十年前的體重，在我看來他們有如火柴棒。我要的話，用肚子就可以把他們頂到場子另一邊。

除此之外，再度戴上拳擊手套，帶給我難以言喻的快樂。戴上手套時，才知道自己多麼懷念這種感覺。早上我第一個到中心，晚上最後離開，大多數時間我都面帶微笑。我巴不得整天對練，所以當付錢請來當靶子的夥伴走了或者太累時，我就拉我調教的孩子充數。（當然，我是打不還手。）

中斷十年，好處可多了。現在，我多了一些成熟度和洞察力，我更能真正體會技巧的奧妙和天賦的本錢。我是爲拳擊而生的，並非所有拳手都有幸如此，有些當上拳王的選手也不一定做得到。你看阿里在擂台上成就輝煌，他卻不是天生打拳的料，他的天賦是善跑。如果他早生一百五十年，在還沒有現代的規則使速度和拳力並重之前，他是不可能打出名堂的。也許那樣對他反而好些。（另一方面，阿里可以當個絕佳的秀場偶像，他是我所見過最好看的拳擊選手，他曾自稱「漂亮」，一點也不誇張。）

◇

職業拳手都需由他打拳的州發給執照。有的州運動委員會發照很寬鬆，有的則很嚴格，以防止身心不適合的拳手登上擂台。最嚴的一州就是加州。而這正是我選擇在加州復出的原因，我盤算只要領到加州執照，其他州就不會有問題。

不出所料，加州運動委員會起初以我的年齡爲由拒發執照。即使我通過了他們規定的體檢也不行，而這體檢比我在休士頓所作的簡單太多。在聖地牙哥進行的一次聽證會上，委員會的醫生堅持，以我的年紀，打拳會造成嚴重的傷害。他說，加州不想害死我。不管怎麼說，即使看過我自己作的體檢報告，他都不肯再考慮。

扭轉局面的是一名代表州檢處的律師，他問我爲何要再打拳，我說：「生命，自由，追求快樂。」這可是冠冕堂皇的眞理，當初說這話的傑佛遜（Thomas Jefferson）也會爲我的獨立宣言叫好。此話一出，州檢處這位仁兄也只能建議發給我執照。

「申請人合於你們所有的規定，」他說，「所以如果他沒有什麼不對勁，你們應該准他所請發給執照。」

我公開宣布復出，嘲笑最大聲的是體育記者。我並不介意，他們嘲笑，是因爲他們無知，可以原諒。他們怎麼看得到我的心，我的靈魂，我的思想？此外，他們也不知該如何給我定位。一九八七年三月，我在沙加緬度進行復出的第一戰，戰前我花了兩週到教會、學校和醫院等作了十幾場演講和訪問。當地體育記者和電台跟著我到處跑，不得不報導我所講的內容，於是連這些尖酸刻薄的傢伙最後也講起好話來。愈接近比賽，愈多人來看我練拳。我練習之前會跟他們天南地北聊，他們走時多半會說，明天要把爺爺或舅叔伯等人帶來看我。

拳賽本身——對手是佐斯基（Steve Zouski）——乏善可陳，幾乎是一個反高潮。但當觀衆起立爲我喝采時，我感覺像回到家一樣受歡迎，雖說這是個新地方。過去我從未在擂台上獲得觀衆的起立喝采。但也有點怪，我，一個牧師，一個習於爲傳道而獲鼓掌的牧師，站在拳擊台上。感覺太怪異了，我眞是站在那兒，揣摩掌聲爲何而來。

一開始，我覺得，這是因爲我是個新鮮事物。我像許多拳迷一樣，悄悄進入中年——或說是中年悄悄爬到我身上。我們——拳迷和我——從前都沒有最佳條件，但我們一起成熟了。或許他們希望，我能爲他們抓住一點光榮。

但這些人沒有喊著要我打扁某人的頭。他們只是單純接納我，十年或二十年前，當他們談論了不起的拳手時，提到的是路易、丹普西、馬西阿諾、阿里、佛萊瑟和我。現在，其中之一又回來了；這又給了他們機會回顧歷史。我像一口乾涸被棄置的老井，突然又湧出水來。

此外，我是一九六〇年代他們見過的那個不顧潮流而在擂台上揮舞國旗的人，而現在那已不是逆勢而行。他們都已長大，有了孩子，並期望他們的孩子愛美國。所以他們認同我。至少，這是我在愈來愈強的鼓掌聲中所想到的事情。

鈴響之前我感到反胃。但我最怕的是脫掉袍子光著上身繞場。過去十年裡，我在人們面前都是好好穿著長褲，襯衫扣到領口。

比賽開始時，我猶豫著要不要打佐斯基，每次出拳都覺得尷尬，好像在背叛自己。我知道，我不可能再對別人施暴；不可能瘋狂出拳，打到對手倒地。裁判一再催促我出拳。我運用一種新練出來，過去沒有用過的直拳。當打中佐斯基時，我看得出他吃不消。如果我是右手出拳，他更挺不住。這時我就暫停，而裁判立即開始催我。

「但他受不了，」我說。

「只管打，喬治，」他回答。

我想裁判第四回合就叫停比賽的原因，是他不耐煩再跟我辯，並看出結果已很明白。這場勝利，我賺進了兩萬一千美元。

七月，我在奧克蘭跟霍斯特爾比了一場，第三回合擊倒勝。九月在密蘇里春田，克拉布特撐了六個回合。十一月又在奧蘭多打四回合，贏了安德生。他們排名不高，但都是強悍的職業重量級拳手，而且記錄都是贏多輸少。我們比賽的地點不在通都大驛，但人們仍聞風而來捧場，他們的掌聲填滿了體育場和我的心，我受之若渴。那是我以前的拳擊生涯所沒有的，沒有人比我更珍惜它，或以更多的愛回報。對我和拳迷雙方，那都是一個新的經驗。

十二月和耶誕購物季節即將到來，安排拳賽不像年中那麼簡單。但我不想賦閒一個月。我現在是趕路的人，有目標，知道自己可以加快進度，並了解要怎樣才能達成。我幾乎看得見路就展開在面前，預期得到尚未鋪好的部分——看到別人或其他障礙不需我按喇叭就一一讓路，就是一個跡象。

我還不想和拉斯維加斯沾上邊，但仍打電話給阿魯的公司「頂尖」。那是美國最成功的拳賽主辦公司之一。

「我需要比賽，」我說。「可是現在是假期，沒有人肯動。」我也講明不想上電視，因爲時候未到。上電視之道在於要他們來找你，而不是你去求他們。理由很簡單：光是車子載著水跑沒有人會跟，若是消防車拉著警笛呼嘯而至，肯定會吸引一大群人。我必須如此——變成一部消防車。

「這個嘛，我們包了一個ESPN體育台的節目，」阿魯說，「十二月要推出。」

「你們沒有不上電視的節目嗎？」我實在還不想在電視上亮相，就算是有線電視也不想。

「收視率每年到這時節都下降，」他說，「沒有人現在到賭城看拳賽，對你來說很好。」

最後我同意了，但他說最多只能付我一萬兩千五百美元——而且不簽任何三場比賽合約。他一定聽說我在找投資者，說不定以爲我要打秋風。

「我本來就不想簽那種合約，」我讓他安心。

阿魯安排我對洛基・沙科斯基（Rocky Sekorski）在維加斯的巴利飯店一個小場子比賽。他們在場子裡多排了許多座位來應付票房。由於椅子幾乎佔滿了走道空間，連消防隊長都出面干涉。

我在第三回合擊倒洛基。阿魯跳上擂台，好像我當上了拳王似的。後來他告訴我，電視收視率破了拳賽節目的記錄。他說要跟我簽一個打三場比賽的約。

我說不，但是同意在二月與川尼（Guido Trane）一戰，此君乃義大利拳王。「你打這場可拿兩萬四千美元，」他說，「我會每次給你加錢。再下一場將給你十萬。」

◇

一個月後，我在奧蘭多一場自己主辦的比賽，第一回合就擊倒崔姆（Tom Trimm）。然後再與川尼交手，他可能是我到那時爲止的最佳測試品。他支持了五回合。當我看出他已經不支，且可能受更大傷害時，就問他：「你還好吧？」我要裁判停止比賽。我必須如此。我現在不只是喬治・福爾曼；還是喬治・福爾曼青年和社區中心的活象徵。我代表著一些東西。當我把對手的臉打流血時，我會喊：「他受傷了」，並指出傷口。然後一直到擊倒他之前，我只對他沒受傷的另一邊臉出拳。

阿魯安排我，在三月出賽一名風評甚佳的年輕好手，卡威（Dwight Qawi）。賽前，我夢到自己對他說：「老兄，你會丟掉性命。」眞正在擂台上時，他左閃右躲，企圖把比賽拖到最後幾回合；看來他看過阿里比賽的錄影帶。（他一開始也漂亮地打了我幾拳。）但他究竟不是阿里，而我也非一九七四年的我。有一次我右拳狠狠擊中他，隨即抱住他，讓他復原。過了一陣，他即自知不敵，放棄了比賽。後來在更衣室裡，他告訴我弟弟洛伊：「老哥，我看到死亡，我可不想擂台上送命，那是死亡。」

有幾個體育記者採訪那場比賽。他們爲文描寫我變得寬大了些，但找到一個新角度：不積極；喬治·福爾曼不再是凶神惡煞，他缺少獵殺的本能。我看過文章後即領悟到：不贏得拳王都不算贏。

不管有無獵殺本能，群衆喜歡我，這是眞的。我每場比賽都座無虛席。阿魯見狀，爲票房潛力而雀躍，他開始想規劃我的事業。但我不喜歡他的規劃，無意配合。舉個例子，他建議讓席卜斯捲舖蓋，改雇用克蘭西當訓練師，然後再找別的練拳對手。

「我不會這樣做，」我說，「他們是我的朋友，他們了解我的目標。我要他們和我一起來。」

阿魯也要我簽一個苛刻的三場比賽合約。他堅持我必須簽。

「不。」我解釋說，我還未準備好跟頂尖的拳手打。他生氣了。他自認比我清楚怎樣安排對我有利。

「聽著，」我說，「我復出不是爲了賺大錢，對我的目的而言，現在所賺的已經足夠。此外，時候一到，我自然會賺大錢，我復出是要再當拳王。而且我要以自己的方式來做。」

我和阿魯的合作就此暫時告一段落。他告訴一些體育記者，我應該停止打拳。「他挑三檢四的，誰都不打。」他說。

記者來問。我告訴他們：「我不在乎阿魯怎麼說，我不想聽他的。此外，我不需要『頂尖』。事實上，我連佟京也不需要。佟京是我造就的，我可以造就我自己。」我臉皮厚了，開始大吹大擂。記者們喜歡，我更投其所好。「他們說我老了。但我要讓他們看，如果你有夢想，就沒有辦不到的事。我夢想要當世界重量級拳王。沒有人阻止得了。我有生命與自由，我追求快樂。」我一講就沒完沒了，講得愈多，記者愈高興。採訪過我第一段拳擊生涯的記者，都驚異於我的改變。只聽過我名字的年輕記者，也一樣樂不可支。他們開始來聽我開講，而不是來看我練拳。但我從不和他們談宗教。這個主題，我以行爲來代言。

這種自吹自擂，顯然阿魯不了解。它似乎是一種失傳的藝術；大約在我退出拳擊與電視興起的同時，就消聲匿跡。自吹自擂，是將巴士貼滿海報開上街，打擊你知道自己可以打敗的對手。他們或許看來雄壯威武，但下顎像玻璃做的，輕輕一碰就會粉碎。玻璃下顎配肌肉型的人比比皆是，我看影片就可分辨。有的看來不起眼，但比丹普西更能承受拳頭，而有的拳手看來像丹普西，卻一個噴嚏就可以令他倒地。要訣在於看穿他們，進而擊虛避實。（據說，派特森就是玻璃下顎，只不過很難打中他這個要害。）

阿魯放給我看的影片中，頗有幾個混凝土下顎，招牌響噹噹的傢伙。我還不能跟他們打。我先得培養動力，得造勢，眞眞假假的吹噓。他不了解其中奧妙，我也留一手，沒有對他解釋。他口口聲聲說要贏這個贏那個，然後去打泰森。虛虛實實不是這樣的。我可不打算苦苦一格一格爬梯子，打敗每一個在我上方的人；我沒有時間。我的算盤是：不多不少，贏夠次數，讓大家都談論喬治‧福爾曼。然後，爲了要跟泰森碰頭，我只需打敗僅次於他的那一人。兩場比賽，全部搞定。這一套，沙德勒就很內行。我曾經想不透爲什麼他要安排我跟特定的對手打，後來學到了。現在，我當自己的經理，必須爲自己挑對手。自己作主。阿魯一開始就誤解我接受他安排對手的原因。他認爲是價錢。實際上是因爲他碰巧挑對了人。

與拳賽主辦人魏瑟斯（Weathers）合作時，我以大吹大擂的風格到幾乎任何地點比賽。他的錢沒有阿魯出的多，但就著在地有照拳賽主辦人的宣傳，在安克拉治、貝克斯菲德和奧本山等地與出色拳手比賽時，不錯的體育場也都滿座——賺頭也愈來愈好。那年，除了四、七和十一月，我在其餘月份都有比賽，大部份在三回合內結束，只有卡威打到七回合。

◇

接下來的一九八九年，我出賽五場，最值得回憶的一個對手是庫波（Bert Cooper），他是個評價很高的拳手，曾打贏幾個出色的對手，也讓其他的大吃苦頭。我在第三回合擊倒他。

那引起了USA電視網的注意。現在我果然成爲在街頭巷尾呼嘯而過，人人矚目的消防車。

魏瑟斯說，他估量可以安排我去打庫尼（Gerry Cooney），一個許多人認爲將來可能成爲拳王的強壯大塊頭。魏瑟斯找阿魯幫忙促成比賽。我笑了，確信兩年前如果聽阿魯規劃，我不會爬得這麼高。現在我又回到獵場，而且阿魯依我的條件協助。我夢見，只花兩回合就擊倒庫尼。

那場比賽在一九九〇年一月舉行，大西洋城的會議中心爲之爆滿，也吸引了龐大的付費電視觀衆。賽前在更衣室裡，我、我哥哥桑尼、席卜斯，以及剛開始爲我做宣傳工作的夏尼克一起握手禱告。

打在身上的每一拳都是傷害。但只要你感覺到痛就還好。你可以揉那痛處，或在回合結束時，跑回你的角落哭個一分鐘。不過，有些拳頭惡毒，你不覺得痛，卻干擾了塔台和地面的聯繫。打得你兩膝搖晃，你看著對手，但腿不聽使喚。我挨過兩次這樣的拳頭，知道它的滋味。那兩拳既不出自阿里，也不是吉米楊。其中一拳來自萊爾，另一拳就是那晚的庫尼所賞的。我聽說過他有名的左鉤拳，但不以爲意，認爲那只是每一個出名拳手都有的被誇大的絕招。但是，第一回合才開始三時秒，他就以一記左鉤拳打中我的嘴。這一擊，這樣說吧，顯示出我多麼耐打。夏尼克後來告訴朋友，他以爲我被那一拳打成了兩半。

不知何故，庫尼卻沒有察覺他所造成的傷害。如果有，我想他一定乘勝追擊，撲上來狠打，打到我倒。反而他仍然在找一拳擊倒我的機會。我雖兩腿發軟，還是拼著向前逼，直到回合終了。後來，我從錄影帶上看見庫尼陣營在休息時多麼興奮。已投入庫尼旗下的克蘭西在說：「你打中他了，你傷到他了。」

第二回合，庫尼士氣高昂走出來，用他在催毀性的那一拳之後應該有的打法進攻。但現在，想收拾我卻是重大的戰術錯誤，因為我的腿力已經恢復。經我幾下重擊之後——好久以來我最好的一次連環拳——他就不支倒地。當數到六時他站起來，我上前再給幾拳，於是他又倒地不起。正如我所做的夢。

這一戰讓我知道，我的拳頭力道已經恢復。

它也讓別的拳賽主辦人知道，我是一座金礦。

◇

除了拳頭威力，在現場觀戰和在家中看比賽轉播的人們對我的支持，是阿里全盛時期以後所僅見。為什麼？因為，這些年來的講道，讓我學會了如何取悅觀衆。出於自我防衛，我學會了說服之道：看到有人站起來離開我的教會，或從我傳道的街角掉頭而去，是很難受的事情。但要他們留下來看或聽，需有門道。沒有人會沒來由出門，去看一個街頭傳道人，一定要你所講的內容有吸引力，他們才會來。

有人說我有領導力，我不知是不是這樣。我只知道必須留住人們，上帝告訴我，他會給我這個禮物。在我發現讓人們開心也可能是一個門道之後，上帝又對我說話。他說：「不好意思，我要把你造成一個笑匠。」

很快的，人們眞的笑了。我一開口，甚至光用表情都能讓人在教會坐位或人行道上不忍離去。這是一個恩賜，藉以留住人群，取悅他們，好向他們傳福音。即使不是講上帝的話，我現在對著鏡頭、麥克風、錄音機，還是搬出已經做了十年的那一套。

過了十年不看電視的日子，我一九八七年所跳進去的視聽世界，與我一九七七年離開的那個世界幾乎完全不同。突然間，頻道增加到上百個。當我坐下來，用遙控器漫遊時，我發現能讓我盯住一個頻道不轉的就是喜劇——尤其是謔而不虐的喜劇。我想，大多數人可能也是如此。於是我決定，既然誇張和插科打諢有用，我就要變成眞正的娛樂大師。此後，我以讓人發笑爲己任；絕不正經八百；隨時講笑話；把黑暗問題轉變成笑料。當記者問我，萬一被拳頭打壞頭腦怎麼辦，我說：「我就是腦子壞了，你看我結了四次婚。」問到我的錢都怎麼了，我回答：「女人花得快，男人賺得慢。」問我何時應該退休，我說：「我要通過一個法案，規定拳擊選手到六十五歲強制退休。」聽別人損我，光挑戴呼吸器的對手（老弱殘兵）比賽，我就反駁：「胡說八道，他們至少都已拿下呼吸器八天了。」

小山米．戴維斯常說：「你必須使他們愛你。」我和他們眞心交流，視他們的喜愛爲禮物，而且當場回報。

紛至沓來的廣告邀約，可以衡量我受歡迎的程度。我遲疑不敢接受，總覺得不妥。有一天，天才老爹比爾．寇斯比突然打電話來，嚇了我一跳。他說：「我喜歡你，喬治，我有一次聽你說，上帝要你坐下時，你不要找凳子。我喜歡這句話。你需要錢維持你的青年中心和你的家，你不向別人開口求助；你自力去賺，我欽佩你這一點。」

我提到廣告的事，並且說：「我是個牧師，我恐怕不應該拍廣告。」他說：「快別這麼說，你和任何人一樣有夢想。」

他說的對。我沒有想到過，我可能也喜歡看到自己在電視上出現，像比爾・寇斯比。我開始答應拍廣告。過不多久，我自忖已變成一個最佳推銷員。並非我戲演得比別人好，而是我不會演戲。我只是愛上每一項我所推銷的產品罷了。如果我不喜歡某種產品，我就不賣。人們可以察覺你的內在，當你言不由衷，他們會知道。你心口如一時他們也知道。因爲這樣，所以他們相信我。正如同講道，大家都相信我愛上帝。所以似乎沒有人懷疑，螢幕上的喬治・福爾曼不是眞的喬治・福爾曼。大家都認爲他們知道我的爲人，他們確實知道。

◇

就在大衆、報紙、媒體和我，一起向上旋轉之時，拳賽主辦人也爭相巴結。令他們氣結的是，我不按牌理出牌。一張大額支票送到我眼前，得不到正常的反應。畢竟，我不只是個拳手，我還是一個慈善基金的供應者。我賺的每一分錢，都進了社區中心。終於有一天，抵押貸款還清了。但我們仍需財源來維持並改善中心的各種設施。

有一天，我在中心看到孩子們在柏油和泥地上打籃球，有幾個跌倒，有幾個嚷著膝痛。事實上，我自己也在這個球場上跌傷過膝蓋。所以，當我接受一九九〇年九月在英格蘭的一場拳賽時，訂明酬勞是爲中心建一座有膠面處理地板的室內球場，與最好的體育館球場相同。

（麥當勞已捐了一塊一流的計分板，交換我在廣告中亮相。）

青年中心現在已是一個很棒的地方。只是我分身乏術，無法全天照顧。事實上我已盡可能坐鎭；我的訓練都在那裡進行。我若外出，甚至比賽，都儘量不超過五天。不論我在或不在，都有我姪子喬伊管理。媽擔任秘書，爸接電話。家裡每個人多多少少都當一份差。

我贏的次數愈多，泰森與福爾曼對決就變得更免不了。但一九九〇年初，發生一件拳壇大震撼：泰森在東京輸給了初露頭角的傑姆斯「破壞者」道格拉斯（James "Buster" Douglas）。我大失所望。但那年我又比賽四次，分別在第四、二、三、一回合擊倒對手，然後我簽了協議，定一九九一年四月十九日，在大西洋城會議中心挑戰新的拳王賀立菲。

「就要實現了，」我的妻子說，「我們的夢就要成眞了。」

十月中，賀立菲在道格拉斯的第一場衛冕賽就將他擊倒。賀立菲選我，是因爲我有足夠的拳迷支持，可以保證他拿得到兩千萬美元，而且他認爲，我這個四十一歲的「老頭」（他那時二十八）很容易對付。據專家的說法，若我擊敗賀立菲，那不僅會比道格拉斯贏泰森更意外，就列爲歷來最大的冷門也不爲過。

體育記者一直說，這場比賽是個笑話。他們又喋喋不休扯出我的體重，來證明我不夠格挑戰拳王。要不注意這一點，也難。一九七七年之後的某個時期，記者們一窩蜂吹捧席維斯·史特龍和T先生等人那種健美的體格。有些拳手就追隨這股潮流。但健美體格不見得是可以打拳的體格。我現在的體格，才正是打拳所需。我對一個記者闡述此一看法，惹得他大笑。

我說：「你注意過那些被擊倒，仰面躺著的選手，都有一稜稜分明的腹肌嗎？拳擊要的是身強體壯，而不是美。而我就是最適合打拳的一個。」

他和他的記者同行若非不了解這一點，就是不想了解。我從一百四十幾公斤開始復出，現在降到「纖細」的一百一十公斤；無論怎樣解釋，他們都會認為我是在自圓其說。於是我順水推舟，開起自己的玩笑，說我的訓練場隔壁就是減肥中心，說我試過起司堡節食餐，說我是拳擊界的回頭浪子嗜吃肥牛肉。「對，」我說，「我的力氣都是老婆訓練出來的，她有一條粗鐵鍊，到了晚上就用它把冰箱綑起來，我這麼有力氣都扯不斷。」

很快的，連記者都說不過我，譏諷的話漸漸消聲匿跡。

反正，我學會了不把他們的把戲當眞。逛書店時，我發現多年前出版的，寫喬路易、洛基·馬西阿諾、丹普西和「蜜糖」雷·羅賓遜的書。他們也是飽受體育記者的貶抑。事實上，如果把這些故事中講他們太老太慢，只和彆脚選手比賽等的句子換上我的名字，就變得宛如今天早報上的故事。

◇

我自信可以擊敗賀立菲。我如此有信心，是因為我終於練成了世界級的刺拳，這是我第一段拳擊生涯所缺少的。事實上，我自己評估，如果讓新喬治和舊喬治打一場，新的會贏。新喬治的刺拳足以令舊喬治的右拳無法施展。強有力的刺拳，是唯一能阻止我向對手迫近的武器。（我碰到過最強的刺拳，是與李斯頓對練時他打出來的。阿里的刺拳也很夠看，快得很難反擊。）

除了刺拳，我也練成了耐心，這也是我十幾二十年前所缺乏的。我變得可以刺，刺，一連六個回合，然後才開始猛擊對手。我已學會調配氣力，要擊倒對手時講究精準，而不像以前一味蠻幹。

可是事情壞在我吹噓得過了頭，到了要與賀立菲見眞章時，我已虛實不分。我不知如何停止逗趣耍嘴皮。儘管我非常想贏，卻把心力放在避免被人看成一個暴戾嗜血的拳手——我本來就不是，因而沒有專心求勝。

賽前數日，大群攝影記者跟隨我，到大西洋城一所教會講道。我說：「我不要你們爲我祈禱勝利，但請祈禱我能爲上帝增添光榮。」

比賽前夕，我還進新聞室與記者談話。向來沒有人在如此接近開賽鈴聲的時刻這樣做。但我要繼續吹噓，以期製造一場付費電視收視率破記錄的比賽。果然奏效，因爲那一戰迄今仍是付費電視的總收視率冠軍。

開賽前幾分鐘，我還在休息室裡和房地產大亨川普（Donald Trump）、電影明星凱文・科斯納（Kevin Costner）等人應酬。他們實際上是不請自來，但我不想失禮，戲總得唱到底。

第一回合，賀立菲出右拳搶攻，我接下來。他出更重的右拳攻來，我還是接住。然後他改出刺拳，我仍然次次佔上風。交手幾下，我就確定我眞的比他強。我在等他使出那拿手的小鉤拳。他打出小鉤拳，我才有空檔施展我的刺拳。

第二回合，他打起刺拳。我以保持距離應付。他試著出鉤拳，但沒有得手。因爲我的刺拳發揮了傷害力。其中一次他被我擊中頭而向後仰，我逮住機會，打了兩下重重的右拳。其後，只有一次，當我失策揮出重拳，企圖打他頭部之時，被他漂亮得分。他不但躲開，並且回了一拳，雖然只是反擊，仍然是結結實實的一拳。

第五回合尾聲，他傾全力猛攻。我連擋帶躲，並以一記鉤拳擊中他額頭。還有一下我認爲足以放倒他的右拳，只差毫釐，沒有擊中。另一記右拳把他逼到繩圍上。

第七回合，我先一記右拳命中。在他節節倒退時，我緊隨而上，瘋狂攻擊。有點像從前的喬治。我共打出約三十拳，都不見還手。他只能擋掉其中幾下重的。我一發不止，一口氣攻出這麼多拳，有好一陣子喘不過氣來。

下個回合，他反撲了。喔，好一個反撲！在我喘息未定時，他傾其所有，攻上來。有一陣他甚至自己氣力放盡，虛弱地趴在我身上。我沒有趁人之危，只是讓他休息恢復體力。

後面幾個回合，我回頭利用體型和刺拳。有一拳被判過低犯規，令我迄今仍不服氣。不論如何，我感覺得心應手。但在某種程度上我像是個爵士樂手，自得其樂演奏樂器，卻忘了娛樂觀衆。我心裡認爲贏定了，沒想過裁判們可能不這樣認爲。

席卜斯要我在後幾回合多出右拳。在第十二，也是最後一回合，我打出一記結實的刺拳之後，緊接一記右拳打得他搖搖晃晃。我重複一次同樣的組合，他再次立足不穩。我當時想，他就要倒了。他攀住我時，我就讓他抱。裁判叫他放開。他一直到站穩了才放。那是我記得最清楚的一幕。不用說，結束鈴聲響起時，我認為自己贏了。

三名裁判一致以很接近的分數把勝利判給賀立菲。我大失所望，而且難過。我至少有一次一念之仁，錯過了贏的機會。我自覺令妻子失望。賽前她告訴我，她夢見上帝問她要什麼，她說：「我要喬治贏回拳王寶座。」我安慰自己，憑我們倆的預見，有朝一日我會再次問鼎。

在更衣室裡，我覺得情緒低落。但我不能在攝影機前表現出來。因為有上百萬的青少年在看著。我講的話一定要得體。「告訴我該說什麼，」我問賈克遜（Jesse Jackson）。

他說：「告訴他們，我們沒有退怯，而且維護了尊嚴。」

「好，」我說，「太好了！」這就夠了。我翻身跳下檯。當麥克風都送到面前來時，我高聲說，「我們沒有退怯，而且我們維護了尊嚴。所以你們在家裡的人可以昂頭挺胸。我們沒有贏，但表現了自己。大家舉杯。」

◇

除了打完十二回合的滿足感，以及在心裡自認是贏家的感覺之外，我的補償是成為平民拳王，並且荷包鼓鼓，浥注青年中心綽綽有餘。人們在我身上看到他們喜愛的特質，有些甚至可能是他們想像出來的。我想到以前的喬治・福爾曼，不禁為他感覺遺憾。他和我幾無相似之處。現在的我與其說是舊我的升級版，不如說是全新打造的一個。以前的我，你不會讓你女兒接近；現在，把孩子托付給我的人數以百計。每當我受邀外出演講，主人都會堅持要我睡他們家的空臥房。沒有理由不繼續下去。

那年年底，我在雷諾城與一個名爲艾立斯（Jimmy Ellis）的年輕人打了一場。第三回合他沒有出來應賽。然後在一九九二年四月，我碰上一個備受重視的拳手史都華（Alex Stewart）。我擊倒他幾次之後，打中他的鼻子。我要求裁判制止比賽，遭到拒絕。於是我就退讓，而史都華開始對我揮拳。我的臉挨了幾下重的，並且腫了起來。我還是明確獲勝，但拳壇有些人說，我應該收山了。他們說我不僅失去了獵殺本能，現在更已開始挨打。我提醒自己，這種猜測是拳擊遊戲的一部分，只要我自己知道在做什麼就好。

隔年的一月，我在第八回合擊倒高度受重視的南非拳手寇澤（Pierre Coetzer）。這場勝利帶來六月對莫理生（Tommy Morrison）之戰，爭奪懸缺的世界拳擊組織WBO拳王寶座。比賽初期，我得心應手，自認遙遙領先。但我不想傷害他。到最後，我有左右開弓打昏他的機會，但都自制不發。我怕對他造成永久傷害。此外，他撐了這麼久，我也不忍心他受到擊倒的羞辱。我敬重他的拼勁。即使如此，莫理生卻獲判勝利。我不敢置信。主辦這場拳賽的阿魯公開說，我該收山了。體育記者亦然。他們寫說，我看來懶洋洋的——把這個詞用在拳手身上，就是說他「老矣」。

這場敗仗令我難過了幾天。因爲我知道是自己讓勝利溜走。他年輕，才二十四歲。我四十四歲。那使我比別人看得更爲深入。像莫理生這樣的年輕好手，會因爲一頓痛毆而前途盡毀，然而，不經如此痛毆，他們又不會倒下。我的良心不容我下此重手。因而，若從這個觀點看，我想阿魯和那些專欄作家說我懶洋洋的，是正確的——如果那指的是我沒有意思致人於死。放人活路，不是拳擊擂台上太常見的品質，他們把這與無能混淆了。他們不知道，我仍然雄心勃勃要再當拳王，只是受到環境所阻。

◇

莫理生之戰過後，我接到通知。我爲ABC拍的一齣試拍戲，被選中在秋季播出。由拳擊手轉爲演員，主演《妙管家》，現在當製作人的東尼．鄧札（Tony Danza）找我演這齣影集。故事是關於一個有著大家庭，並且不遺餘力協助青少年的前拳王——似曾相識，對不對？除了把它定名喬治，他還能怎麼樣。這個影集無異於肯定，人們對我的尊重提高了。

鄧札告訴我，電視台訂了八集，如果收視率好，可以做到十三集，再加到二十四集。因爲我的電視經驗只限於好萊塢廣場之類的秀，那可以一天錄個五集。我以爲幾個星期即可完工，而我就可回到擂台上。我後來才知道，這至少是幾個月的工作，而且我必須留在洛杉磯。離開家，加上合約還禁止我在拍攝期間比賽，我有點氣餒。但我仍履約拍了。那幾個月，我住在飯店。

一天，我走過飯店大廳。一名男子要求我到他在那兒舉行的會議上致詞。我覺得不好意思，但恭敬不如從命。我跟他過去打聲招呼，並說了幾句話。不外是些讓他們更認識我的話。

我必須如此，畢竟他們都是愛我並爲我祈禱的人。而你絕不會嫌愛你和爲你祈禱的人太多。

那是全美猶太教牧師大會。

主演電視劇集的新鮮感一直沒有衰退。我對演技下功夫，這在各方面都比拳擊還難。我常花一整天來背台詞，而在次日發現大部分要改。親友們覺得很有面子。影集播出時，他們不但收看，甚至錄影，等我也在的場合再一起看一遍，在有趣的段落哄堂大笑。我看著自己，想著我現在出名了。但我猜名氣仍然不夠大，因爲那個劇集在播出八集之後即被取消，扔到電視墳場裡，星期六晚上播出的影集《喬治》，在收視率上敬陪末座。我想，鄧札一定比我更失望。那段日子過去後，我才開始體會到自己多麼喜歡和懷念那整個經驗。至少，現在我可以在我的墓碑上刻下：牧師，拳擊手，演員。

在這三個頭銜正下方，我會再刻上別人對我的評語：「他太老了。」

# 第十一章 四十五歲的十回合

我成爲牧師之後，休士頓各地的喪家都要求我去主持告別式。我把這件在人們哀傷時刻給予安慰的差事視爲殊榮。喪家會告訴我死者的生平，我據以撰寫悼詞，總以死者如何嘉惠他人，及死者與親友關係爲主。我會提醒他們，在喪禮上，我們常是因爲愧對死者而感到悲傷，惦著那些在死者生前可以爲他做卻沒有做的事。我也會告訴他們，每天太陽升起，只要我們還活著，就是得到救贖自己的機會。自從有了波多黎各經驗，我就深信，我隨時可能離開這個世界。我活在這個陰影下。所以我從不休假，從不以昨天的成就爲滿足。還有太多好事等我去做，而我覺得，只要我在做事，我就活著。如果我停下來休息——天曉得怎麼辦！

◇

身爲有線電視HBO頻道的拳賽講評，一九九四年四月，我與重量級拳王賀立菲一起出席記者會。隔日他即將和莫洛（Michael Moorer）作衛冕戰。賀立菲在回答一個問題時，說明了他的未來計劃：打敗莫洛；接著與世界拳擊理事會WBC拳王路易士（Lennox Lewis）一戰，以統一重量級拳壇；再與泰森對決，屆時泰森大概出獄了。他沒有提到我。他的計劃至少要花兩年，到時候我已經四十五歲，不會再有過關斬將爭取頭號挑戰者地位的雄心。那天，我是個洩氣的講評人，想著我的拳擊生涯可能已經走到了盡頭。

賀立菲與莫洛這場比賽，起先我看莫洛可以早早讓賀立菲出局，但他沒有趁勝追擊。後來，賀立菲雖把莫洛打倒，卻沒辦法結果他。當裁判把勝利——亦即拳王——判給莫洛時，我認爲此一判決有違不成文的規則：要成爲拳王，必須以擊倒勝衛冕者，或者以明顯的點數優勢取勝，讓任何人都沒有話說。我對著麥克風說，拳擊賽一蹋糊塗的計點辦法需要改進，而且杜瓦父子（他們在紐澤西州經營一家主辦拳擊比賽的公司）掌握了太多選手，令拳擊不得正常發展。他們對賀立菲和莫洛都有一部分的控制權。

這番議論惹起軒然大波，以致在HBO重播這場比賽時，它們都被剪掉了。杜瓦父子威脅要告我。我自忖終於惹錯人了。我的拳擊生涯，肯定要就此成爲過去。

我開車回馬歇爾時，心情沮喪。我用行動電話打到洛杉磯的阿魯家中，天南地北聊了一會兒。然後我問他，聽到我對那場比賽的議論沒有。他說有，並表示同意。我們又談了些拳擊和新冠軍的事。「喬治，」他說。「聽你講話，好像有跟莫洛交手的意思。」

「那還用說，」我說。

這時電話響起吱吱喳喳的噪音；我正通過收訊不良的地區。過了一、兩公里，我看到一處加油站有公共電話，就停車再打給阿魯。他問：「你眞的認爲可以打敗他？」

「我確定我可以打敗他，他正是我的型。」

「那好，我來看看要怎麼進行。」

我會想到我能夠打敗莫洛，是因爲瓊恩和我都夢到我贏回重量級拳王頭銜。而且回馬歇爾的當天晚上，我夢見打昏了莫洛。

阿魯很快有了回音，與莫洛陣營的初步接觸進行順利。雖說莫洛不是阿魯旗下的拳手，但我在重量級當中可是大名鼎鼎。這就是阿魯談判的本錢。不論我跟誰打，拳迷都會來捧場。說得明白些，就是那個莫洛的荷包可以麥克麥克啦。

唯一棘手之處是，杜瓦父子要封殺阿魯，由他們自己來主辦。我和阿魯沒有簽合約，但不肯這麼做。畢竟是阿魯努力促成這場比賽。聽到我不肯排除阿魯，莫洛的人馬就說，他們將把我排進莫洛第一次衛冕的挑戰者排名賽，如果我贏，就可與他一戰。這個安排也被我拒絕。換作任何別的拳手，談判早吹了。但莫洛與他的人馬都知道，我就是票房保證。他們也認爲我既老又慢，他把我耳朵打掉都沒問題。對他而言，這是穩贏的情況：高報酬低風險。

五月間，阿魯開始積極爲我交涉比賽，我堅持打拳重於致富的原則。不可以設定合約關卡——非符合不可的條件——必要時他應讓步。我知道是委屈了阿魯這樣的天生談判好手。結果我同意從庫尼之戰以後降低價碼。比賽於十一月五日在拉斯維加斯的米高梅花園大飯店舉行。

一天下午，阿魯、我的律師何姆斯和我，在阿魯家吃午餐。阿魯說：「喬治，你眞的要這場比賽？你要練到可以打？或者只是說說罷了？」

「萬事莫若當拳王急，」我說，「我會練到比賽狀態。我對你和何姆斯保證，今天就開始，我會全力練習，而且我保證，我將贏得重量級拳王。」

「你得先開始節食，喬治，」何姆斯說。

我就從那一餐開始節食。一如何姆斯在記者會上宣佈那場比賽時所說的：「十一月六日之前，他都不再吃熱狗和漢堡。」

爲了訓練，我在馬利布地區租了一處房子，與電影明星湯姆．漢克斯做起鄰居。每天一大早，我跑個把小時到海灘邊何姆斯的家。何姆斯總是在門廊上爲我準備一把芹菜和一杯水，支持我跑回去的體力。「何姆斯，你起來了嗎？」我在沙灘上扯起嗓門大叫，心知他沒有，但他一聽到就假裝已經起床。他和我在外頭坐一會，談一下話，然後我就跑回去。

◇

一天早上，何姆斯看來比平常嚴肅。「我剛聽阿魯說，」他說，「WBA不批准這場比賽，他們說你太老了，說你輸給莫理生，說你不是頭號挑戰者，而WBA規定，莫洛必須以頭號挑戰者爲對手。」

這個消息令我楞了半晌。我輕聲說：「拳擊界還是有這種事。」

「那麼，」何姆斯說，「我們兩個來想想該怎麼做，我覺得這樣是不對的。」

我直覺覺得，這是對於我批評杜瓦父子所做的報復。他們要從自己旗下選人來挑戰莫洛。

WBA已通知莫洛，如果他跟我打，他的拳王頭銜將被收回。莫洛理所當然答覆說，不會冒這個險，所以他取消了比賽。

幾天後，我又跑到何姆斯家。「我覺得憋死了，」我承認，「我覺得好像人們都以爲是我有問題。」

那天下午，我到何姆斯的辦公室開一個會。阿魯也在，還有何姆斯事務所的其他律師，錢克曼（Micheel Schenkman）和柏格曼（Mike Bergman）。曾做過甘迺迪政府助理檢察官的阿魯說，他找到一些WBA行事不盡合規定的證據，這使規定變得毫無意義。何姆斯等人建議我控告WBA和莫洛陣營，以及內華達州運動委員會。控訴的原委是，如果這場比賽不進行，我的事業將受到無法彌補的損害。而比事業損失更糟的是，人們將視我爲已損壞的物品。我告訴何姆斯，只要有一絲勝訴的希望，我都願意一試。

我們提出告訴之後，杜瓦父子的一名律師英格利許（Pat English）預言，我們只有百分之五的勝訴機會。這勝算比我自己的預期還要高五倍。

調查庭八月十九日在拉斯維加斯由一名法官主持。庭內律師濟濟，有如在律師協會召開大會。在我就證人席之前，議題都圍繞著WBA的程序事務，以及WBA是否曾以批准比賽作幌子，透過律師向莫洛的經理有所要求。法官問到職業拳手賺錢的歲月是不是有限，莫洛的經理達維莫斯（John Davimos）回答說：「除非你是喬治・福爾曼。」

叫到我作證時，何姆斯要我講出眞實年齡。開庭前夕，他在晚餐時就提醒我，必須在誓言下回答，意即以聖經發誓講實話。這些年來，我的歲數一直有些爭議，因爲拳賽紀錄書和拳擊的統計數字書上，印的是個不正確的生日，我因而比實際年齡大了一歲。

「我是一九四九年一月十日出生的，」我說，「現在四十五歲。」

何姆斯接著問起，WBA摒棄我而排出與莫洛比賽的對手，希普（Joe Hipp），這怎麼回事。我按照我的想法說，這是個愚蠢的選擇。因爲他曾被莫理生打得不省人事，而我卻和莫理生打完十二回合。我並提出另一次兩天完整體檢的報告，顯示我一切正常。檢查我視網膜的是一名狂熱反對拳擊的眼科醫生，連他也說，我的眼睛看不出打過拳擊。

「那麼，喬治・福爾曼，」何姆斯問道，「你想打這場比賽嗎？」

「那是我夢寐以求的。」我說。

「爲什麼？」

「我從一九八七年復出以來，就想再度成爲拳王。對我而言，它比世上任何運動成就的意義都重要。我爲拳王而戰，不僅是要讓世人看我能贏到它，而且要證明，四十多歲眞的不是缺點。」

「如果這些檢查的任何一項你沒有通過，你會怎麼做？」

「健康比拳擊更重要，」我說。我想到我的責任和義務。我的家人，以及喬治・福爾曼青年暨社區中心大家庭。他們需要我的人甚於我的錢。

聽過了其他證人的證詞之後，那天晚上約八點鐘，莫斯里法官宣布了他的決定。「或許有人不同意，」他說，「但如果福爾曼先生能一坐十一個鐘頭聽律師們講話，那麼他跟任何人打上十回合應該都不會有問題。」他認爲我健康合格，而且WBA聲稱這場拳賽所違反的規定，過去WBA自己也違反過。

◇

我開始拼命訓練，每一個動作都比過去更努力更用心。我甚至重拾一九九〇年起即放棄的跳繩。我知道，若要贏這場比賽，我必然要擊倒對手。但因爲我的夢已經預告了莫洛將被擊倒而且不會嚴重受傷，所以我睡得心安。我練得不亦樂乎，捨不得離開健身房。我現在熱中追求的不是獵殺，而是獲勝。

比賽前兩週，我到拉斯維加斯，先去習慣沙漠的氣候。幸好有這麼做，因爲直到登場前三天，我才適應過來。

賽前兩天的過磅，幾乎成爲喬治・福爾曼迷大聚會。飯店大舞池擠進數百人爭睹莫洛和我站磅秤。當我上前時，人群爆出一陣喝采。我又驚又喜。我感覺到他們對我的熱情，不知道莫洛怎麼想。他似乎被冷落在一邊。

我計劃以三次擊倒取勝。照規則，如果莫洛被我擊倒三次，裁判就必須制止比賽。我盤算最好在前幾回合就這樣做，如此他不會受太多傷害。但在賽前四十分鐘，裁判寇蒂茲（Joe Cortez）來到更衣室並且說，莫洛陣營放棄了三次擊倒規則。

突然間，我又變成個四十五歲慈悲爲懷的牧師拳擊手，左右爲難，幾乎落淚。想要贏，就必須痛毆莫洛，猛擊他腦子，打到他倒地不起。他也許出三拳我才出一拳，但我每一拳的傷害力都大得多，累積起來更嚴重。最後總有一拳把他打倒出局。我的想法是，前幾回合可能都是莫洛贏，但後來他將在我的重拳之下不省人事，我猜是在第八或第九回合。

回不了頭了。我朝思暮想，日夜禱告，甚至興訟才得到這場比賽。我準備多時，並不緊張。當我在更衣室外的走道上比劃著揮拳時，HBO的攝影機照過來，我對著鏡頭笑。我要讓觀衆知道我樂在其中。

稍後，一名HBO製作人走進更衣室，並問我上場時想不想放點特別的音樂。這事第一次有人問這個。我遞給他一卷跳繩時所聽的山姆・庫克（Sam Cooke）錄音帶，心想，在我喜歡的歌聲中出場比賽，這可眞美妙。我眞想爆發似的衝上擂台，表現出好不容易得到機會打這一仗的雀躍心情。我感覺士氣高昂。

過一會兒，山姆・庫克的歌聲在擴音器中響起，大飯店競技場裡將近四萬名觀衆歡呼並鼓掌。當我穿著罩頭運動衣從走道跑出來時，歡呼聲震耳欲聾。我攀上擂台時，全體觀衆都站了起來；四面都是喊聲：「喬治！喬治！喬治！」

這當中有許多人，包括喊得最大聲的人，心底可能相信「專家」的看法：喬治太老，太肥，動作太慢，沒有勝算。對他們來說，我是一個象徵，一個不肯向中年低頭的人。不論如何，他們的理由不重要，我領受他們的愛。

當擴音機響起饒舌音樂時，喝采聲也轉變爲噓聲。莫洛走向擂台準備初次衛冕，噓聲愈來愈響，他爬進繩圈內還久久不息。聽著噓聲，我想著，我知道你的感受，孩子，我幾乎爲他難過。他這位重量級拳王今晚不受歡迎。不過，噓聲其實與喜不喜歡無關。觀衆只是要藉此給我主場優勢。我希望他明白這點。

冒充心理學家的體育記者曾說過，喬治．福爾曼跟一個可以當他兒子的年輕人比拳，動機是報復。他們指出，我的拳王頭銜輸給阿里已經超過二十年。他們說，我是在企圖補償那次失敗。他們錯了。他們寫的與其說是我，不如說是他們自己。事實上，如果我在輸給阿里的那個晚上就預知我和阿里兩人的未來，我會讓他多享受些勝利滋味。

◇

比賽開始。我知道如果早早讓他嚐到擊倒的重拳，整場比賽他就會不斷跑動，利用速度對我點放。雖然打拳的人明白，我的一次重擊比他出三拳還有用。但這不是要點。他的三拳等於告訴裁判和講評，他是有頭腦的。憑著「有頭腦」，又身爲拳王，裁判們就會對他另眼相看。

莫洛是個左撇子——事實上，他是歷來第一個左撇子重量級拳王。我打定主意，不管他怎麼攻，我都以刺拳對付；一等他的連環拳歇手，我就刺出一拳。他打中我的拳次數多，也好看，但我知道，我的刺拳傷害力比他大；我是借力使力。每次他向前傾揮拳時，我都伸拳直直觸及他的臉。（奧運決賽時，我就是這樣無意間擊倒俄羅斯對手，現在我打算再來一次。）不論他怎麼打，我都回以刺拳。即使他有力的左鉤拳命中，他還是會嘗到一下懲罰。我的刺拳，如果落在你臉部，到後來就會令你兩腿發軟。因爲它會令你的頭向後猛的一震，干擾神經反應。四回合之後，你的本事只剩一半。是的，莫洛也有刺拳打中我——可能數量還比我多。但他的刺拳是隨手拋出來的，他學到的就是如此，也習而不察。我的則是謀定而後動。蓄意削落對手而打出的刺拳，比隨意拋出的更有力，看起來或許奇怪，但經驗讓我知道，意念和身體結合起來，比個別的力量大得多。

比賽繼續進行，莫洛打中我這麼多拳，我覺得自己像是一隻拖住羚羊的獅子。獅子只是閉著眼睛，因爲牠知道，在吃到肉之前，免不了被踢幾下。如果獅子鬥羚羊是以計點決定勝負，羚羊會贏。但並非如此。

我只在莫洛出左拳時，才打出我的右拳。像連鎖反應般——碰！在他欺身過來出左拳的同時，我的右拳也一定結實打到他身上。他的左拳愈重，我右拳的力道愈大。觀衆不會注意到，他們被莫洛的速度和優雅吸引；對他們而言，好像是莫洛佔上風——我也必須承認，他有幾拳很讓我吃不消。但是莫洛心裡有數。這樣拳來拳往是在告訴他，他或許應該刺拳多些，少揮幾下左拳。

在第三回合，當我跟他惡鬥了幾下，他的口、鼻都都流出了血。其間他以刺拳打我，我閃開並且反擊。他有點難爲情地笑了。我了解那種笑。它的意思是想不到我這麼厲害。他開始用腦筋，想讓喬治看看他的能耐。他要放棄原來的作戰計劃了。

回合與回合之間，我都不坐凳子。我幾年前剛復出時就不坐凳子了。那一分鐘彷彿一小時；我不耐。此外，我訓練時，是和一個接一個的助手對打，有時連續相當於十七個回合的時間都不休息。由於我現在打拳都不出全力，沒有什麼體力消耗。所以每個回合結束，我都在聽訓練師席卜斯和鄧迪的評語，然後慢慢轉身，觀察對方陣營的動靜。我要探究他的身體姿態，他怎樣移動臂膀，兩肩是不是垮下來。我看得出來，每個回合我刺拳的作用都在累積。雖然我出拳愈來愈少，卻只要每一拳都結結實實打中即可。

東一下西一下的，莫洛也打了我不少重拳。如果我不是比他高很多，或適時抬起身子，其中一記上鉤拳可能就要把我打倒。但當那拳打中我下巴時，力道已是強弩之末。

在第八回合，我可以清楚看出他慢了很多。我揮出一記左鉤拳，打中他的右腋窩。我不知道裁判認爲那拳如何；從電視上看，講評人跟本沒注意到。但我知道那拳所造成的傷害。莫洛的雙手垂得更低，以保護兩脅。他的反應也因不斷被刺拳打中而大不如前幾回合。打到對手身上的拳頭效果是累積的，像錢存進銀行，它們逐步銷蝕對手的腿力，所以要是再挨一下重拳，兩臂想抬起，胸膛想挺起，腰背想豎起，但雙腿已不聽話。

第九回合，我突出奇招向右移動。從來面對左撇子別人都避免向右移——這正好把身體送進他的左拳範圍。左撇子在訓練時都企圖把對手趕進這個位置，而我是自投羅網。我這麼做，就像給小孩一大筒冰淇淋，他會不知所措。我是在行險，你知道。他反而起了疑心。在我的角落，訓練師都急瘋了，以爲我昏了頭。但我這樣做是有道理的。我想到在我的馬歇爾莊園上有片西瓜田，每年都遭野狼破壞，後來有人教我，把幾個西瓜漆成白色——每隔一個，或每隔五個，隨便選幾個塗上白漆。果然，狼看到白色的西瓜就起了疑心，掉頭而去。牠們想得太多，以致不能放鬆心情大啖西瓜。我利用牠們的多疑來對付牠們。

對莫洛也一樣。他會動腦筋，所以一定懷疑我有什麼陰謀。在鈴聲響起之前，當他遲疑這送上門的機會時，我一記重拳擊中他的身軀，這是我幾下注入力量的重擊之一。這使他更弄不清怎麼回事。

第十回合。我趁他注意保護身軀，對他的臉打中幾下刺拳。當他欺身掄起右拳時，我回敬一記左鉤拳。這拳本來也是要打在腋窩上，但他身體隨著右拳斜伸過來，結果打在他的背上。裁判對我發出警告。不過，這反而有利於我的戰術，因爲它肯定了莫洛的懷疑，認爲我是要打他的身軀。現在，是對他臉部下功夫的時候了。

我用右拳觸到他兩次之後，用足了力量揮出一記左鉤拳，正打中他的耳朵。我以前也挨過這樣的一擊，它令你耳內鈴鐺亂響。我再打中他三拳後，瞧見一個空隙，於是卯足全力掄出一記大鉤拳。不料沒打中，我自己轉了一圈。那情形一定與揮棒落空沒有兩樣。喂！喬治，穩著點，我對自己說。

我接著打出犀利的左刺拳，然後是一記重重的右拳，正中他額頭，我把自己的手都打傷了。我感覺它腫了起來。不過，看他昏沈沈的樣子，我知道他傷得更厲害，我以爲他會倒下去。見他不倒，我對他起了敬意，他比我想像中來的強悍。

不想乘勝追擊，讓他倒地，我決定拳頭打低一些。於是在另一下快速的刺拳之後，我接著從腰部斜向上揮出一拳，打中他臉頰。他應聲而倒。

裁判尚未開始數，我已知道他起不來了。無論如何，我希望他起不來。除了夢中預告以外，要不要再打他，實在令我為難。

「三，四，五，」裁判數著，他還不爬起來。「六，七。」現在我確定他不行了。「八，九，十。」比賽結束。

我仰面向天：你相信嗎？我們辦到了。我準備跪下來感謝上帝。我離開旅館赴這場比賽時，已經告訴上帝，如果我贏，我將首次當眾禱告。我就在最接近的角落跪下來禱告。「謝謝你，耶穌，」我說，「謝謝你幫忙，謝謝你幫我妻子渡過這一切。謝謝你讓我成為拳王。我要你知道，我感激你給我的所有幫助。」對於不需要再打莫洛，我也同樣感謝。

再站起來時，我環顧全場。看見我哥哥洛伊因興奮過度而昏倒。觀衆席上人聲鼎沸，我從未見過這麼多興高采烈的人齊聚一堂。你能感覺到勝利屬於他們全體。何姆斯開心地大聲嚷嚷。為我蓋過房子的艾沙曼（Dane Issenman）雀躍著，與不相識的人擁抱。大家像高興到極點的小孩子。在這一刻，他們無拘無束。我的某些作為讓他們釋放出眞情。我希望時間凍結，讓他們的這種感覺持續下去。

◇

比賽之後一個月左右，我在健身房踩著跑步機，一面想著，人永遠也參不透上帝。你必得每天早上告訴自己，「我信。」我猜，此所以它稱爲信仰而不稱科學。

我一面踩，一面禱告。感謝四十六年來美好的一切。往事歷歷，宛如昨日，我記起在奧勒岡職訓中心第一次排隊領午餐時穆恩太太的表情。她對我微笑——從那一刻起，我決定要與衆不同。

「上帝，」我禱告，「你賜給我的這一生眞是美好。」

**國家圖書館出版品預行編目資料**

遲來的拳王／喬治・福爾曼(George Foreman)，
喬爾・恩格(Joel Engel)著；阮志良譯.-- 初
版-- 臺北市：大塊文化，1999［民 88］
面； 公分. (Mark 10)
譯自：By George: the autobiography pf
George Foreman
ISBN 957-8468-84-9 (平裝)

1.福爾曼(Foreman, George, 1949- ) – 傳記
2.運動員 – 美國 – 傳記 3.拳擊

785.28 88006723

1 1 6 台北市羅斯福路六段142巷20弄2-3號

| 廣 告 回 信 |
|---|
| 台灣北區郵政管理局登記證 |
| 北台字第10227號 |

# 大塊文化出版股份有限公司　收

地址：＿＿市／縣＿＿鄉／鎮／市／區＿＿路／街＿＿段＿＿巷

＿＿弄＿＿號＿＿樓

姓名：

請沿虛線撕下後對折裝訂寄回，謝謝！

大塊 LOCUS 文化

編號：MA09　書名：遲來的拳王

大塊
LOCUS
文化

# 讀者回函卡

謝謝您購買這本書，爲了加強對您的服務，請您詳細塡寫本卡各欄，寄回大塊出版 (免附回郵) 即可不定期收到本公司最新的出版資訊，並享受我們提供的各種優待。

**姓名**：＿＿＿＿＿＿＿＿＿＿**身分證字號**：＿＿＿＿＿＿＿＿＿＿

**住址**：＿＿＿＿＿＿＿＿＿＿＿＿＿＿＿＿＿＿＿＿

**聯絡電話**：(O)＿＿＿＿＿＿＿＿＿＿ (H)＿＿＿＿＿＿＿＿＿＿

**出生日期**：＿＿＿＿年＿＿＿月＿＿＿日

**學歷**：1.□高中及高中以下　2.□專科與大學　3.□研究所以上

**職業**：1.□學生　2.□資訊業　3.□工　4.□商　5.□服務業　6.□軍警公教
7.□自由業及專業　8.□其他＿＿＿＿

**從何處得知本書**：1.□逛書店　2.□報紙廣告　3.□雜誌廣告　4.□新聞報導
5.□親友介紹　6.□公車廣告　7.□廣播節目8.□書訊　9.□廣告信函
10.□其他＿＿＿＿＿＿

**您購買過我們那些系列的書**：
1.□Touch系列　2.□Mark系列　3.□Smile系列　4.□Catch系列
5.□PC Pink系列　6□tomorrow系列　7□sense系列

**閱讀嗜好**：
1.□財經　2.□企管　3.□心理　4.□勵志　5.□社會人文　6.□自然科學
7.□傳記　8.□音樂藝術　9.□文學　10.□保健　11.□漫畫　12.□其他＿＿＿

**對我們的建議**：＿＿＿＿＿＿＿＿＿＿＿＿＿＿＿＿＿＿＿＿

＿＿＿＿＿＿＿＿＿＿＿＿＿＿＿＿＿＿＿＿＿＿＿＿＿＿＿＿

LOCUS

LOCUS

LOCUS

LOCUS